GW01372446

LES CHAMPIGNONS

CONNAÎTRE ET CUISINER

LAROUSSE
saveurs

LES
CHAMPIGNONS

CONNAÎTRE ET CUISINER

PETER JORDAN • STEVEN WHEELER

LAROUSSE

17 RUE DU MONTPARNASSE 75298 PARIS CEDEX 06

Note de l'éditeur
L'éditeur ne peut être tenu pour responsable de la cueillette
des utilisateurs de cet ouvrage. Même si bien des espèces
de champignons sont comestibles par la plupart des gens,
quelques-unes peuvent provoquer chez certaines personnes
des réactions allergiques ou des troubles tout à fait imprévisibles.
C'est pourquoi ni l'éditeur ni les auteurs ne sont responsables
des effets consécutifs à l'ingestion de champignons sauvages.

Photographies des champignons
Peter Henley

Photographies des recettes de cuisine
James Duncan

Illustrations
Adam Bel

Traduction-adaptation française et réalisation
Agence Media (Diane Meynard, Nicolas Martin)

Coordination éditoriale Larousse
Véronique Herbold et Susan Jones

Lecture-correction
Françoise Moulard et Édith Zha

Fabrication
Annie Botrel

Couverture
Gérard Fritsch

Illustrations de couverture
Photo © P. Ginet ; verso © Muriot – La Photothèque culinaire

Cet ouvrage est l'adaptation française de *The Ultimate Mushroom Book*
Première publication en 1995 Lorenz Books
© Anness Publishing 1995
© Larousse 1996 pour l'édition en langue française
© Larousse-Bordas 1997 pour la présente édition

Toute reproduction ou représentation intégrale ou partielle,
par quelque procédé que ce soit, du texte et/ou de la nomenclature
contenus dans le présent ouvrage, et qui sont la propriété de l'éditeur,
est strictement interdite.

Distributeur exclusif au Canada : les Éditions Françaises, Inc.
ISBN : 2-03-516 003-0
Dépôt légal : septembre 1996
516 003 – juillet 1997
Imprimé et relié en Chine

Sommaire

La cueillette des champignons 7
Où, quand, comment ramasser les champignons
Comment les faire sécher et les conserver.

Champignons comestibles 23
Les champignons comestibles les plus connus, classés de A à Z. Description, habitat, époque d'apparition, cueillette et conseils pour les préparer frais ou séchés.

Champignons non comestibles ou toxiques 97
Les champignons non comestibles ou toxiques les plus courants, classés de A à Z. Description, habitat, époque d'apparition, conseils d'identification et mises en garde utiles.

Cuisiner les champignons 123
Techniques de base 125
Brunchs 137
Potages et hors-d'œuvre 155
Volailles et gibier 173
Viandes 191
Poissons et fruits de mer 209
Cuisine végétarienne 227

Glossaire 247
Index des champignons 248
Index des recettes de cuisine 251
Liste des recettes 255
Ouvrages et adresses utiles 256

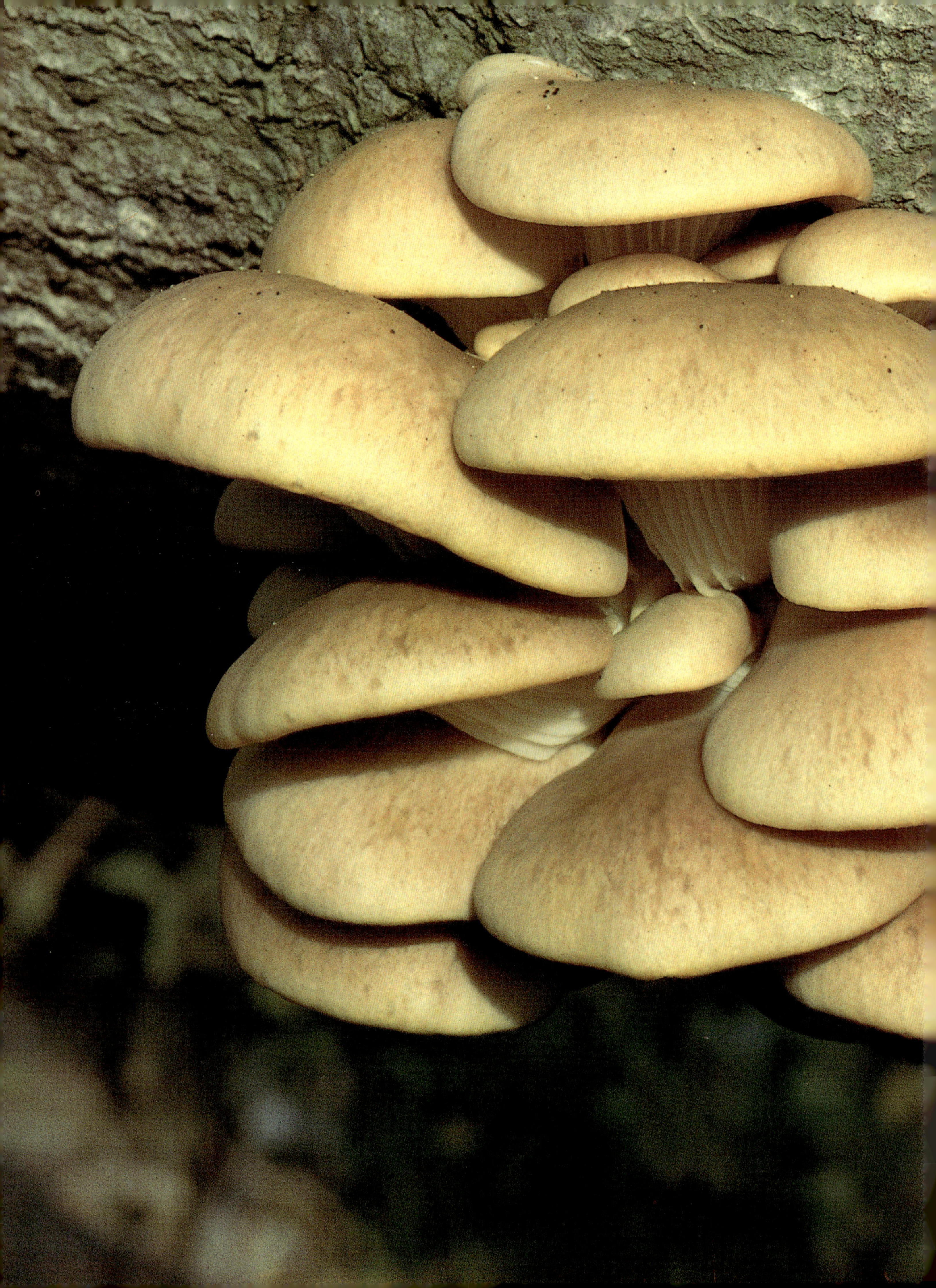

La cueillette des champignons

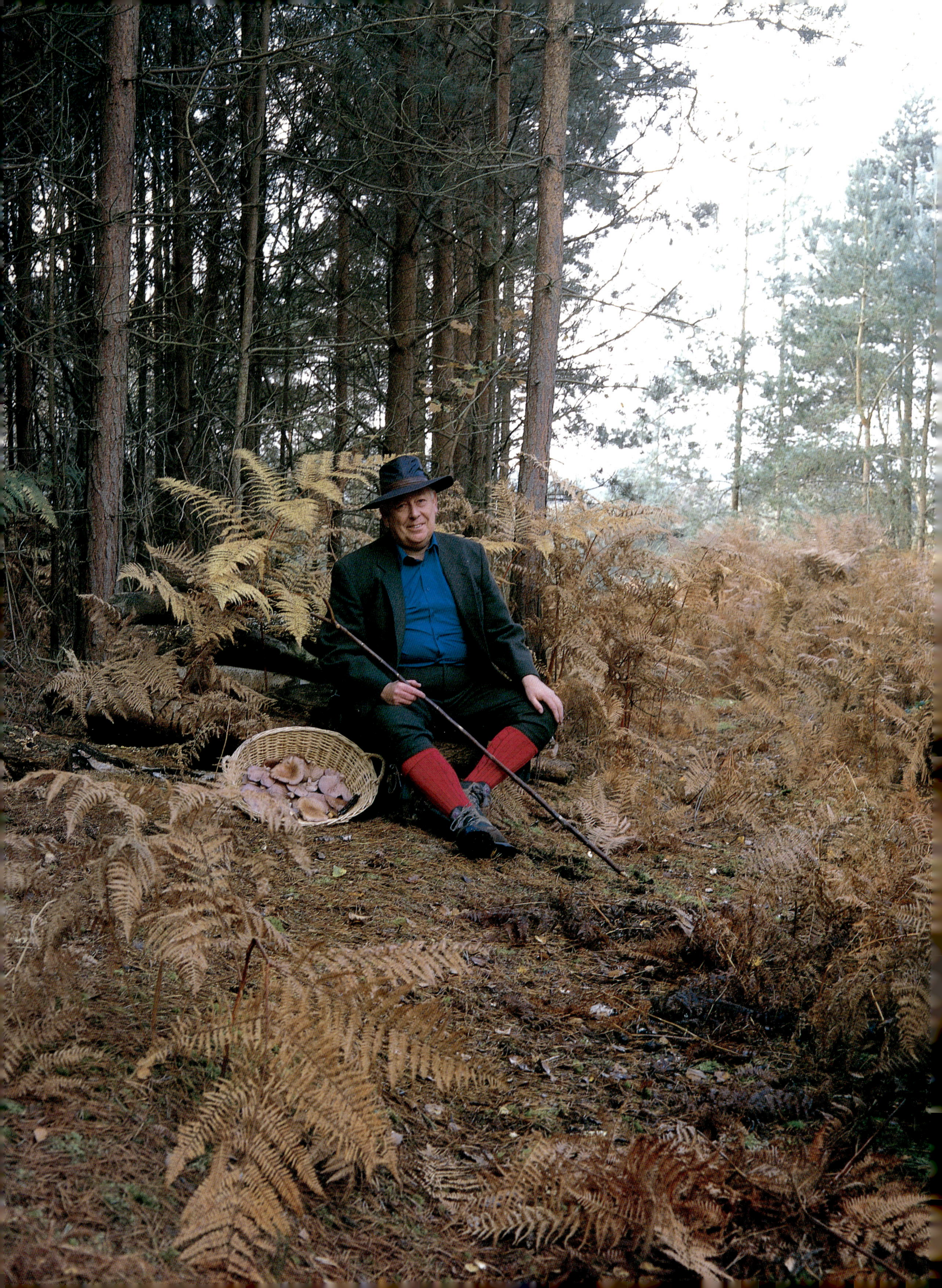

Préface

J'ai découvert les champignons sauvages grâce à mon grand-père : dès l'âge de 4 ans, je parcourais les prairies et les bois en sa compagnie, attentif à ses conseils et un peu effrayé lorsqu'il me montrait des espèces toxiques.

D'année en année, ma passion pour les champignons et ma curiosité n'ont fait que croître, s'appuyant sur cette toute première initiation. Je n'ai jamais oublié cette règle de base, maintes et maintes fois énoncée par mon grand-père : ne ramasse que les champignons que tu sais identifier, afin de ne courir aucun risque.

La cueillette des champignons est un passe-temps à la fois agréable et captivant. Au plaisir de la promenade en pleine nature s'ajoute en effet celui d'explorer un domaine d'une infinie richesse. Depuis cinquante ans que j'arpente les sentiers et les forêts, je ne cesse d'apprendre et chaque sortie me réserve une découverte.

Si vous êtes débutant, vous commencerez par ramasser des espèces très bien connues – rosé des prés ou agaric des jachères. Puis, progressivement, votre sens de l'observation et vos connaissances mycologiques se développeront, ce qui vous permettra d'élargir le champ de vos recherches. Bien entendu, plus les champignons sont rares ou difficiles à voir, plus le plaisir de la cueillette est grand. Imaginez votre joie le jour où vous découvrirez une truffe ! Aujourd'hui encore, je ressens cette même excitation lorsque je trouve les premières morilles de la saison ou que je déniche quelques girolles enfouies sous la litière de feuilles mortes.

On associe souvent les champignons à l'automne, alors que la cueillette peut se pratiquer presque tout au long de l'année. Même une journée froide et sèche d'hiver peut être fructueuse : promenez-vous, ouvrez l'œil, vous aurez peut-être la chance de découvrir une belle touffe de pleurotes en huître ou de jolies flammulines à pied velouté poussant sur une souche d'arbre.

Nanti de votre récolte, vous allez pouvoir vous livrer aux joies de la cuisine et de la dégustation. Trésors de la nature, les champignons comestibles offrent une merveilleuse diversité de textures, de parfums et de goûts : dans les pages « Cuisiner les champignons », vous trouverez une centaine de recettes exploitant les qualités gustatives de plus de trente champignons, choisis en fonction de leur alliance parfaite avec les autres ingrédients.

Apprendre à identifier les champignons peut se révéler fastidieux si vous êtes obligé de parcourir des pages et des pages d'illustrations représentant des espèces aux différences parfois subtiles. Conçu pour faciliter vos recherches, cet ouvrage présente une sélection de champignons comestibles, en attirant votre attention sur leurs principaux critères d'identification, leur époque d'apparition et leur(s) éventuel(s) sosie(s) toxique(s), et aussi de champignons non comestibles ou toxiques qu'il est essentiel de savoir reconnaître.

Suivez toujours scrupuleusement les indications données dans cet ouvrage et, si nécessaire, consultez d'autres guides pour identifier une espèce non traitée. Souvenez-vous que le meilleur conseil en matière de champignons est « dans le doute, abstiens-toi » : ne récoltez jamais une espèce que vous ne pouvez identifier avec certitude.

L'auteur

CUEILLETTE DES CHAMPIGNONS

INTRODUCTION

Autrefois classés parmi les végétaux, les champignons constituent aujourd'hui un règne à part : le règne fongique. La différence fondamentale entre végétaux et champignons réside dans leur mode de nutrition. Dotées de chlorophylle, les plantes sont capables, avec l'aide de la lumière, de faire elles-mêmes la synthèse des substances organiques dont elles ont besoin. En l'absence de cette étonnante faculté, les champignons se nourrissent soit en exploitant la matière organique morte (champignons saprophytes) ou vivante (champignons parasites), soit en s'associant à un végétal (champignons symbiotiques).

Au sein du règne fongique, on distingue schématiquement deux grands groupes : les micromycètes, qui sont des organismes unicellulaires microscopiques (levures, moisissures...) très prolifiques, présents dans le sol, l'air ou l'eau ; et les macromycètes, qui comprennent les champignons de grande taille, ceux qui nous intéressent dans cet ouvrage. Au total, sur les 150 000 à 200 000 champignons répertoriés (micro- et macromycètes), 4 000 espèces de macromycètes environ sont présentes en Europe.

Dépourvus de tiges, de feuilles et de racines, les champignons sont formés d'un appareil végétatif (le plus souvent caché) appelé mycélium, qui se présente sous la forme d'une masse de filaments souvent ramifiés, et d'une partie visible, le réceptacle, également appelé sporophore, le plus souvent composé d'un chapeau supporté par un pied. Les champignons supérieurs peuvent se reproduire selon deux modes : asexué, par bourgeonnement du mycélium ; ou sexué, par la production de spores.

Les espèces décrites dans cet ouvrage appartiennent à deux grands groupes de champignons : les ascomycètes et les

ASCOMYCÈTES

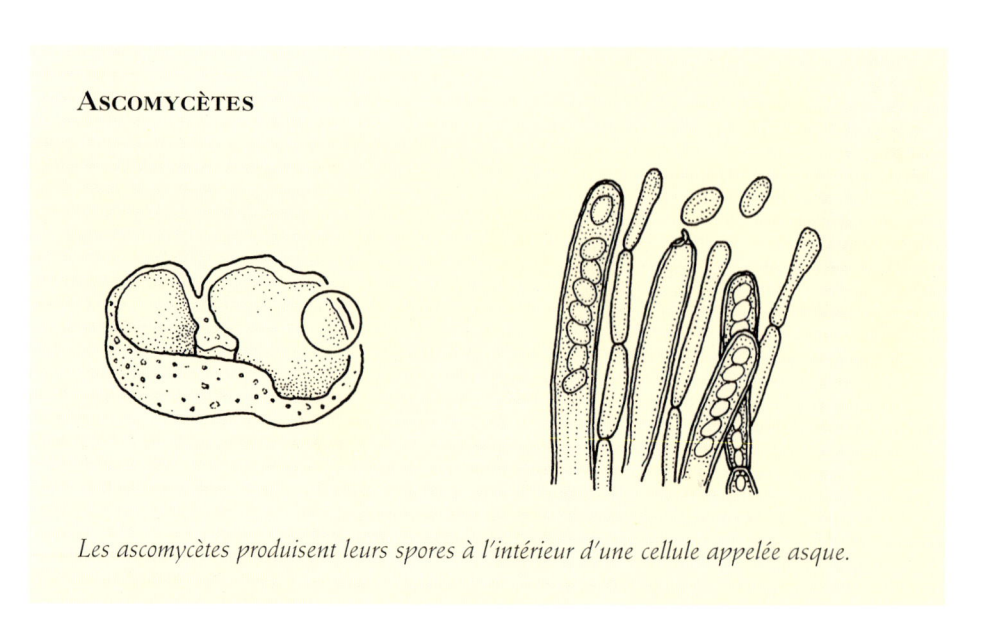

Les ascomycètes produisent leurs spores à l'intérieur d'une cellule appelée asque.

BASIDIOMYCÈTES

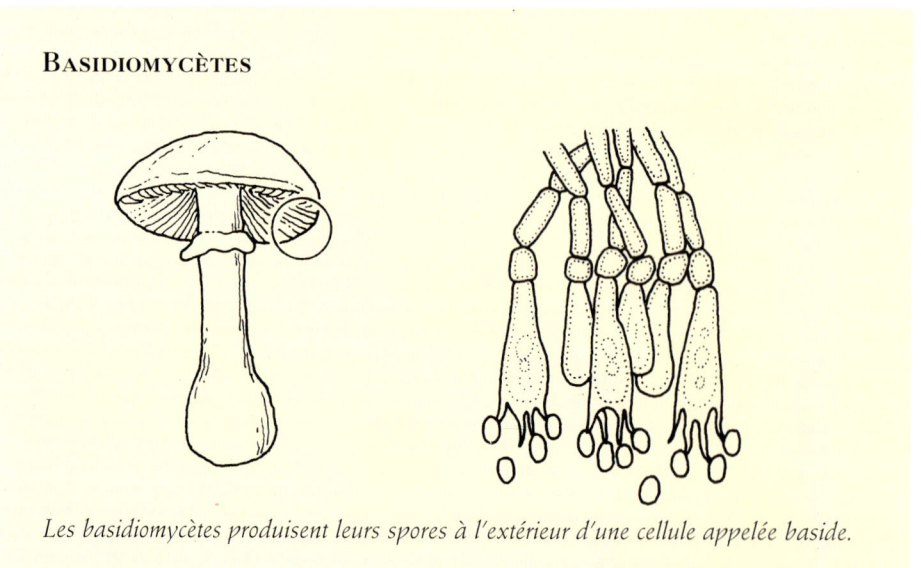

Les basidiomycètes produisent leurs spores à l'extérieur d'une cellule appelée baside.

La truffe d'été (Tuber aestivum) *appartient au groupe des ascomycètes.*

basidiomycètes. Dans le premier groupe, les cellules contenant les spores se trouvent dans des sortes de petits sacs appelés asques, tandis que, dans le second, ces cellules reproductrices, appelées basides, ont une forme de massue et portent les spores à l'extrémité de petites pointes. Les ascomycètes comprennent notamment les pezizes (champignons en forme de coupe), les morilles et les truffes. Les basidiomycètes forment de très loin le groupe le plus important pour le ramasseur, puisqu'il intègre les deux grandes familles des agaricacées et des bolétacées. Le schéma ci-contre présente les différentes parties et ornements d'un représentant de la famille des agarica-

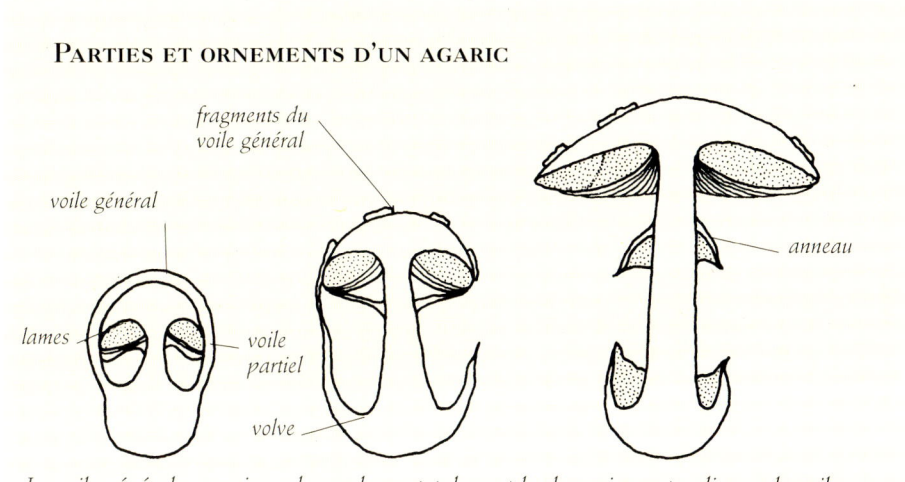

PARTIES ET ORNEMENTS D'UN AGARIC

Le voile général, ou universel, enveloppe totalement le champignon tandis que le voile partiel recouvre simplement les lames. Lorsque le champignon grandit, le voile universel se déchire, laissant une volve à la base du pied et des verrues sous le chapeau ; le voile partiel se rompt, lui aussi, et donne naissance à l'anneau qui retombe le long du pied.

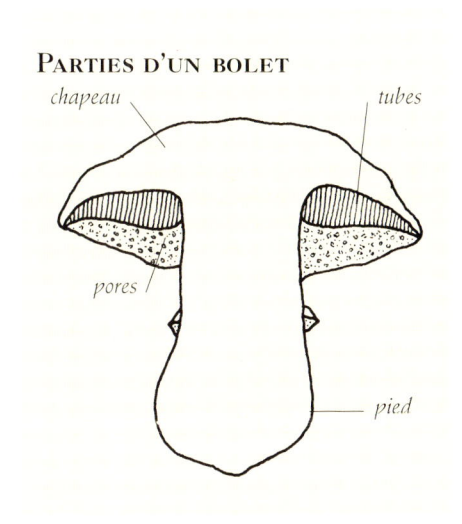

PARTIES D'UN BOLET

cées. Dans ce groupe de champignons à lames, le réceptacle se développe en sortant d'un « sac » en forme d'œuf, le voile général (également appelé voile universel), qui donnera naissance à la volve, une membrane englobant la base du pied. Soyez prudent si vous ramassez un champignon qui présente ces caractères, car c'est également ainsi que naissent les amanites, une famille qui comprend les plus mortels de tous les champignons. Les bolétacées (ci-contre) n'ont pas de lames. La face inférieure du chapeau est formée de tubes s'ouvrant à l'extérieur par des pores aux couleurs variées.

Bon nombre d'espèces ont un aspect bien différent du classique agaric à la silhouette de parapluie ou du robuste bolet. Du polypore soufré (voir p. 66), qui évoque une langue jaune-orangé, au sparassis crépu (voir p. 88) à l'allure de grosse éponge, les champignons aux formes inhabituelles sont généralement assez faciles à reconnaître.

Pour les autres, l'identification est souvent plus délicate car elle repose sur des caractères qui peuvent varier en fonction du stade de développement du champignon, de l'humidité, de la lumière, ou simplement d'un spécimen à l'autre.

L'agaric des jachères (ci-dessus) et le cèpe de Bordeaux (ci-contre) sont des représentants des deux principaux sous-groupes de basidiomycètes.

Le sparassis crépu appartient à un groupe de basidiomycètes appelés aphyllophorales.

CUEILLETTE DES CHAMPIGNONS

Qu'est-ce qu'un champignon ?

Lorsque vous récoltez des champignons, il est important de savoir observer avec soin ce que vous êtes en train de cueillir. Ainsi, le champignon peut être divisé en diverses parties dont les caractéristiques doivent être notées.

Le chapeau, essentiel d'un point de vue culinaire, est la partie la plus importante du réceptacle. Sa forme, sa dimension et sa couleur présentent de multiples variations, y compris à l'intérieur d'une même espèce : c'est l'une des raisons qui font que les champignons sont parfois si difficiles à identifier. La face inférieure du chapeau peut porter des lames (serrées ou espacées), des tubes s'ouvrant par des pores ou encore des aiguillons. Certaines espèces n'ont ni lames, ni tubes, ni aiguillons, et présentent une surface lisse, plissée ou garnie d'alvéoles. La disposition et la couleur de ces caractères sont déterminants.

Le pied peut lui aussi présenter de grandes variations qui vous aideront à déterminer le spécimen cueilli. La base, en particulier, est un élément capital. Ainsi, si vous n'êtes pas certain de l'identité d'un champignon, pensez toujours à le déterrer avec soin : la moindre trace de volve, par exemple, doit vous inciter à une extrême prudence. Faites attention en effectuant cette opération à ne pas léser les filaments mycéliens qui se trouvent sous le sol. La couleur de la chair est un autre caractère d'importance. N'hésitez donc pas à pratiquer des coupes, qui vous révéleront également d'autres détails, comme la nature du pied (creux ou plein) ; chez certaines espèces, la chair du pied change de couleur de façon spectaculaire à la coupe, ce qui peut apporter des indications décisives. La couleur de la « sporée » (l'empreinte des spores) fournit des informations sur l'espèce.

L'obtention d'une sporée est une manipulation facile à réaliser. Placez le chapeau d'un spécimen à point (non fermé) sur un papier blanc ou noir, et laissez-le bien à plat pendant deux ou trois jours dans une pièce à température ambiante, le temps que les spores du champignon se déposent. Vous obtiendrez alors une empreinte faite de spores, qui répétera la disposition des éléments figurant sous le chapeau (lames ou pores). Si vous n'avez aucune idée de ce que peut être la couleur des spores (claire ou foncée) mettez sous le champignon, pour moitié du papier noir, pour moitié du papier blanc. Si vous souhaitez opérer avec un champignon entier, percez au centre d'un morceau de carton un trou destiné à laisser passer le pied et posez le tout sur un bocal rempli d'eau. Le liquide évitera au champignon de se dessécher et favorisera la production des spores.

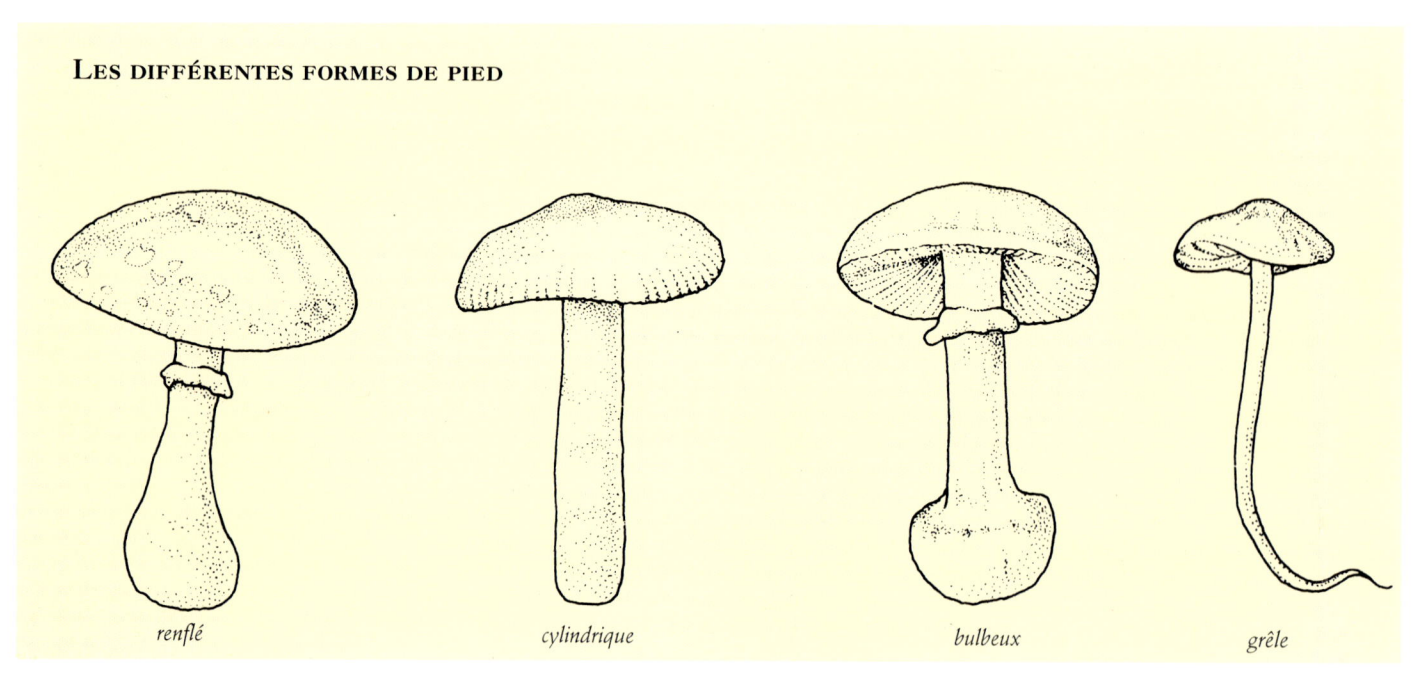

LES DIFFÉRENTES FORMES DE PIED

renflé *cylindrique* *bulbeux* *grêle*

CUEILLETTE DES CHAMPIGNONS

Ci-contre : Pour prendre l'empreinte d'une sporée, vous avez besoin d'un spécimen à point (non fermé), de papiers blanc et noir, et d'un bocal si vous souhaitez opérer avec un champignon entier.

À gauche, en haut : Laissez le champignon pendant quelques jours à température ambiante (vous pouvez le couvrir d'une cloche ou d'un saladier renversé pour éviter les courants d'air).

À gauche, en bas : N'utilisez pas que du papier noir, car, si la sporée est de couleur foncée, vous ne la verrez pas.

Ci-dessous : La couleur de la sporée vous aide à identifier le champignon.

13

CUEILLETTE DES CHAMPIGNONS

Où ramasser des champignons ?

Lorsque vous partez cueillir des champignons, veillez à ne pas pénétrer dans les propriétés privées, où vous n'avez pas le droit de passer – ou bien essayez au préalable d'obtenir la permission du propriétaire. Soyez respectueux de l'environnement et de sa faune : dans le cas contraire, vous pourriez vous attirer une mauvaise réputation et faire porter un jugement défavorable sur les ramasseurs de champignons en général.

De nombreux amateurs limitent leur terrain de chasse aux prairies. Malheureusement, ces dernières ont souvent souffert de l'utilisation excessive d'engrais azotés, qui ont littéralement « stérilisé » de nombreuses zones constituant auparavant des places de choix pour la cueillette des champignons. Prospectez de préférence les prés et les prairies humides qui ont été fertilisées avec des engrais naturels organiques.

La très grande majorité des champignons pousse en association avec des arbres ; les forêts et les taillis sont donc des milieux intéressants, sous réserve bien entendu que la cueillette y soit tolérée. C'est dans les forêts abritant une grande variété d'essences que vous trouverez les meilleurs emplacements. La plupart des champignons des bois vivent en effet en symbiose avec des arbres. Cette association s'effectue dans le sol entre les filaments mycéliens et les radicelles de l'arbre, et forme une sorte d'organe mixte appelé « mycorhize ». Certains champignons ne s'associent qu'avec une espèce d'arbre déterminée ; d'autres, plus tolérants, peuvent vivre aux dépens d'essences différentes.

Ainsi, de nombreux bolets croissent en des lieux précis, tel le bolet du genre *Suillus*, qui pousse sous les conifères, le bolet rude, près du bouleau, ou le bolet orangé, qui préfère le tremble. Les girolles, quant à elles, peuvent s'associer au bouleau, au pin, au chêne ou même au hêtre.

La nature du sol a aussi son importance. Bien que plusieurs arbres croissent indifféremment sur tous types de sols, vous vous apercevrez assez vite que certains champignons n'apparaissent qu'en liaison avec tel arbre mais sur un sol de nature particulière, plutôt que sur la large gamme de sols sur lesquels pousse l'arbre en question. Ainsi, le bolet bai vient sur terrain acide, sous les hêtres ou sous les conifères, tandis que l'amanite panthère pousse sur terrain calcaire, également sous les hêtres.

CUEILLETTE DES CHAMPIGNONS

Ci-dessus : *Le petit matin est le meilleur moment pour la cueillette.*

Page de gauche : *Ne limitez pas vos recherches aux prairies ou aux bois. Les marais et les landes à bruyère pourront, à votre grande surprise, fournir d'abondantes récoltes.*

Ci-contre : *Nombreuses sont les espèces de champignons qui forment des « ronds de sorcière », dont certains peuvent atteindre plusieurs mètres de diamètre.*

Quand ramasser des champignons ?

Bien des gens associent les champignons à l'automne, alors qu'en réalité la cueillette peut se pratiquer tout au long de l'année. Le printemps apporte les morilles et le tricholome de la Saint-Georges ainsi que le marasme des oréades. Le premier des champignons d'été est habituellement le rosé des prés. Vient ensuite, également au tout début de l'été, le polypore soufré, qui surprend parfois le ramasseur en se montrant encore plus tôt. Après une vague de chaleur, il apparaît peu de champignons, mais une température élevée, associée à une bonne humidité, permet aux filaments mycéliens souterrains de mûrir avant la grande explosion automnale.

Certaines années, si le temps est doux, la saison des champignons peut s'allonger jusqu'au début de l'hiver. Les premières attaques du froid annoncent l'arrivée du pied-bleu et du pied-violet, deux espèces qui se maintiennent jusqu'aux gelées. La plupart des amateurs abandonnent alors la cueillette. Pourtant, les journées douces d'hiver réservent de nombreuses surprises : le pleurote en huître poursuit sa croissance normalement tout au long de l'hiver, de même que l'oreille-de-Judas et la flammuline à pied velouté. La découverte de tous ces champignons peut transformer une froide promenade d'hiver en une agréable sortie suivie d'un repas de champignons fraîchement ramassés. Profitez de vos promenades d'hiver pour examiner des pâtures et des bois que vous n'avez pas encore eu l'occasion de prospecter. Vous trouverez sans doute quelques indications (ronds d'herbes plus drus et plus foncés, par exemple) quant aux futurs emplacements de printemps.

Le moment de la cueillette est de la plus grande importance pour le ramasseur, car les champignons poussent presque exclusivement pendant les heures où il fait noir. L'idéal pour récolter des spécimens bien frais est de partir très tôt le matin, avant que la température monte et fasse sortir les mouches en quête d'un endroit où pondre leurs œufs (qui donneront naissance aux larves envahissantes). Vous serez sur place avant que tous les petits animaux des prés et des bois aient prélevé leur part des pousses de la nuit, ce qui peut représenter une quantité non négligeable.

Il est aussi recommandé de visiter un lieu de ramassage deux ou trois jours après y avoir effectué une récolte, car

CUEILLETTE DES CHAMPIGNONS

vous aurez toutes les chances d'y trouver encore des champignons. Ainsi, les cèpes peuvent de nouveau sortir et présenter des spécimens atteignant jusqu'à 750 grammes dans les deux ou trois jours qui suivent la pousse ayant fait l'objet d'une première cueillette.

Les conditions climatiques sont un facteur essentiel dans la qualité d'une récolte. En effet, la bonne croissance des champignons nécessite des périodes d'humidité mais aussi de sécheresse et de froid ; les filaments mycéliens semblent profiter d'un certain degré de stratification du sol (alternance de strates sèches et humides), qui déclenche une meilleure « mise à fruit » (formation de réceptacles fructifères) et de plus belles récoltes...

La tenue d'un carnet de récolte où vous noterez quand et où vous avez fait telle cueillette, et quelles étaient les conditions climatiques, vous fournira une véritable clé pour les saisons suivantes tout en perfectionnant votre connaissance des champignons et de leur environnement.

Page de gauche, en haut : *Le polypore soufré pousse de la fin du printemps au début de l'automne.*

Page de gauche, en bas : *Le pleurote en huître continue à pousser tout au long de l'hiver.*

En haut : *Le clitocybe du bord des routes, espèce très toxique, se montre en été et en automne.*

Ci-contre : *Pieds-bleus.*

CUEILLETTE DES CHAMPIGNONS

Comment ramasser les champignons ?

La cueillette des champignons nécessite très peu d'équipement spécialisé. De confortables et solides vêtements de campagne et une bonne paire de chaussures sont essentiels. Vérifiez que votre veste a une poche assez grande pour y glisser un petit guide décrivant les champignons les plus courants, y compris ceux que vous devez éviter.

Emportez un chapeau à larges bords, utile en automne quand les jours raccourcissent et que le soleil est bas sur l'horizon : il vous sera plus facile d'observer le sol si vous n'êtes pas obligé de vous protéger les yeux en permanence. Prévoyez un ou – mieux – deux paniers. Ces accessoires indispensables doivent être légers et faciles à transporter.

Munissez-vous d'un couteau bien aiguisé et d'une brosse : le couteau servira à couper proprement et à éplucher le pied, tandis que la brosse permettra de débarrasser le champignon des éventuels débris ou souillures, aiguilles de conifère ou fragments de feuilles mortes. Nettoyez vos champignons au fur et à mesure que vous les récoltez, pour vous

CUEILLETTE DES CHAMPIGNONS

Page de gauche :
Le résultat d'une cueillette fructueuse.

Ci-contre :
Emportez un ou deux paniers assez profonds, aux mailles serrées, et munis d'une anse.

Ci-dessous : *Certains couteaux incluent une brosse pour le nettoyage, ainsi qu'une règle graduée qui permet de mesurer le diamètre du chapeau et la hauteur du pied du champignon en vue de son identification.*

éviter un temps de préparation trop long au retour. Quelques sacs en plastique transparent et des gants de caoutchouc jetables pour manipuler les espèces dont vous n'êtes pas sûr sont aussi des accessoires utiles (n'oubliez pas de jeter vos gants après vous en être servi). Emportez un sachet de mouchoirs en papier ou un linge pour nettoyer vos mains ou votre couteau, ce que vous devez faire chaque fois que vous vous en êtes servi.

La dernière pièce de votre équipement est un solide bâton ou une canne pour écarter les fougères et les broussailles sous lesquelles se cachent bien souvent les champignons. Très pratique, cet accessoire vous permettra aussi de retourner les champignons que vous ne voulez pas toucher, ou encore de déterrer des spécimens afin de vérifier s'ils ont ou non une volve, caractéristique de la famille des amanites : la présence d'une volve doit vous inciter à contrôler soigneusement les autres caractères qui permettent de distinguer les espèces comestibles de celles qui sont toxiques.

Ne sectionnez le pied du champignon que si vous êtes sûr de son identité. Sinon, déterrez-le soigneusement en essayant de ne pas l'abîmer afin de l'observer dans son intégralité. De même, opérez en douceur lorsque vous prélevez des champignons dont le pied est consommable (cèpes, girolles) pour ne pas léser le mycélium.

Une fois que vous avez identifié l'espèce et constaté qu'elle est comestible, coupez ou épluchez la base du pied à l'aide de votre couteau. Essuyez ou passez à la brosse chaque champignon avant de le ranger dans votre panier. Dès que le fond est recouvert, disposez une couche de fougères par-dessus les champignons pour éviter l'écrasement.

CUEILLETTE DES CHAMPIGNONS

Pour conserver les champignons

À certaines périodes, les champignons poussent à profusion. La conservation fera profiter de cette abondance tout au long de l'année.

De nombreuses techniques permettent de conserver les champignons, et, selon l'espèce, il existe des modes de conservation plus adaptés que d'autres. Vous trouverez des informations sur les méthodes qui conviennent le mieux aux espèces décrites dans la partie « Champignons comestibles » et des conseils pratiques dans la partie « La cuisine aux champignons ».

Quelle que soit la technique utilisée, il est essentiel de sélectionner les champignons les plus sains parmi ceux que vous avez récoltés.

Vérifiez bien que les spécimens ramassés lors de votre sortie ne sont pas infestés par des larves. En effet, au moment de la réhydratation des champignons secs, vous pourriez avoir la désagréable surprise de découvrir des larves flottant à la surface du liquide. Ôtez soigneusement les brindilles, les feuilles et tous les débris qui se trouvent dans vos champignons fraîchement cueillis.

Le séchage respecte assez bien le goût et la couleur des champignons, mais malheureusement il détruit leur forme. Il existe plusieurs techniques de séchage. Sous les climats chauds et secs, il suffit d'émincer les champignons puis de les étaler sur des claies en étamine résistante avant de les placer au soleil. Dans les pays tempérés et froids, les champignons peuvent être séchés sur des claies dans une pièce chauffée ou dans une armoire sèche-linge.

Les champignons doivent être desséchés « à cœur », ce qui peut demander plusieurs jours. Il faut savoir que, au fur et à mesure que le séchage s'accomplit, une intense odeur de champignon se répand partout dans la maison.

On trouve aujourd'hui des appareils à déshydrater (voir p. 256) qui permettent de sécher aussi bien les fruits, les légumes, les fines herbes que les champignons. Certains d'entre eux comportent plusieurs étages de claies et peuvent assurer en quelques heures le séchage parfait d'une grande quantité de spécimens.

Ces appareils présentent deux avantages : d'une part, les odeurs n'envahissent pas toute la maison et ne persistent pas plusieurs jours après l'opération ; d'autre part, vous pouvez avoir entière confiance dans le résultat et être sûr que les champignons secs ne contiennent aucune moisissure. Avec cette forme accélérée de séchage, il est possible de conserver même les coprins chevelus – une espèce particulièrement difficile à sécher –, à condition de ne sélectionner que des échantillons très jeunes. Avec les méthodes usuelles de séchage, bien trop lentes, les coprins tomberaient en déliquescence, formant une masse noirâtre qui risquerait en outre de gâter les champignons d'une autre espèce, mis à sécher en même temps. Une autre technique de séchage consiste à enfiler les champignons sur un fil de coton à l'aide d'une aiguille et de les suspendre en chapelet dans une pièce. S'il s'agit de spécimens de belle taille, émincez-les auparavant.

Lorsque les champignons sont secs, placez-les sur une feuille de papier et prenez chaque fragment individuellement à la main pour le placer dans un récipient hermétique, dans lequel il sera conservé à l'abri de l'air. Mettez de côté la poudre de champignon restant sur la feuille de papier pour parfumer potages et ragoûts mijotés.

Les champignons secs peuvent être utilisés directement dans les potages et les ragoûts, après un rapide passage sous un filet d'eau. Pour les autres préparations (accompagnement de viande ou de poisson, omelette...), il est préférable de les réhydrater dans de l'eau tiède pendant une vingtaine de minutes. N'utilisez pas de l'eau bouillante pour cette réhydratation, car cela pourrait nuire à la saveur finale du produit.

L'eau qui a servi à cette réhydratation est parfumée : elle peut être utilisée comme bouillon ou comme base de sauce, après avoir été filtrée.

CUEILLETTE DES CHAMPIGNONS

Ci-contre : *Les champignons séchés sont mis à l'abri de l'air et de l'humidité.*

Page de gauche, à gauche et au milieu : *Quel que soit le mode de conservation, brossez et nettoyez au préalable vos champignons avec un linge humide.*

Page de gauche, à droite : *Un appareil à déshydrater.*

Si vous optez pour la congélation, sachez qu'il est préférable de cuisiner auparavant les espèces à chair molle. Vous pouvez, par exemple, préparer et congeler un beurre de champignons, qui servira de sauce et parfumera agréablement des plats de viande ou de poisson. Il suffit de mélanger des champignons émincés et cuits à du beurre, puis de congeler le tout (voir p. 132).

En ce qui concerne les champignons à chair ferme, vous pouvez les congeler après les avoir fait blanchir.

La salaison est l'une des plus vieilles méthodes de conservation des aliments. Elle convient parfaitement aux champignons, à condition qu'ils soient très frais et nettoyés avec le plus grand soin. Les proportions recommandées pour cette opération sont les suivantes : une part de sel pour trois parts de champignons. Les couches de sel et les couches de champignons doivent alterner, la dernière couche de champignons étant complètement recouverte de sel.

Assurez-vous au préalable que votre récipient ne risque pas d'être attaqué par le sel. Il est préférable d'employer un bocal en verre stérilisé, mais vous pouvez également avoir recours à une boîte en plastique du type de celles qui sont utilisées par les fabricants de crèmes glacées. Avec cette technique, vous obtiendrez une grande quantité de jus assaisonné et vous n'aurez pas besoin de saler les plats dans lesquels vous mettrez vos champignons ainsi conservés.

Vous pouvez aussi conserver les champignons dans de l'huile ou du vinaigre après les avoir bien nettoyés et blanchis. Stérilisez tous les ustensiles que vous utilisez en les plongeant dans de l'eau bouillante ou dans une solution stérilisante spéciale. Il est préférable de le faire dans de l'eau bouillante, car la solution stérilisante peut parfois dénaturer le goût des champignons.

La qualité de l'huile et du vinaigre est essentielle dans la réussite de ce type de conserve. Ajoutez quelques grains de poivre, une douzaine d'éclats d'ail, un peu de laurier, de thym et de romarin dans vos bocaux, puis fermez-les hermétiquement.

Une fois que les bocaux ont été ouverts, conservez-les au réfrigérateur et utilisez le contenu sans tarder. L'huile et le vinaigre dans lesquels les champignons sont conservés constituent un assaisonnement délicieux.

Contrôlez régulièrement vos conserves afin de vous assurer qu'il n'y a aucun signe de moisissure. Le cas échéant, ôtez et jetez les quelques champignons du dessus et consommez sans tarder le reste du bocal.

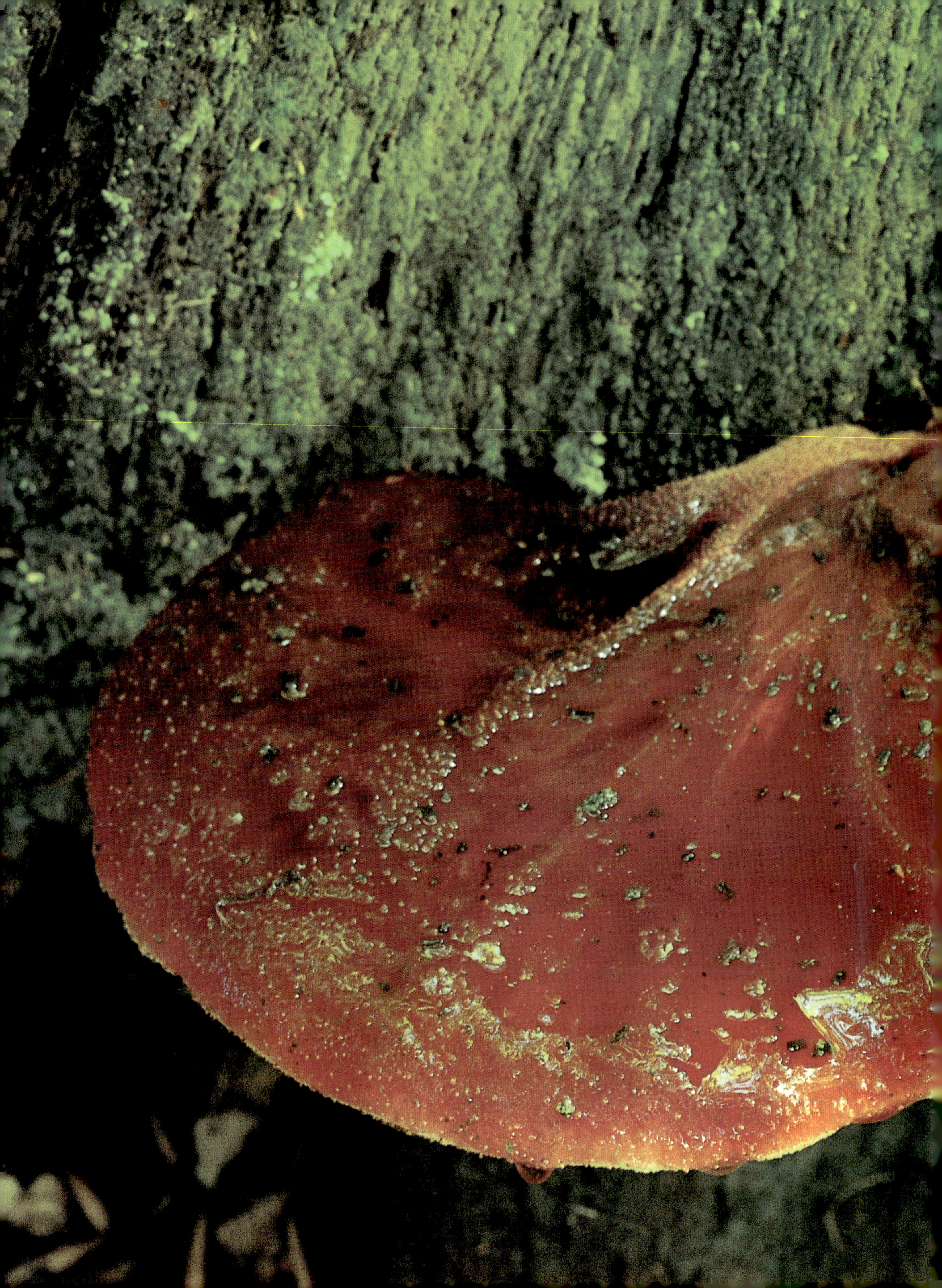

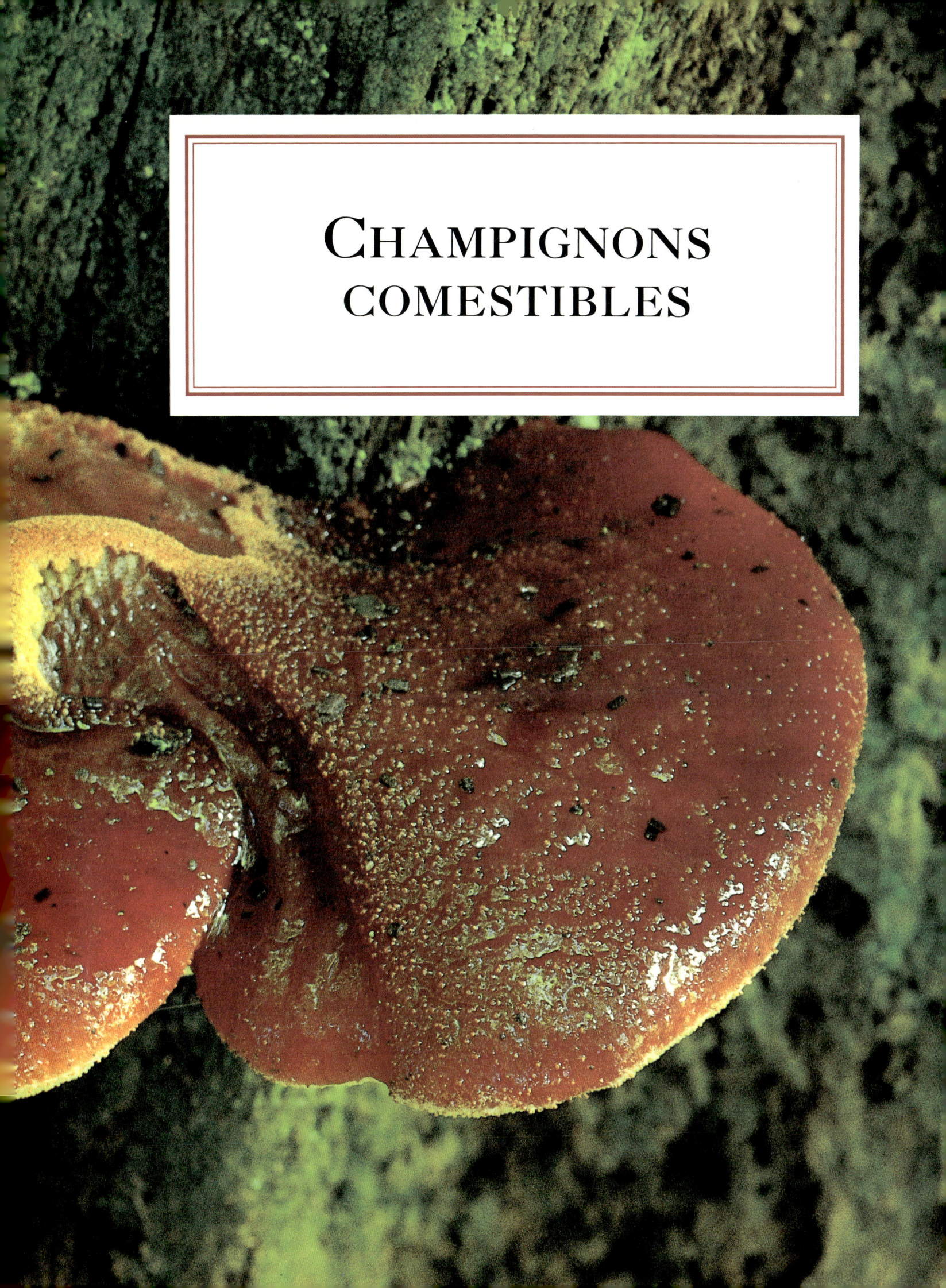

CHAMPIGNONS COMESTIBLES

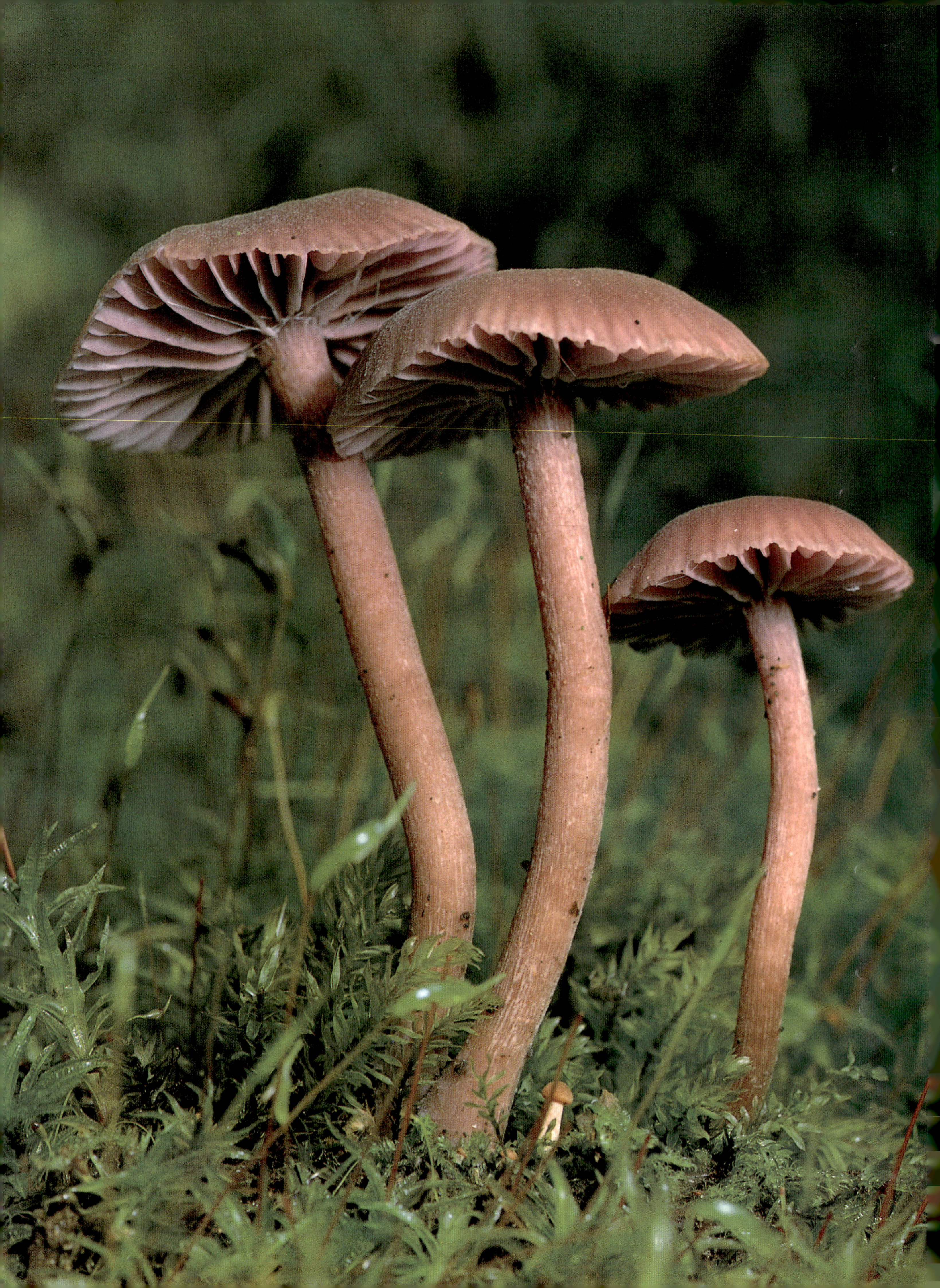

QUELQUES CONSEILS

Cette partie est consacrée aux meilleurs champignons comestibles de nos prés et de nos bois. Au total, plus de 1 000 espèces sont comestibles, mais quelques-unes seulement sont appréciées pour leur saveur et leur consistance.

Bien que les avis varient beaucoup d'une personne à une autre, la majorité des amateurs classe parmi les meilleurs champignons le cèpe de Bordeaux (*Boletus edulis*), le bolet bai (*Xerocomus badius*), les morilles élevée et grise (*Morchella elata* et *M. esculenta*), la girolle (*Cantharellus cibarius*) et le polypore soufré (*Laetiporus sulfureus*).

Pour chaque espèce traitée dans cette partie, vous trouverez des informations permettant l'identification – description du champignon, habitat et époque d'apparition – et de précieuses indications sur les meilleures façons de la conserver et de la cuisiner, conseils qui vous seront utiles de retour chez vous.

Au fur et à mesure de votre lecture, vous vous familiariserez avec les critères d'identification. Aucune espèce de champignon ne ressemble exactement à une autre ; en outre, les différences sont quelquefois subtiles entre deux espèces, alors qu'une même espèce ne présentera pas le même aspect en fonction de son âge ou du lieu où il a poussé.

De nombreux champignons comestibles ont des sosies toxiques dont il est également fait mention dans nos descriptions. Soyez particulièrement vigilant lorsque vous cherchez à identifier ces espèces. Il est également essentiel de se méfier des sujets très jeunes, car seuls les spécimens parvenus à l'état adulte permettent une identification sûre.

Certains champignons, tout à fait comestibles au demeurant, peuvent causer des troubles digestifs auxquels certaines personnes sont plus sensibles que d'autres ; vous devez y penser lorsque vous servez un plat de champignons à des convives.

Quelques espèces peuvent être consommées crues, mais la plupart doivent être impérativement cuites au préalable. C'est le cas, par exemple, du pied-bleu (*Lepista nuda*) et du pied-violet (*Lepista saeva*), ainsi que des morilles élevée et commune (*Morchella vulgaris*). Ces champignons contiennent une faible quantité d'un poison qui est détruit par la chaleur de la cuisson.

L'idéal, pour se perfectionner en matière de champignons, est de participer à des sorties collectives menées sous la houlette d'un mycologue. Vous aurez ainsi la chance de questionner un expert sur la nature des divers champignons rencontrés et, à la fin de la sortie, vous pourrez examiner la cueillette des autres participants et assister à son identification par le mycologue.

Les sorties de ce type sont organisées par des groupements ou associations – sociétés mycologiques, groupes locaux de naturalistes ou de mycologues… – dont vous pourrez obtenir les adresses auprès des offices de tourisme, des syndicats d'initiative ou encore des mairies. Ces sorties sont même parfois annoncées dans la presse locale.

Vos cueillettes peuvent vous apporter beaucoup de plaisir, mais soyez toujours prudent, ne prenez aucun risque avec des champignons que vous ne connaissez pas et que vous n'avez pas réussi à identifier.

Double page précédente : *La langue-de-bœuf* (Fistulina hepatica) *pousse généralement à la base des troncs d'arbre ou sur des souches. Mais on peut parfois l'observer en hauteur, fixée sur des branches.*

Ci-contre : *Pieds-violets* (Lepista saeva).

Page de gauche : *Le laccaire améthyste* (Laccaria amethystina) *est un champignon savoureux dont la saison, très étendue, va de la fin de l'été jusqu'au début de l'hiver.*

CHAMPIGNONS COMESTIBLES

Agaricus arvensis
AGARIC DES JACHÈRES

Ce grand champignon à la texture charnue a une odeur caractéristique d'anis. Il est meilleur récolté jeune, car de nombreux spécimens adultes sont infestés de larves, et parce que, avec l'âge, la chair devient brun foncé et transmet cette couleur aux préparations culinaires. Ces champignons ont tendance à réapparaître dans les mêmes prés chaque année : vous avez

Les lames parvenues à maturité sont brunes, tandis qu'elles sont roses chez les spécimens jeunes.

Le chapeau est hémisphérique au début.

Ici, le futur anneau est encore attaché à la marge du chapeau.

CHAMPIGNONS COMESTIBLES

donc intérêt à surveiller attentivement les endroits où vous avez constaté de belles pousses. Les agarics des jachères portent souvent des traces jaunâtres sur le chapeau. Si tel est le cas, examinez le champignon avec soin pour vous assurer qu'il ne s'agit pas d'un agaric jaunissant *(Agaricus xanthoderma)*, une espèce dangereuse qui pourrait vous rendre malade si vous la consommiez (voir p. 100-101). Ce champignon toxique jaunit fortement au toucher ou à la coupe, et dégage une odeur chimique de phénol ou d'encre d'imprimerie très caractéristique.

IDENTIFICATION

Le chapeau mesure de 10 à 25 cm de diamètre. Hémisphérique et blanc au début, il peut devenir irrégulièrement convexe et jaune par la suite. Le pied mesure de 8 à 10 cm de hauteur et possède un large anneau dont la partie inférieure a l'aspect d'une roue dentée. Il peut devenir creux avec l'âge. Les lames, blanches au début, virent ensuite au rose et jusqu'au brun sur des sujets parvenus à maturité. La chair, épaisse et blanche, jaunit à la coupe et présente une tendance à foncer avec le temps. Elle possède une odeur nette d'anis. La sporée est de couleur brun foncé.

HABITAT ET ÉPOQUE D'APPARITION

L'agaric des jachères pousse dans les jardins, les prés, les pâtures, en bordure des champs. Les prairies calcaires constituent souvent de bons emplacements. Sa saison s'étend du milieu de l'été jusqu'à la fin de l'automne, mais une pousse peut se produire au printemps. C'est durant cette période qu'on rencontre ces champignons, le plus souvent disposés en grands cercles dans l'herbe des prés.

CONSERVATION

Ces champignons se sèchent fort bien. Il faut cependant s'assurer, avant de les soumettre à cette technique, que la chair est dépourvue de larves. S'ils sont sains, il suffit de les couper en tranches minces et de les sécher soit sur claies à l'air libre, soit dans un appareil à déshydrater.

PRÉPARATION

Cet agaric est excellent, sous réserve bien entendu que sa chair ne soit pas envahie par des larves. Si vous utilisez des spécimens âgés dont les lames présentent une coloration brun foncé, rappelez-vous également que ceux-ci communiqueront cette couleur sombre à votre préparation.

En haut, à droite : *Agaric jaunissant.*

En haut, à gauche : *L'agaric des jachères affectionne les prairies et les bordures des bois et des champs.*

Ci-dessous : *Avec l'âge, le chapeau s'étale et présente une teinte jaune cuivre.*

CHAMPIGNONS COMESTIBLES

Agaricus augustus
Agaric auguste

Parfois appelé rosé impérial, ce beau champignon a une agréable saveur et est très apprécié.

Identification
Le chapeau mesure de 10 à 25 cm de diamètre. D'abord tout à fait hémisphérique, il s'étale ensuite, tout en restant convexe, mais avec une forme irrégulière. Il est d'une couleur brun clair et possède des mèches écailleuses brunes bien nettes, plus serrées au sommet et disposées en cercles concentriques. Le pied mesure de 10 à 20 cm de hauteur. Il est blanchâtre et porte de petites écailles pelucheuses. Un anneau ample et retombant recouvre une partie du pied. Les lames, blanches ou grisâtres au début, deviennent ensuite brun sombre. La chair épaisse et blanche dégage une agréable odeur d'amande amère. La sporée est brune.

Habitat et époque d'apparition
L'agaric auguste pousse principalement dans les bois de feuillus ou de conifères, dans les lieux herbeux et les lisières, souvent en groupes. Sa saison va de la fin de l'été jusqu'à la fin de l'automne.

Conservation
Comme ces champignons sont souvent d'une belle taille, assurez-vous que les spécimens cueillis sont sains, avant de les émincer et de les faire sécher suivant les techniques classiques. Ce champignon à conserver pour l'hiver fera merveille en raison de son parfum très prononcé qui rehaussera vos plats.

Préparation
Cette espèce exige fort peu de travail de préparation. Jetez les pieds qui ont tendance à être très fibreux. Le chapeau n'a pas besoin d'être pelé. Contentez-vous de l'essuyer avec un linge propre et humide avant de l'émincer. L'agaric auguste se marie très bien à l'omelette, mais il est aussi excellent servi seul.

La surface du chapeau porte toujours des mèches écailleuses aplaties.

Ci-dessus : *L'agaric auguste pousse en bordure des bois, dans les clairières et au bord des chemins, en particulier à proximité des arbres.*

Ample anneau retombant

Le pied est le plus souvent fortement écailleux.

Agaricus bisporus
AGARIC À DEUX SPORES

L'agaric à deux spores est la forme sauvage du champignon de Paris (champignon de couche). Il a le même parfum et le même goût que l'agaric champêtre *(Agaricus campestris)*. Commun, il pousse certaines années en grandes quantités et se rencontre dans les zones riches en matière organique en décomposition.

IDENTIFICATION
Le chapeau mesure de 5 à 10 cm de diamètre. De forme hémisphérique au début, il s'ouvre jusqu'à devenir presque aplati sur la fin. Sa couleur varie du blanchâtre au brun moyen, et il porte des mèches pelucheuses. Sous le chapeau, les lames roses brunissent avec l'âge. Le pied, de couleur blanche, mesure de 3 à 5 cm et porte un anneau bien net vers le sommet. La chair est blanche et rosit légèrement au froissement. Elle a un parfum dit « de champignon ». La sporée est brune.

Ci-dessus : *L'agaric boule-de-neige (Agaricus nivescens) est un proche parent de l'agaric à deux spores.*
Ci-dessous : *L'agaric à deux spores est l'ancêtre sauvage du champignon de Paris.*

HABITAT ET ÉPOQUE D'APPARITION
Ce champignon pousse sur les tas de compost et sur les déchets végétaux du jardin, parfois au bord des haies et des plantations, rarement sur les terrains herbeux. La période d'apparition va du début du printemps jusqu'à la fin de l'automne.

CONSERVATION
Cette espèce de petite taille se sèche facilement entière ou coupée en lamelles.

PRÉPARATION
Sachant que ce champignon pousse le plus souvent sur les fumiers et composts, il faut l'essuyer minutieusement et supprimer la base du pied avant de le découper.

CHAMPIGNONS COMESTIBLES

Agaricus campestris
Agaric champêtre ou rosé des prés

L'agaric champêtre est l'une des espèces sauvages les plus connues. Autrefois, les prés offraient de véritables tapis de ces petits champignons blancs. Malheureusement, en raison de la profonde modification des techniques de culture, et notamment de l'utilisation d'herbicides, de pesticides et d'engrais azotés comme les nitrates, de nombreuses prairies où les rosés des prés poussaient en abondance ont disparu. Si vous avez la chance d'habiter à proximité d'une prairie ou de pâtures, soyez aux aguets en été et en automne. Il est conseillé d'aller cueillir ces champignons tôt le matin pour être sur place avant les autres ramasseurs et parce que, en tout début de journée, ils ne seront pas encore attaqués par les larves.

Identification
Le chapeau mesure de 3 à 12 cm de diamètre. Il conserve sa forme hémisphérique pendant quelque temps avant de s'étaler tout à fait pour devenir presque plat. Il est d'un blanc soyeux virant avec l'âge au brun léger. Le pied mesure de 3 à 10 cm de hauteur. Il est blanc, atténué à la base, et possède un anneau mince qui est

L'anneau, fragile, disparaît souvent.

Les lames sont roses lorsqu'elles sont jeunes.

Ci-contre :
Les agaricacées se caractérisent par un anneau fragile et des lames roses chez les spécimens jeunes.

CHAMPIGNONS COMESTIBLES

Ci-contre : *Les lames n'arrivent pas jusqu'au pied. Ce trait est commun à tous les agarics.*

En bas : *La variété* squamulosus *de l'agaric champêtre porte des squamules brunâtres sur le chapeau.*

souvent déchiré et peut parfois disparaître. Les lames sont d'un beau rose franc, même sur les rosés des prés encore fermés, ce qui constitue un caractère sûr d'identification. La chair, de couleur blanche, a tendance à virer au rose pâle quand on la froisse. Son parfum est agréable. La sporée est brune.

HABITAT ET ÉPOQUE D'APPARITION
Le rosé des prés pousse dans les pâtures et préfère souvent les sols calcaires. Il peut apparaître à tout moment entre le tout début de l'été et la fin de l'automne.

CONSERVATION
Cet excellent champignon garde parfaitement sa saveur et son parfum une fois sec. Les plus petits peuvent être mis à sécher entiers, enfilés sur une cordelette, mais il faut couper en tranches les plus gros.

PRÉPARATION
Il n'est pas nécessaire de peler le chapeau. Il suffit d'essuyer le champignon avec un linge humide. Pour vous assurer que le rosé n'est pas infesté de larves, ôtez le pied et fendez le chapeau par le milieu. Les plus gros spécimens peuvent servir à préparer un extrait de champignon, des sauces ou un ragoût, mais il faut savoir que les spores noires donneront une intense couleur brune au plat. Les jeunes rosés des prés sont délicieux avec des œufs au plat et du bacon.

CHAMPIGNONS COMESTIBLES

Agaricus macrosporus
AGARIC À GRANDES SPORES

Ce champignon d'automne est excellent. Soyez très attentif lors de son identification, car il peut ressembler au dangereux agaric jaunissant *(Agaricus xanthoderma)*. Cependant, la forme du chapeau et surtout l'odeur spécifique de l'agaric à grandes spores vous permettront de confirmer qu'il s'agit bien de cette espèce.

IDENTIFICATION
Le chapeau, arrondi, mesure de 10 à 20 cm de diamètre. Il est blanc et présente de fines fibrilles brunes. Le pied, floconneux, mesure de 8 à 10 cm de hauteur. Il est blanchâtre, épais, avec une base terminée en pointe. Les lames sont rose pâle au début, virant au brun sombre avec l'âge. La chair est blanche, avec une agréable odeur d'amande. La sporée est brune.

HABITAT ET ÉPOQUE D'APPARITION
Ce champignon pousse en cercles, dans les prés non enrichis aux engrais chimiques. Sa saison s'étend de la fin de l'été jusqu'en automne.

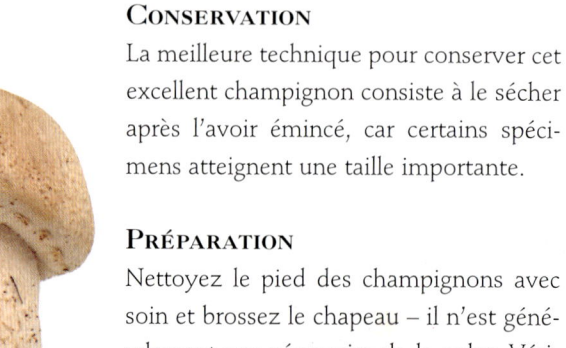

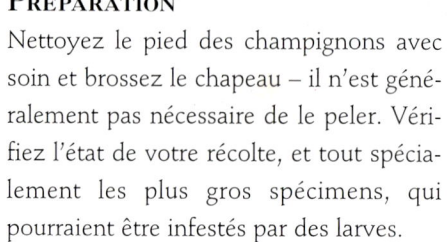

Ci-contre :
Souvent de belles dimensions, le chapeau, blanc, peut porter de minces fibrilles en surface.

CONSERVATION
La meilleure technique pour conserver cet excellent champignon consiste à le sécher après l'avoir émincé, car certains spécimens atteignent une taille importante.

PRÉPARATION
Nettoyez le pied des champignons avec soin et brossez le chapeau – il n'est généralement pas nécessaire de le peler. Vérifiez l'état de votre récolte, et tout spécialement les plus gros spécimens, qui pourraient être infestés par des larves.

L'anneau est orné d'écailles floconneuses sur la face inférieure.

Les lames n'arrivent pas jusqu'au pied.

Agaricus silvaticus
Agaric sylvatique ou psalliote des forêts

Cet excellent champignon repousse chaque année aux mêmes endroits.

Identification
Le chapeau mesure de 5 à 10 cm de diamètre. Il est hémisphérique à convexe, et sa surface est recouverte de fibrilles brunâtres plus foncées que le fond. Le pied mesure de 5 à 10 cm de hauteur. Il est blanchâtre, avec des stries brunes, et porte un anneau blanc qui a tendance à brunir avec l'âge. Les lames, roses au début, virent au gris rosé avant de devenir sur la fin d'un beau rouge brunâtre. La chair, tendre et blanche, devient rouge carminé à la coupe et au froissement, aussi bien à la base du pied que sur la longueur. L'odeur est discrète. La sporée est brune.

Habitat et époque d'apparition
On rencontre cette espèce dans les bois de conifères surtout, mais aussi sous les feuillus sur terrain acide. Sa saison va du début de l'été jusqu'à la fin de l'automne.

Conservation
Ce champignon à la saveur prononcée est meilleur après séchage. Comme les spécimens sont souvent de belle taille, il est nécessaire de les réduire en lamelles avant de procéder à leur dessiccation.

Préparation
Il faut nettoyer le sommet du chapeau à la brosse pour le débarrasser des aiguilles de conifère. Supprimez ensuite la base du pied et coupez le champignon en tranches minces. L'agaric sylvatique donnera un délicieux parfum à tous les plats dans lesquels vous l'utiliserez. Il est également excellent consommé seul, sauté avec un peu de beurre et de basilic et servi sur une tranche de pain grillé.

Des petites écailles floconneuses ornent la face inférieure de l'anneau.

La surface du chapeau est écailleuse.

CHAMPIGNONS COMESTIBLES

Agaricus silvicola
Agaric sylvicole ou agaric des bois

Cet agaric, qui ressemble un peu à l'agaric des jachères *(Agaricus arvensis)* mais en plus petit, pousse surtout dans les bois. Soyez attentif lors de la cueillette, car il est possible de le confondre avec l'agaric jaunissant *(Agaricus xanthoderma)* ou avec les amanites, notamment les amanites printanière et vireuse *(Amanita verna et A. virosa)*. Contrôlez soigneusement les caractères qui vous permettent d'identifier ce champignon, en le retournant pour mieux l'observer. L'agaric sylvicole ne doit présenter ni voile, ni reste de voile, ni volve au pied, ni verrues sur le chapeau. Si vous avez le moindre doute, laissez le spécimen sur place.

Identification
Le chapeau mesure de 5 à 10 cm de diamètre. Il est hémisphérique au début puis s'ouvre jusqu'à devenir presque plat à la fin. Il est d'un jaune crème qui fonce avec l'âge. Le pied mesure de 5 à 8 cm de hauteur. Il est plutôt élancé et porte un anneau bien net. Les lames sont d'un beau rose moyen, mais virent avec l'âge au brun foncé. La chair, blanche, a une nette odeur d'anis. La sporée est brun foncé.

Habitat et époque d'apparition
L'agaric sylvicole est un champignon d'automne commun dans les bois de feuillus et de conifères.

Conservation
Cette espèce ne se garde pas très bien. Aussi est-il préférable de la consommer fraîchement cueillie.

Préparation
Les jeunes spécimens sont particulièrement savoureux. Vous pouvez les préparer de la façon suivante : assaisonnez les chapeaux, farinez-les, plongez-les dans une pâte à beignets préparée à base de bière, puis faites-les frire.

Ci-dessus : *Ce champignon a toujours une silhouette élancée. Il pousse exclusivement en sous-bois.*

Aleuria aurantia
PEZIZE ORANGÉE

Cette espèce de couleur lumineuse a un goût et une consistance agréables. La pezize orangée se consomme surtout mélangée à d'autres champignons sauvages.

IDENTIFICATION
Le réceptacle, qui mesure de 2 à 10 cm de diamètre, a la forme d'une coupe au début puis s'étale en devenant sinueux sur les bords. L'intérieur de cette coupe est d'une belle couleur orangée. L'extérieur est beaucoup plus clair et présente au toucher une surface veloutée.

HABITAT ET ÉPOQUE D'APPARITION
La pezize orangée croît en importantes colonies sur la terre nue, dans les prairies, le long des routes et dans les gazons. C'est une espèce fort commune, que l'on trouve de la fin de l'été jusqu'au début de l'hiver.

CONSERVATION
La méthode de conservation la plus indiquée est le séchage.

PRÉPARATION
La pezize orangée exige un nettoyage soigné, mais facile à exécuter. La chair, épaisse, est assez fragile et cassante : rincez-la sous un mince filet d'eau avant de la découper en tranches fines. Elle peut être utilisée de façon originale pour agrémenter une salade de fruits.

En haut : Poussant le plus souvent en abondantes colonies, la pezize orangée préfère les sentiers ou les chemins de terre.

Ci-contre : La membrane interne (hyménium) contient les cellules (asques) qui produisent les spores.

CHAMPIGNONS COMESTIBLES

Armillaria mellea
Armillaire de miel

Ennemi des jardiniers, l'armillaire de miel est un redoutable parasite. Son mycélium tisse de gros cordons noirs formés de filaments agrégés, dits cordons rhizomorphiques, qui s'insinuent entre l'aubier et l'écorce des arbres qu'il parasite. Il occasionne également une pourriture des racines que l'on appelle pourridié, qui entraîne la mort de l'arbre à brève échéance. Très commun, l'armillaire de miel pousse par ailleurs sur de nombreuses espèces d'arbres (feuillus et conifères) et même d'arbustes (groseilliers, par exemple) ; certains spécimens vont jusqu'à parasiter les pieds de pommes de terre. Ce champignon avait autrefois une bonne réputation gastronomique. On recommandait alors de ne récolter que les très jeunes sujets, de les ébouillanter avant de les cuisiner et de jeter l'eau utilisée pour les blanchir. Mais des cas d'intoxications sévères, survenus alors que toutes les précautions avaient été prises, font que l'armillaire de miel est désormais considéré comme une espèce à risque, « un champignon comestible qui peut être très toxique », d'après le mycotoxicologue Lucien Giacomoni.

Des petites mèches foncées ornent le dessus du chapeau.

Souvent bordé de jaune, l'anneau est placé assez haut.

Ce champignon forme des touffes importantes.

CHAMPIGNONS COMESTIBLES

IDENTIFICATION

Le chapeau, qui mesure de 3 à 15 cm de diamètre, a une forme et une couleur très variables. Il est d'abord convexe, puis s'aplatit en conservant souvent un mamelon central. La couleur peut aller du jaune « miel » au brunâtre. La surface est rehaussée de petites mèches plus foncées, brunâtres, parfois même noirâtres, qui peuvent disparaître avec le temps. La marge est mince et lisse chez l'armillaire de miel type, mais peut être plus ou moins striée chez certaines espèces très voisines (armillaire à pied clavé, armillaire boréale, armillaire bulbeuse). Les lames sont blanches au début, puis roussâtres, avec des taches brunâtres. Le pied mesure de 5 à 20 cm, avec une forme qui peut être bulbeuse ou, au contraire, très élancée. L'anneau membraneux est placé assez haut ; il est épais, blanc, strié au-dessus et floconneux en dessous, souvent bordé de jaune. La chair est ferme et blanche. Elle a une odeur forte et une saveur généralement douce, mais pouvant être amère. La sporée est blanche.

Ci-dessus : *Les mèches qui ornent la surface des chapeaux des armillaires de miel sont plus ou moins marquées. Elles peuvent disparaître avec le temps.*

HABITAT ET ÉPOQUE D'APPARITION

Très commun, l'armillaire de miel pousse en touffes imposantes, sur les souches et sur les arbres (feuillus et conifères) vivants ou morts, de la fin de l'été jusqu'au début de l'hiver.

Ci-contre : *Les lames sont blanches au début, puis roussâtres.*

CHAMPIGNONS COMESTIBLES

Auricularia auricula judae
OREILLE-DE-JUDAS

Ce champignon, très commun dans certaines régions, se ramasse pendant une très longue période de l'année.

IDENTIFICATION
Le réceptacle mesure de 3 à 10 cm de diamètre. Sa texture est gélatineuse, et il a un peu la forme d'une oreille. Par temps sec, il devient dur et coriace. Il est à l'état frais d'une couleur brun rougeâtre avec, à l'intérieur, quelques traces grisâtres d'aspect pruineux ou givré.

HABITAT ET ÉPOQUE D'APPARITION
L'oreille-de-Judas pousse sur un grand nombre d'arbres, mais tout particulièrement sur le sureau, ce qui expliquerait son nom (Judas Iscariote se serait pendu à un sureau). Elle pousse surtout en hiver, mais on peut en récolter tout au long de l'année dans certaines régions.

CONSERVATION
La dessiccation convient bien à ces champignons. Cueillis par temps sec, lorsqu'ils sont durs et coriaces, ils peuvent être stockés directement. Pour les ramollir, faites-les tremper 30 minutes environ dans de l'eau tiède.

PRÉPARATION
Mettez vos champignons à tremper en changeant plusieurs fois l'eau. Les oreilles-de-Judas ont une consistance gélatineuse, et il est important de les faire bien cuire pour les attendrir. Mettez, par exemple, à revenir des oignons, de l'ail, du basilic, puis ajoutez les champignons finement émincés. Liez ensuite avec un peu de crème. Vous pouvez utiliser cette préparation pour garnir de petites bouchées, ou tout simplement l'étaler sur des tranches de pain grillé.

La face externe est veloutée.

La face interne est lisse, d'apparence caoutchouteuse.

CHAMPIGNONS COMESTIBLES

Ci-contre : *Si vous avez un doute quant à l'identification de cette espèce, étirez doucement le réceptacle entre vos doigts : il doit être élastique et de texture caoutchouteuse plutôt que cassante.*

Ci-dessous : *La couleur varie. Ces spécimens jeunes sont assez pâles et deviendront d'un beau brun rouge avec l'âge.*

CHAMPIGNONS COMESTIBLES

Boletus badius (= Xerocomus badius)
BOLET BAI

Le bolet bai est un excellent champignon à odeur fruitée.

IDENTIFICATION
Le chapeau mesure de 4 à 18 cm de diamètre. Il est de couleur chamois à brun moyen, mais certains spécimens peuvent être plus clairs. La cuticule est brillante à l'état sec et un peu gluante par temps de pluie. Le pied mesure de 4 à 12 cm de hauteur. Il est dans la même gamme de tons que le chapeau, mais en plus clair. Les pores sont de couleur jaune pâle et se tachent de bleu sous la pression des doigts ou à la coupe, ce qui permet d'identifier à coup sûr ce bolet. La chair blanche a une faible odeur fongique et, elle aussi, se tache de bleu à la coupe. Cette coloration « ajoutée » s'atténue assez rapidement. La sporée est brun clair.

HABITAT ET ÉPOQUE D'APPARITION
Ce champignon pousse dans tous les types de forêts. Sa saison va du début de l'été jusqu'à la fin de l'automne.

Ci-dessus : *Les bolets bais récoltés sous les conifères (à gauche) sont généralement plus sombres et plus lisses que ceux qui poussent sous les feuillus (à droite).*

CONSERVATION
Ce champignon se prête à de nombreuses préparations. Les petits sujets peuvent être conservés en bocaux avec de l'huile vierge ou dans du vinaigre de vin ou de cidre. Les plus gros sont meilleurs découpés en tranches et séchés. Pour ces derniers, détachez les tubes qui garnissent le dessous du chapeau, car ils sont souvent gorgés d'eau et ne sèchent pas bien. Ces tubes peuvent être utilisés pour préparer un extrait de champignon ou faire une sauce.

PRÉPARATION
Il est préférable de récolter les bolets bais lorsqu'il fait sec. Si vos champignons sont mouillés, essuyez les chapeaux et laissez-les sécher avant de les préparer. Émincés, les bolets bais sont délicieux consommés crus et, frais ou secs, ils peuvent agrémenter des soupes, des ragoûts ou être mélangés à d'autres champignons.

Les pores se tachent de bleu au froissement.

La chair peut se tacher de bleu pâle.

Le pied présente des stries brunes longitudinales.

CHAMPIGNONS COMESTIBLES

Boletus chrysenteron (= Xerocomus chrysenteron)
Bolet à chair jaune

Ce champignon est moins savoureux que le bolet bai ou que le cèpe de Bordeaux, mais les jeunes spécimens accompagneront agréablement d'autres champignons sauvages.

Identification
Le chapeau mesure de 4 à 10 cm de diamètre. Il est de couleur brun tabac, mais des craquelures laissent apparaître à la surface une légère teinte rougeâtre. Le pied mesure de 4 à 8 cm de hauteur. Les stries longitudinales rouges qui apparaissent sur une grande partie du pied de ce champignon sont caractéristiques de l'espèce. Sous le chapeau, les pores sont jaunes et nettement plus ouverts que ceux du bolet bai. Ils se teintent au toucher de verdâtre léger. La chair est de couleur crème à jaune et ne change pas de couleur au froissement ou à la coupe. La sporée est de couleur brun clair. La texture générale de cette espèce est nettement moins dense que celle du bolet bai ou du cèpe.

Habitat et époque d'apparition
Ce champignon d'automne pousse en association avec tous les types de feuillus.

Conservation
Après avoir séché vos bolets à chair jaune, mélangez-les à d'autres champignons secs.

Préparation
Ne ramassez que les jeunes spécimens. Essuyez ou brossez le chapeau délicatement au pinceau pour le débarrasser des débris de terre ou de feuilles. Émincez-le finement avant de le cuisiner. Compte tenu de sa texture molle et humide, il est préférable d'utiliser ce champignon dans des potages, des ragoûts ou en mélange avec d'autres champignons plutôt que de le consommer seul.

Ci-dessus : *De couleur brun tabac habituellement, le chapeau peut prendre une teinte rouge avec l'âge et par temps froid.*

Les craquelures présentent une coloration rouge.

Les pores sont jaunes.

CHAMPIGNONS COMESTIBLES

Boletus edulis
CÈPE DE BORDEAUX

Ce champignon, considéré comme l'un des meilleurs par les amateurs, a une délicieuse saveur de noisette et offre de multiples variations culinaires. D'autres espèces de bolets, également renommés pour leurs qualités gustatives, sont à signaler : le cèpe d'été *(Boletus reticulatus)*, le cèpe tête-de-nègre *(Boletus aereus)* et le cèpe des pins *(Boletus pinophilus)*. Le cèpe de Bordeaux se développe en quelques jours et peut peser 1 kg, voire davantage. Sachez que de nombreux insectes déposent leurs œufs à la base du pied et que les larves qui en sortent font leur chemin jusque dans le chapeau et les tubes. Veillez, par conséquent, à ramasser des champignons en parfait état. Lorsque vous récoltez de gros spécimens, fendez le chapeau en deux pour vous assurer, avant de les ranger dans votre panier, qu'il n'y a pas de larves à l'intérieur.

IDENTIFICATION

Le chapeau mesure de 6 à 30 cm de diamètre. Il est brun léger, de la couleur d'un pain bien cuit, et fonce au fur et à mesure qu'il grandit. Par temps humide, le chapeau est un peu visqueux, mais lorsqu'il fait sec, il offre une surface satinée ou veloutée. Le pied mesure de 3 à 23 cm. Il est souvent très bulbeux et porte un fin réseau, avec des mailles un peu plus prononcées vers le haut. Les pores sont blancs au début puis deviennent jaunes et enfin verdâtres avec l'âge. La chair est blanche et le reste à tous les stades du développement. La sporée est brun clair.

Les pores sont blancs, puis jaunes, et enfin verdâtres.

La chair est toujours blanche.

Ci-contre : *Les cèpes sont réputés pour leur saveur. Ils sont meilleurs lorsqu'ils sont jeunes et bien fermes.*

HABITAT ET ÉPOQUE D'APPARITION

Ce cèpe pousse sous les conifères et les feuillus ; on peut aussi le rencontrer dans les landes à bruyère. C'est un champignon

CHAMPIGNONS COMESTIBLES

Ci-contre : *Certains spécimens ont un pied très renflé et un chapeau plus foncé, tout spécialement quand ils poussent sous les conifères.*

Le pied peut présenter une teinte générale claire, marbrée de roussâtre.

assez commun, dont la saison s'étend de l'été jusqu'à la fin de l'automne.

CONSERVATION

Émincé et séché, ce champignon est l'un des plus vendus dans le monde. La dessiccation convient en effet particulièrement bien à cette espèce. Les petits spécimens dits « bouchons de champagne » peuvent être conservés dans de l'huile d'olive extravierge, mais il est préférable de les laisser grandir avant de les cueillir !

PRÉPARATION

Sur le terrain, nettoyez soigneusement les chapeaux et fendez-les en deux pour vérifier qu'ils ne sont pas infestés de larves. Brossez le pied et coupez la base ou grattez-la pour la débarrasser des débris de terre ou de feuilles. Le cèpe de Bordeaux est une espèce qui se prête à une multitude de préparations.

CHAMPIGNONS COMESTIBLES

Calocybe gambosa (= Tricholoma georgii)
Tricholome de la Saint-Georges ou mousseron de printemps

Ce champignon se montre tôt dans l'année (parfois le 23 avril, jour de la Saint-Georges !). Il pousse souvent en lignes ou en cercles qui atteignent des dimensions importantes : certains w« ronds » peuvent être âgés de plusieurs centaines d'années.

Identification
Le chapeau mesure de 5 à 15 cm de diamètre et possède une marge légèrement enroulée. Bien arrondi lorsqu'il est jeune, le chapeau s'étale ensuite et devient irrégulier et sinueux. Sa couleur va du blanc au crème. Le pied, blanc lui aussi, mesure de 2 à 8 cm de hauteur. Les lames sont étroites et serrées. La chair est blanche et douce, avec une agréable et forte odeur de farine. La sporée est blanche.

Habitat et époque d'apparition
Très apprécié et assez commun dans certaines régions, le tricholome de la Saint-Georges a tendance à pousser en cercles (« ronds de sorcière ») dans les prés, les haies, en bordure des bois, et principalement sur sol calcaire. Sa saison va du début du mois d'avril jusqu'à mai. Ce champignon a besoin de chaleur et d'humidité pour pousser ; il apparaîtra tardivement si le printemps est froid. Surveillez toujours attentivement les lieux où vous en avez trouvé les années précédentes, car il repousse aux mêmes endroits.

La chair est épaisse, ferme et blanche.

Les lames sont très serrées et étroites.

Le pied est dur et un peu fibreux.

CHAMPIGNONS COMESTIBLES

À droite : *La couleur du chapeau varie du blanc au crème.*

En bas : *Les chapeaux de ces spécimens parvenus à l'état adulte sont irréguliers et bosselés.*

CONSERVATION

Ce champignon se fait sécher parfaitement. Vous pouvez aussi le conserver dans de l'huile d'olive ou du vinaigre.

PRÉPARATION

Brossez soigneusement les chapeaux, car ils peuvent être souillés de boue ou de terre et des particules de calcaire se logent parfois entre les lames. Lors de la récolte, évitez de trop remuer la terre pour ne pas détruire le mycélium et les ronds qu'il forme. Ce mousseron se marie particulièrement bien avec le poulet ou le poisson. Un poulet cuit à la cocotte aura un tout autre attrait si vous y ajoutez quelques spécimens de ces délicieux champignons.

CHAMPIGNONS COMESTIBLES

Cantharellus cibarius
Girolle ou chanterelle

Ce beau champignon est une espèce particulièrement recherchée pour sa saveur. Il revient chaque année, souvent en grande quantité, aux mêmes endroits, des « coins à girolles » que bien des ramasseurs gardent secrets. Au cours de vos cueillettes, assurez-vous que vous avez récolté la véritable girolle et non pas la girolle orangée, ou fausse girolle *(Hygrophoropsis aurantiaca)*, qui est considérée comme très suspecte (voir p. 116). En cas de doute, prenez l'avis d'un connaisseur.

Identification
Le chapeau mesure de 2 à 12 cm de diamètre. D'abord plat, avec une marge irrégulière, il devient sinueux et présente une dépression centrale. La couleur va du crème très pâle à un jaune profond qui s'éclaircit parfois avec l'âge. Certains spécimens peuvent présenter une coloration presque orange. Le pied mesure de 3 à 8 cm. Il est ferme et atténué à la base. Il ne possède pas de véritables lames, à la diffé-

Le chapeau prend une forme d'entonnoir avec l'âge.

La chair est crème ou jaunâtre.

Le dessous du chapeau présente des plis saillants et fourchus à arête émoussée.

CHAMPIGNONS COMESTIBLES

Ci-contre :
Les plis sont de la même couleur que le chapeau.

rence de celui de la fausse girolle ; chez la girolle, des plis saillants et fourchus descendent le long du pied. La chair est blanchâtre ou crème et légèrement jaune en surface ; elle a un agréable parfum d'abricot ou de mirabelle, une caractéristique importante pour l'identification de l'espèce. La sporée est de couleur crème pâle.

Habitat et époque d'apparition

Cette espèce pousse dans les bois de feuillus et de conifères, de préférence dans les zones dégagées et moussues ou dans les clairières. Sa saison s'étend de l'été jusqu'à la fin de l'automne.

Conservation

Toutes les techniques de conservation conviennent à la girolle, qui peut être préparée à l'huile d'olive, au vinaigre ou simplement séchée. Vous pouvez aussi la conserver dans de l'alcool relevé avec des graines de carvi, du jus de citron et des piments rouges.

Préparation

Nettoyez soigneusement vos champignons au moment de la cueillette en passant une brosse sur les chapeaux ou, si nécessaire, en les essuyant avec un linge humide. Coupez la base du pied ou ôtez la terre pour ne pas salir les autres champignons du panier. Les girolles peuvent se conserver quelques jours au réfrigérateur ou dans un endroit frais et aéré. Elles accompagnent à merveille les viandes et les poissons. Si vous avez la chance d'en récolter diverses espèces, essayez-les en mélange. Vous combinerez ainsi les divers parfums et consistances pour servir un plat raffiné et coloré.

Ci-contre :
Différents des véritables lames, les plis situés sur la face inférieure du chapeau ont une arête émoussée et sont souvent fourchus.

CHAMPIGNONS COMESTIBLES

Cantharellus tubiformis
CHANTERELLE EN TUBE

C'est toujours une joie de découvrir ces petits champignons dissimulés parmi les feuilles mortes. Les chanterelles en tube sont difficiles à repérer au début, mais, avec un peu d'habitude et d'expérience, vous en dénicherez là où vous n'aviez rien remarqué auparavant.

IDENTIFICATION
Le chapeau mesure de 2 à 5 cm de diamètre. D'abord convexe, il se creuse en entonnoir et présente une marge très festonnée. Il est brun foncé sur le dessus, de la même couleur que les feuilles mortes au milieu desquelles il pousse. Le pied mesure de 5 à 8 cm de hauteur. Il est jaunâtre et creux (ce qui explique l'appellation de « chanterelle en tube »). Les plis qui ornent la face inférieure du chapeau sont fourchus et très irréguliers. Ils sont de couleur jaunâtre puis gris lilas chez les spécimens les plus vieux. La chair, jaunâtre égale-

Les plis, fourchus, sont grisâtres ou lilas.

CHAMPIGNONS COMESTIBLES

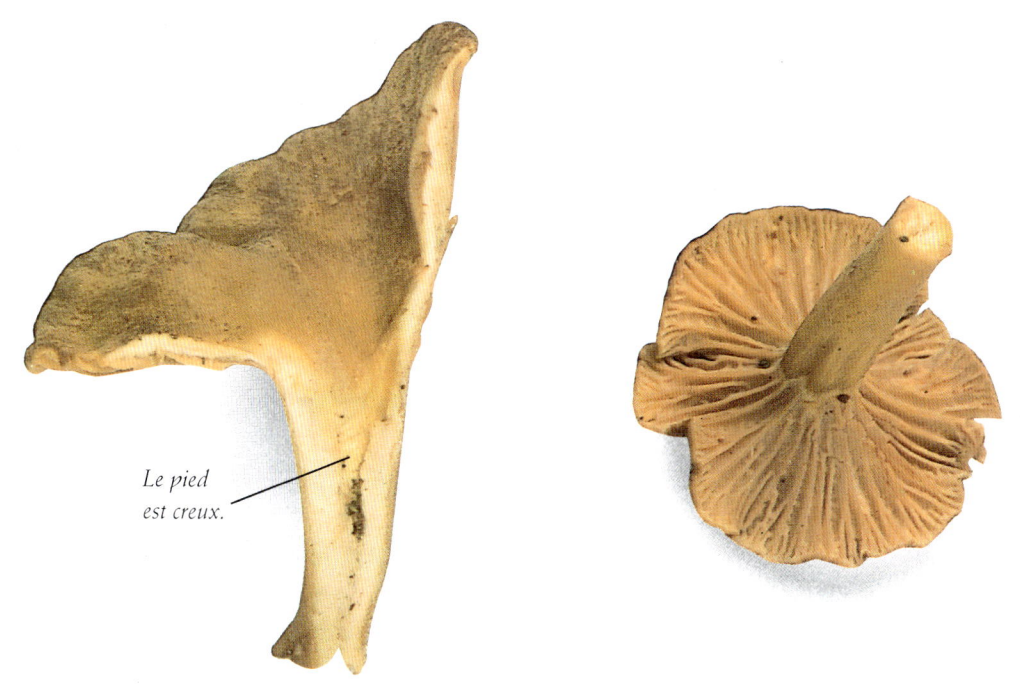

Le pied est creux.

Le dessus de l'entonnoir est de couleur brune.

ment, a une odeur faible mais très agréable. La sporée est jaune.

Habitat et époque d'apparition

Cette espèce pousse en troupes nombreuses sous les feuillus et les conifères, de préférence sur sol acide. Elle apparaît généralement plus tard que la girolle, de la fin de l'été à la fin de l'automne.

Conservation

En raison de sa structure en tube, ce champignon se fait parfaitement sécher. Elle peut aussi se conserver à l'huile d'olive ou au vinaigre de vin.

Préparation

Dans la mesure où les chanterelles en tube poussent dans les litières de feuilles mortes, elles sont généralement assez propres et ne nécessitent qu'un petit coup de brosse. N'arrachez pas le pied, coupez-le plutôt au ras du sol pour éviter de mettre de la terre et d'autres débris dans votre panier. La saveur délicate de ces champignons se marie admirablement avec le poisson.

Ci-dessus : Pour dénicher ces champignons, suivez les ruisseaux qui parcourent la forêt et prospectez leurs rives moussues.

Ci-dessus : Les chanterelles en tube sont particulièrement difficiles à repérer lorsqu'elles poussent parmi les feuilles mortes.

CHAMPIGNONS COMESTIBLES

Clitocybe odora
Clitocybe anisé ou clitocybe odorant

Comme son nom le suggère, ce champignon, qui s'utilise surtout comme condiment, dégage une forte odeur d'anis. Soyez prudent lors de l'identification du clitocybe anisé, car il peut être confondu avec la strophaire vert-de-gris (*Stropharia aeruginosa*). D'un vert-bleu foncé, cette espèce possède un mamelon bien net et persistant au centre du chapeau et elle n'a pas d'odeur d'anis.

Identification
Le chapeau mesure de 3 à 7 cm de diamètre. Arrondi au début, il s'étale et prend une forme irrégulière plus ou moins onduleuse. Sa couleur est d'un beau vert-

La surface du chapeau n'est jamais gluante.

Les lames sont pâles, blanc verdâtre.

Il n'y a pas d'anneau au pied.

CHAMPIGNONS COMESTIBLES

Ci-contre et ci-dessous : Le sosie du clitocybe anisé, appelé strophaire vert-de-gris (Stropharia aeruginosa), a un chapeau gluant et un anneau sur le pied. Ses lames tournent au brun pourpre à maturité. Cette espèce n'a pas d'odeur particulière.

En bas : La couleur du clitocybe anisé peut s'éclaircir rapidement, devenant de vert-bleu à presque blanc. Évitez les spécimens clairs, car ils peuvent être confondus avec des espèces suspectes.

bleu qui s'assombrit avec l'âge. Le pied, qui mesure de 3 à 6 cm, est légèrement marqué de stries. Les lames sont décurrentes. La chair est blanchâtre, avec une odeur d'anis. La sporée est blanche.

Habitat et époque d'apparition

Cette espèce se trouve dans les litières de feuilles mortes, le long des lisières, sous les conifères et les feuillus, où elle semble pousser en association avec le hêtre et le châtaignier. Assez commun, le clitocybe anisé pousse de la fin de l'été jusqu'à la fin de l'automne.

Conservation

La technique la plus appropriée est la dessiccation. Conservez ces champignons à part afin qu'ils ne communiquent pas leur parfum aux autres espèces.

Préparation

Utilisez ce champignon en petites quantités pour parfumer vos plats.

CHAMPIGNONS COMESTIBLES

Coprinus comatus
Coprin chevelu ou encrier ou escumelle

Très communs, les coprins chevelus poussent tout l'été, souvent en touffes serrées, dans les terres fraîchement remuées des prairies et des jardins. Ne consommez que les tout jeunes spécimens, et préparez-les sitôt cueillis, sinon ils se transforment en une masse noirâtre peu appétissante. Ce champignon est facile à identifier ; veillez toutefois à ne pas le confondre avec le coprin atramentaire (*Coprinus atramentarius*, voir p. 114) ou avec de jeunes coprins pie (*Coprinus picaceus*). Sachez que, à la différence du coprin chevelu, le coprin pie est enveloppé au début de sa pousse d'un voile assez lâche.

Identification

Le chapeau est blanc et mesure de 5 à 12 cm de diamètre. En forme d'œuf, il s'ouvre ensuite, pour ressembler à une sorte de cloche dont le sommet a une forme de calotte (ou disque) de couleur ocre. Le pied, également blanc, mesure de 10 à 35 cm de hauteur. Les lames, blanches, virent progressivement au noir avant de se transformer en une sorte de liquide qui, par ailleurs, est utilisé comme encre à dessin. La chair, tout d'abord blanche, devient noirâtre et déliquescente. La sporée est brun noirâtre.

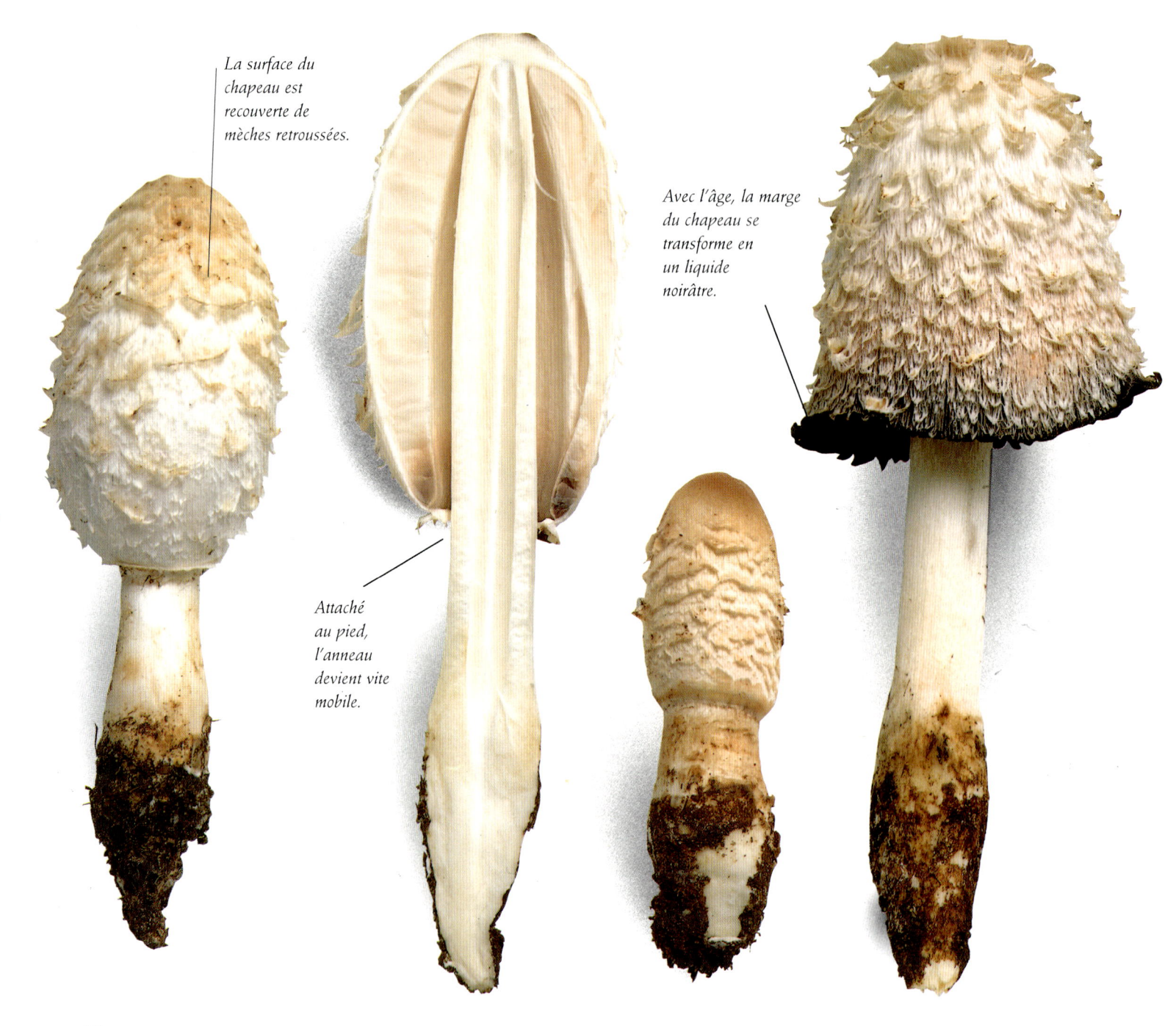

La surface du chapeau est recouverte de mèches retroussées.

Avec l'âge, la marge du chapeau se transforme en un liquide noirâtre.

Attaché au pied, l'anneau devient vite mobile.

CHAMPIGNONS COMESTIBLES

Ci-dessous : L'anneau, étroit, ne se voit pas sur les spécimens jeunes. Lorsque le chapeau s'étalera en cloche, l'anneau apparaîtra, comme un bracelet autour du pied.

Habitat et époque d'apparition

Le coprin chevelu est répandu au bord des routes, sur les amas de détritus, le gazon et le sol fraîchement remué. Sa saison s'étend du milieu de l'été jusqu'à la fin de l'automne.

Conservation

Vous pouvez sécher les coprins chevelus, mais en utilisant un appareil à déshydrater : à l'air, l'opération durerait trop longtemps et ces champignons se transformeraient rapidement en une masse noirâtre.

Préparation

Les coprins chevelus sont plus savoureux consommés frais, soit seuls, soit mélangés avec des coulemelles *(Macrolepiota procera)*, pour préparer un potage par exemple. Ajoutez aux deux champignons des oignons et quelques pommes de terre. Faites cuire le tout en même temps, puis passez au mixeur.

Ci-dessus : C'est à ce stade qu'il faut récolter les coprins chevelus. Il est recommandé de les consommer le plus tôt possible après la récolte.

Ci-contre : Le jeune coprin pie (Coprinus picaceus) *est enveloppé d'un voile, qui se déchire et forme des mèches. Ne le confondez pas avec le coprin chevelu.*

53

CHAMPIGNONS COMESTIBLES

Craterellus cornucopioides
Trompette-des-morts ou craterelle corne-d'abondance

Ce délicieux champignon appartient à la même famille que la girolle et la chanterelle en tube ; comme celles-ci, il apparaît chaque année aux mêmes emplacements. La trompette-des-morts est souvent difficile à repérer en raison de sa couleur, très proche de celle des feuilles mortes au milieu desquelles elle pousse. Malgré sa couleur sombre peu engageante, son goût est excellent.

Identification
Le chapeau mesure de 3 à 9 cm de diamètre dans sa partie la plus large. Le réceptacle a la forme d'un entonnoir évasé, un peu comme une trompette qui s'ouvre en un pavillon aux parois minces et résistantes. Les marges deviennent irrégulières avec l'âge. La couleur peut aller du brun moyen au noir, et a tendance à s'éclaircir avec l'âge ou par temps sec. Il n'y a ni lames ni plis, mais on observe quelques rides ou boursouflures. La couleur de la chair varie du gris au noir. La sporée est blanche.

Habitat et époque d'apparition
Ce champignon pousse en groupes très importants parmi les feuilles mortes dans les forêts de feuillus. Sa saison va du mois d'août à la fin novembre.

Le sommet du réceptacle a une forme d'entonnoir évasé.

La surface, presque lisse, est marquée de rides légères.

CHAMPIGNONS COMESTIBLES

Conservation

Toutes les techniques de conservation conviennent à la trompette-des-morts, mais la dessiccation est la plus indiquée.

Préparation

Nettoyez vos champignons à la brosse, en fendant les plus gros afin de retirer les débris qui auraient pu pénétrer à l'intérieur de l'entonnoir. La trompette-des-morts se prête à de multiples recettes. Elle accompagne parfaitement le poisson, sa couleur sombre faisant un contraste marqué avec la blancheur de la chair de celui-ci.

Le réceptacle est creux.

Ci-dessous : *Cette espèce pousse aux mêmes endroits que les chanterelles en tube, c'est-à-dire le long des ruisseaux, sur les rives humides et moussues, au milieu d'une épaisse couche de feuilles mortes.*

CHAMPIGNONS COMESTIBLES

Fistulina hepatica
Fistuline hépatique ou langue-de-bœuf

Également appelé glu-de-chêne ou bolet foie-de-bœuf, ce champignon en forme de console est apprécié en raison de sa saveur, mais aussi de sa couleur et de sa consistance inhabituelles. Comme cette curieuse espèce pousse parfois sur les troncs d'arbre, vous pourriez un jour être obligé d'ajouter une échelle à votre équipement de ramasseur de champignons !

Identification
Le réceptacle, en forme de console ou de langue, peut mesurer de 8 à 30 cm de large. La fistuline pousse la plupart du temps isolée, mais on peut en trouver plusieurs les unes au-dessus des autres. Le dessus est d'un beau rouge-orangé qui s'assombrit généralement avec l'âge. La face inférieure du réceptacle porte des tubes s'ouvrant par des pores de couleur crème puis rose. Le pied est très court ou absent. À la coupe, la chair présente l'aspect d'une pièce de viande rouge sombre, marbrée de stries plus claires. L'odeur est agréable. La sporée est brune.

Habitat et époque d'apparition
Ce champignon pousse généralement sur les châtaigniers et les chênes, le plus souvent à la base des troncs, mais parfois en hauteur. On le trouve en été et en automne, mais il peut apparaître plus tôt certaines années.

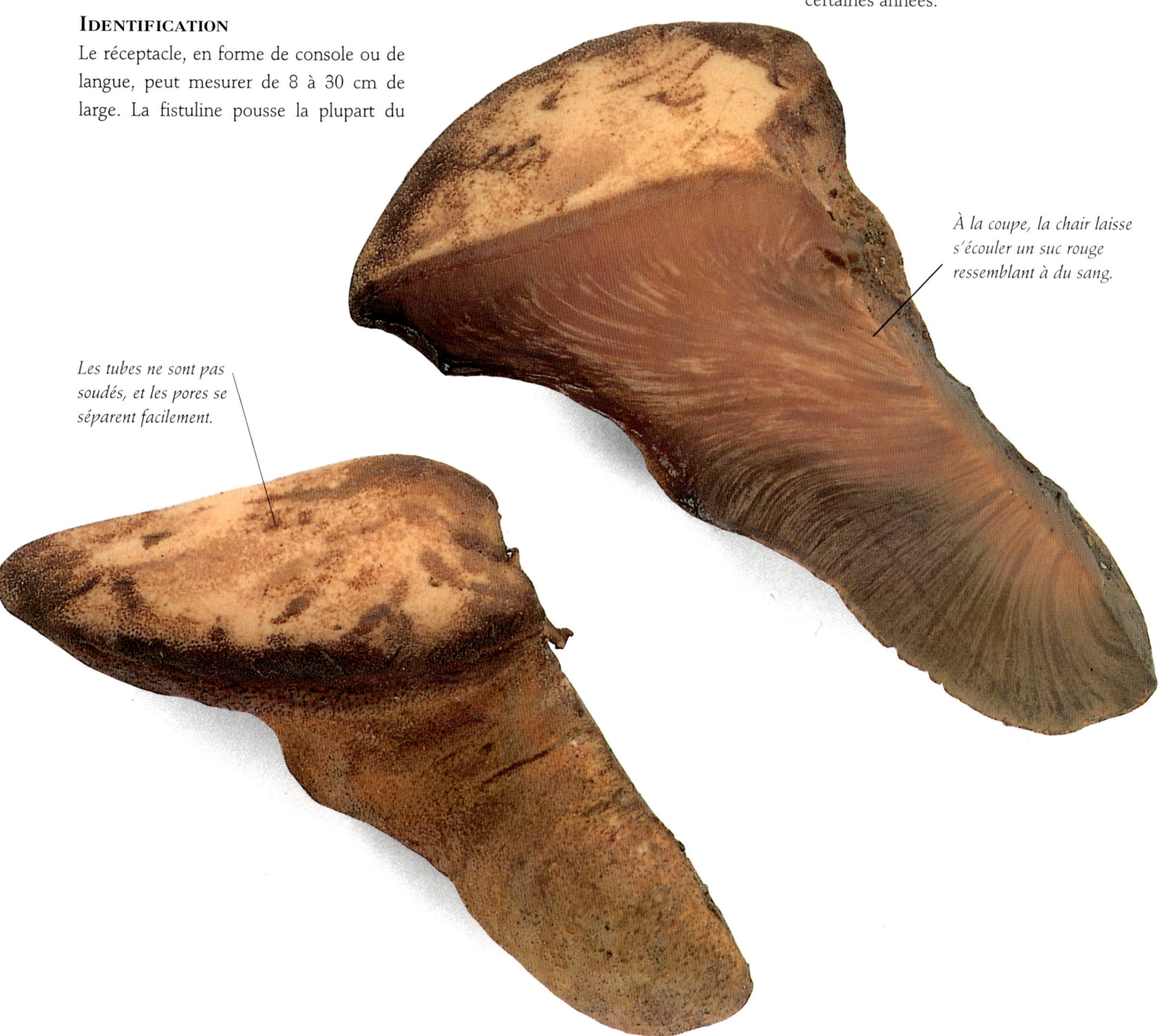

À la coupe, la chair laisse s'écouler un suc rouge ressemblant à du sang.

Les tubes ne sont pas soudés, et les pores se séparent facilement.

CHAMPIGNONS COMESTIBLES

Ci-contre : La fistuline hépatique pousse parfois très haut dans les arbres.

Ci-dessous : La face supérieure du réceptacle peut être humide et spongieuse au toucher sur les spécimens fraîchement cueillis. La fistuline hépatique est facile à reconnaître, mais, pour confirmer l'identification, vérifiez que les tubes se séparent facilement les uns des autres, ce qui n'est pas le cas chez les autres membres de la famille, les polypores.

Conservation

La fistuline hépatique a tendance à devenir très dure lorsqu'on la fait sécher. Mieux vaut par conséquent la cuisiner au préalable, puis congeler le plat.

Préparation

Veillez à sélectionner des spécimens jeunes, car ce champignon devient sec et fibreux avec l'âge. Commencez par ôter soigneusement les déchets à l'aide d'une brosse ; si les champignons étaient superposés, séparez-les les uns des autres et nettoyez-les avec un linge humide. La fistuline hépatique peut se consommer crue, soit seule, coupée en dés et assaisonnée d'un filet d'huile d'olive et de jus de citron, soit mélangée à de la salade verte. Cuit, ce champignon a un goût légèrement âcre qu'il est possible de faire disparaître. Pour ce faire, coupez les champignons en tranches que vous mettrez à tremper dans du lait pendant environ 2 heures. Vous pourrez ensuite faire revenir les tranches avec de l'oignon, de l'ail et du basilic, ou bien les faire griller au barbecue. Ce champignon est aussi excellent dans les potages et les ragoûts, auxquels il apporte son parfum et sa couleur.

CHAMPIGNONS COMESTIBLES

Flammulina velutipes
FLAMMULINE À PIED VELOUTÉ

La flammuline, ou collybie, à pied velouté a, comme son nom l'indique, un pied revêtu d'une matière veloutée, de couleur sombre. Cette espèce hivernale supporte très bien le froid : elle peut tout à fait geler et survivre.

IDENTIFICATION
Le chapeau, qui mesure de 3 à 10 cm de diamètre, est bombé puis plat lorsqu'il est parvenu à l'état adulte. Il est d'une couleur légèrement orangée, plus pâle sur la marge et plus sombre au centre. La cuticule, lisse et brillante, est un peu visqueuse. Le pied, de 1 à 8 cm de hauteur, est velouté, plutôt dur et de couleur sombre, surtout à la base. La chair, jaune dans le chapeau et brun sombre dans le pied, est quasiment inodore. Les lames sont jaune pâle, et la sporée est blanche.

HABITAT ET ÉPOQUE D'APPARITION
La flammuline à pied velouté croît le plus souvent en touffes importantes sur du bois mort et pourrissant, très souvent en association avec des ormes et des chênes ; on la trouve également sur des racines d'arbuste. Sa saison est longue, puisqu'elle s'étend sur l'ensemble des mois d'hiver, période durant laquelle on trouve peu de champignons sauvages.

CONSERVATION
La meilleure technique est la dessiccation, que l'on peut compléter par une réduction en poudre au mixeur.

PRÉPARATION
Les flammulines, qui ont une texture plutôt ferme, sont souvent bien meilleures sèches. Lorsqu'on les utilise fraîches, il faut supprimer la quasi-totalité du pied et émincer le chapeau très finement. Dans l'un ou l'autre cas, ce champignon parfume agréablement les potages et les ragoûts d'hiver.

Il n'y a pas d'anneau sur le pied.

La base du pied est noire et veloutée.

Les pieds, formant des bouquets, sont densément fasciculés.

Ci-contre : *Le risque de confusion avec d'autres espèces est faible, notamment en raison de la saison d'apparition. L'absence d'anneau est un autre indice ; les sosies toxiques de cette espèce ont un anneau ou un voile.*

CHAMPIGNONS COMESTIBLES

Grifola frondosa
Polypore en touffes

Ci-dessous et en bas : *Sélectionnez plutôt les petits chapeaux situés sur l'extérieur du réceptacle et dont la chair ne vire pas au brun au froissement.*

Également appelé poule de bois, ce champignon assez rare pousse à la base des troncs d'arbre et peut atteindre de très grandes dimensions. Ses nombreux chapeaux sont généralement superposés et imbriqués. Souvenez-vous des endroits où vous l'avez trouvé : il y repoussera certainement.

Identification
Ce champignon est constitué d'une souche commune ramifiée en de nombreux pieds se terminant par des chapeaux individualisés. L'ensemble peut atteindre une hauteur de 50 cm et 20 à 40 cm de diamètre. Les chapeaux, en forme de spatule avec une marge ondulée et sinuée, mesurent de 3 à 7 cm de diamètre. Dans son ensemble, le réceptacle a une couleur grisâtre qui tend à brunir avec l'âge. Les pieds sont gris pâle. Sous les chapeaux, on trouve des tubes décurrents de 2 ou 3 mm de long. La chair, blanche, a une légère odeur de farine.

Habitat et époque d'apparition
Le polypore en touffes pousse sur des souches et à la base des troncs de feuillus (chênes, en particulier). On le trouve de la fin de l'été à l'automne, et certaines années jusqu'au début de l'hiver.

Conservation
La meilleure méthode de conservation est la dessiccation ; on peut aussi congeler ce champignon après l'avoir cuisiné.

Préparation
Sélectionnez les spécimens jeunes. Nettoyez-les avec le plus grand soin, car les recoins et crevasses peuvent contenir des débris. La texture est dure et assez résistante ; il est possible par conséquent de rincer rapidement les champignons sous un filet d'eau pour parfaire le nettoyage. Très savoureux, les chapeaux des polypores en touffes sont excellents mélangés à d'autres champignons sauvages. Séchés et réduits en poudre, ils parfument agréablement potages et ragoûts.

CHAMPIGNONS COMESTIBLES

Hydnum repandum
HYDNE SINUÉ OU PIED-DE-MOUTON

Ce petit joyau très recherché par les ramasseurs est parfois difficile à repérer après la chute des feuilles. Mais persévérez, car il en vaut la peine.

IDENTIFICATION
Le chapeau, qui mesure de 2 à 15 cm de diamètre, s'aplatit avec l'âge en conservant toutefois une légère dépression centrale. La marge est enroulée et sinueuse. Le pied mesure de 3 à 8 cm de haut. Il est blanc et duveteux, et vire au jaunâtre au froissement ou à la coupe. Sous le chapeau, on trouve une multitude d'aiguillons serrés et blancs, qui se détachent aisément. La chair, blanche et ferme, devient jaune-orangé à la coupe. Elle dégage un agréable parfum fruité. La sporée est de couleur crème.

HABITAT ET ÉPOQUE D'APPARITION
Le pied-de-mouton pousse en troupes nombreuses sous les feuillus et les conifères, généralement dans les zones humides, sur les plaques de mousse par exemple. On le trouve de la fin de l'été jusqu'à la fin de l'automne.

CONSERVATION
La dessiccation est la méthode la plus classique, mais vous pouvez aussi conserver ces champignons dans de l'huile ou du vinaigre.

PRÉPARATION
Après les avoir bien nettoyés, faites cuire les plus petits spécimens, entiers ou émincés. Pour les plus gros, ôtez éventuellement les aiguillons qui, bien que comestibles, ne sont pas très agréables à l'œil. Le pied-de-mouton peut agrémenter de multiples recettes et se marie aussi bien avec la viande qu'avec le poisson. Vous pouvez le consommer seul pour apprécier pleinement sa saveur, en évitant les spécimens âgés, parfois un peu amers.

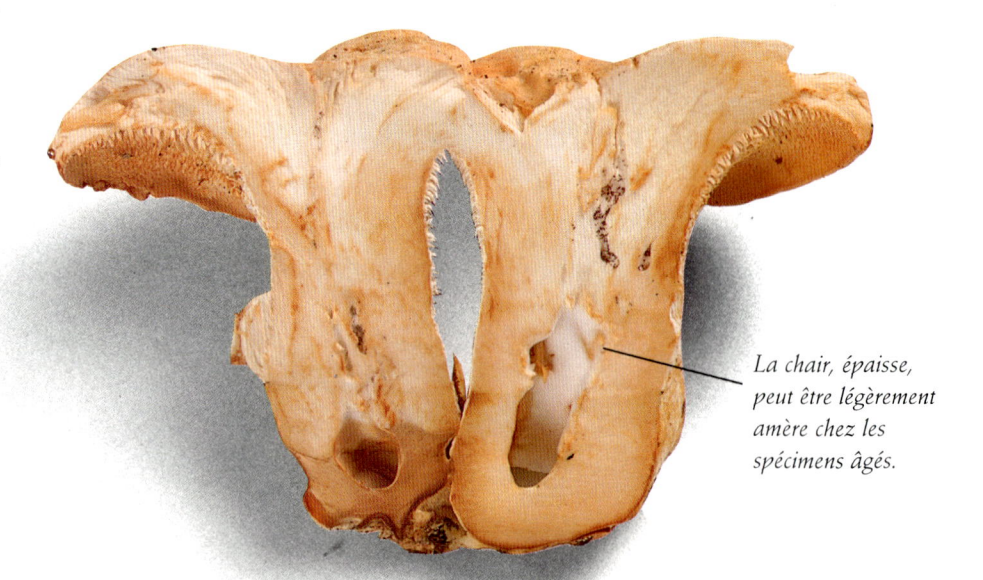

La face inférieure du chapeau présente des aiguillons.

Le pied est épais et dur.

La chair, épaisse, peut être légèrement amère chez les spécimens âgés.

Ci-contre : *La surface du chapeau peut être beige, jaune très clair ou parfois blanche.*

CHAMPIGNONS COMESTIBLES

Hygrophorus nemoreus
HYGROPHORE DES BOIS

Ci-dessous : *Les différents stades de développement du champignon sont bien visibles : en forme de cloche au début, le chapeau s'étale ensuite, tout en présentant un mamelon central bien marqué.*

La plupart des hygrophores (250 espèces) arborent des couleurs éclatantes et sont dotés d'un chapeau visqueux. Celui-ci fait figure d'exception avec sa teinte plutôt terne, et son chapeau à revêtement sec.

IDENTIFICATION
Le chapeau a un diamètre de 8 à 12 cm. Il est d'abord campanulé, puis s'étale, tout en conservant un mamelon, de couleur plus foncée. La surface, striée de fibrilles, est généralement sèche et mate. De couleur crème au début, les lames se teintent, avec l'âge, de rose ou d'orangé pâles. Le pied est blanchâtre ou teinté de roux comme le chapeau, mais en plus clair. Il est pointu à la base et souvent tordu. Sa surface comporte, dans son ensemble, des fibrilles, mais présente, vers le haut, une zone furfuracée, c'est-à-dire marquée de ponctuations granuleuses. La chair est blanche et tendre, avec une légère odeur de farine.

HABITAT ET ÉPOQUE D'APPARITION
L'hygrophore des bois se rencontre dans les forêts de feuillus, en automne.

CONSERVATION
Le séchage convient bien à cette espèce à la chair tendre et délicate. Il est recommandé de fendre longitudinalement les champignons avant de les fragmenter ou de les émincer en tranches fines, afin de s'assurer qu'ils ne sont pas infestés de parasites. Enfilez ensuite les fragments sur une ficelle ou disposez-les sur des claies.

PRÉPARATION
Nettoyez vos spécimens sur place et transportez-les avec précaution, car ce sont des champignons fragiles.

Les lames sont espacées.

Les lames sont légèrement décurrentes.

La base du pied est pointue.

CHAMPIGNONS COMESTIBLES

Laccaria amethystina
Laccaire améthyste ou laqué améthyste

Le laccaire améthyste pousse très souvent en importantes colonies. Ce champignon d'une belle couleur violette se prête à de nombreuses préparations culinaires.

Identification
Le chapeau mesure de 1 à 6 cm de diamètre. Il est convexe au début et s'aplatit avec l'âge en conservant une petite dépression au centre. Sa couleur violet profond ou lilas peut tourner au chamois en séchant. Le pied mesure de 4 à 10 cm de hauteur. Il est creux et présente vers le haut des stries verticales blanchâtres. Les lames sont de la même couleur que le chapeau. La chair, couleur lilas, est mince. L'odeur est faible. La sporée est blanche.

Habitat et époque d'apparition
Le laccaire améthyste pousse dans les forêts de conifères et de feuillus, notamment sous les hêtres ou les châtaigniers. Cette espèce, très commune, se trouve de la fin de l'été jusqu'au début de l'hiver.

Conservation
Cette espèce se sèche parfaitement. Elle peut aussi être conservée dans un alcool aromatisé (voir p. 135) pour parfumer des desserts ou réaliser des sorbets. Dans ce cas, commencez par blanchir vos champignons 3 minutes dans de l'eau bouillante salée. Conservez l'alcool au réfrigérateur, pour éviter toute fermentation.

Préparation
Ces champignons poussent serrés les uns contre les autres et ont des lames très espacées ; pouvant donc être souillés, ils doivent être soigneusement nettoyés. Frais, le laccaire améthyste est parfait pour agrémenter une omelette.

Le chapeau a tendance à pâlir en séchant.

Ci-contre :
Au moment où on le récolte, le laqué présente une belle couleur lilas.

Laccaria laccata
LACCAIRE LAQUÉ OU CLITOCYBE LAQUÉ

Comme le laccaire améthyste, ce petit champignon pousse en groupes nombreux dans les bois humides.

Les lames sont très espacées.

IDENTIFICATION
Le chapeau mesure de 3 à 6 cm de diamètre. Il est d'abord convexe, puis s'aplatit tout en présentant une marge ondulée et une dépression (fossette) au centre. La couleur va du fauve au rougeâtre pâle, et tend à pâlir avec l'âge. Le pied, qui mesure de 5 à 10 cm de hauteur, est de la même couleur que le chapeau. Long et souple, il est souvent sinueux. Les lames, peu nombreuses, sont très espacées. La chair est d'un brun rougeâtre pâle, et l'odeur du champignon est à peine perceptible. La sporée est blanche.

HABITAT ET ÉPOQUE D'APPARITION
Cette espèce pousse sous les feuillus et les conifères ; sa saison va de la fin de l'été jusqu'au début de l'hiver.

CONSERVATION
Vous pouvez le sécher ou le conserver dans de l'alcool comme le laccaire améthyste.

PRÉPARATION
Ce champignon se prépare et se cuisine de la même façon que le laccaire améthyste.

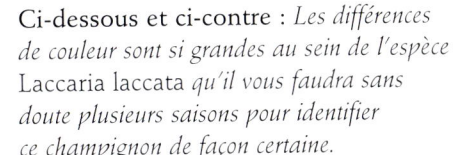

Ci-dessous et ci-contre : *Les différences de couleur sont si grandes au sein de l'espèce* Laccaria laccata *qu'il vous faudra sans doute plusieurs saisons pour identifier ce champignon de façon certaine.*

CHAMPIGNONS COMESTIBLES

Lactarius deliciosus
LACTAIRE DÉLICIEUX

Ce champignon orangé avec des nuances de vert pousse parfois en terrain sableux ; il est alors difficile à nettoyer. Le pied des lactaires âgés peut être infesté de larves. Sélectionnez donc les petits spécimens, en vous assurant cependant qu'ils sont suffisamment développés pour laisser apparaître les caractères qui permettent de les identifier en toute sécurité. En effet, le lactaire délicieux peut être confondu avec le lactaire à toison *(Lactarius torminosus)* ou avec le lactaire pubescent *(Lactarius pubescens),* considérés comme toxiques.

IDENTIFICATION

Le chapeau, qui mesure de 3 à 12 cm de diamètre, est convexe tout en présentant une dépression centrale. Il est de couleur safran et présente des zones annulaires

Ci-dessus : *Le chapeau peut pâlir avec l'âge, et devient blanc argenté ou verdâtre et terne. Limitez votre récolte aux jeunes spécimens encore orangés.*

Le chapeau présente des zones annulaires concentriques plus foncées.

Les lames se tachent de verdâtre au toucher et avec l'âge.

À la coupe, la chair laisse échapper un lait de couleur safran.

CHAMPIGNONS COMESTIBLES

concentriques plus foncées. Une fois coupée, la chair laisse échapper un lait (latex) de couleur safran ou rouge carotte. Le chapeau montre une marge nue, enroulée au début. L'observation de la marge est importante pour identifier l'espèce ; elle est glabre chez le lactaire délicieux, laineuse ou poilue chez le lactaire pubescent et le lactaire à toison. Le pied est creux et mesure de 3 à 6 cm de hauteur. Plus clair que le chapeau, il est marqué de petites fossettes orange et vire au verdâtre lorsqu'il est froissé ou brisé. Les lames, plutôt serrées, sont de couleur safran.

Habitat et époque d'apparition
Le lactaire délicieux pousse sous les pins, les épicéas, et dans les zones herbeuses. Sa saison va du début de l'été jusqu'à la fin de l'automne.

Conservation
Cette espèce supporte parfaitement la dessiccation, et peut aussi être conservée dans de l'huile ou du vinaigre.

Préparation
Il faut nettoyer ces champignons avec soin pour les débarrasser des aiguilles de conifères et autres impuretés inhérentes à leur habitat. Il est parfois nécessaire de les passer rapidement sous un filet d'eau au moment de les cuisiner. Séchez-les avec un linge avant de les émincer et de les cuire. Ces champignons croquants sont bons grillés au barbecue.

Ci-contre et en haut : *Observez bien la marge du chapeau pour identifier l'espèce. Laissez le champignon en place si vous avez le moindre doute.*

CHAMPIGNONS COMESTIBLES

Laetiporus sulfureus
Polypore soufré

Ce champignon spectaculaire qui fructifie dès le début de l'été peut pousser en abondance certaines années. Ne récoltez que les jeunes spécimens, car la chair des champignons âgés est dure.

Identification
Le réceptacle peut mesurer de 15 à 50 cm. Il pousse en prenant une forme semi-circulaire évoquant un éventail, avec des marges doucement arrondies. La couleur va du jaune citron au jaune-orangé au début, puis s'assombrit ou se ternit. Les réceptacles présentent une surface veloutée. Sur la face inférieure, les tubes très fins s'ouvrent sur des pores jaunes. La chair, de couleur blanchâtre à jaune clair, exsude un liquide jaune. Chez les jeunes spécimens, la chair est tendre. L'odeur est très forte et un peu âcre.

Habitat et époque d'apparition
Cette espèce pousse sur les troncs des feuillus, tout spécialement sur le chêne et le châtaignier. On peut aussi la trouver installée sur des ifs, des cerisiers ou d'autres essences fruitières. Sa saison s'étend normalement du début de l'été jusqu'en octobre, mais on peut en ramasser parfois beaucoup plus tôt, dès le mois de mai. Soyez donc attentif.

Conservation
Le séchage durcit le polypore. Il est donc préférable de le consommer frais, ou de le cuisiner et de le congeler ensuite.

Préparation
Évitez les spécimens âgés, durs et à la consistance subéreuse (de liège). Le nettoyage peut être un peu laborieux, aussi est-il préférable de séparer au préalable les diverses parties composant la masse du champignon. Brossez délicatement les différents morceaux, passez-les sous un filet d'eau (leur texture dense le permet), puis essuyez-les avec un linge propre. Faites-les blanchir 2 à 3 minutes dans de l'eau bouillante salée avant de les cuisiner, pour faire disparaître une légère amertume. La consistance et le goût du polypore soufré sont très proches de ceux du poulet. C'est la raison pour laquelle cette espèce convient à des « plats végétariens », du type polenta (voir p. 175).

CHAMPIGNONS COMESTIBLES

Ci-dessous : *Le polypore géant (Meripilus giganteus) peut atteindre 1,20 m dans sa plus grande dimension. Seuls les jeunes spécimens sont comestibles.*

Page de gauche, ci-dessous et en bas : *Les étranges fructifications boursouflées que présentent les jeunes polypores soufrés (page de gauche) sont très différentes des réceptacles des spécimens âgés (ci-dessous et en bas). Ne récoltez que les jeunes possédant encore les couleurs brillantes qui leur sont propres.*

67

CHAMPIGNONS COMESTIBLES

Langermannia gigantea
VESSE-DE-LOUP GÉANTE

Ce champignon spectaculaire par ses dimensions offre de multiples possibilités en cuisine. Ne récoltez que les spécimens jeunes, qui rendent un son mat lorsqu'on tapote le sommet de la sphère. Vous pouvez aussi vérifier la qualité de votre champignon en y pratiquant une coupe transversale. Le couteau ne doit pas déchirer ni effilocher la chair, il doit la trancher net.

IDENTIFICATION

Le réceptacle mesure 30 à 60 cm de diamètre, mais on signale des spécimens mesurant jusqu'à 1,20 m. Quand elle est jeune, cette vesse-de-loup a une belle allure, une chair bien blanche. Celle-ci devient ensuite jaunâtre et molle. Chez les champignons âgés, l'enveloppe extérieure se déchire parfois, laissant s'échapper une poudre constituée de milliards de spores.

Ci-contre :
La vesse-de-loup géante pousse en bordure des haies et sur les talus des fossés.

La chair est blanche et ferme lorsqu'elle est jeune.

CHAMPIGNONS COMESTIBLES

Habitat et époque d'apparition

La vesse-de-loup géante se trouve dans les jardins, les prés et les bois, en bordure des haies et sur les talus des fossés, souvent à la même place chaque année. Sa saison s'étend du début de l'été à la fin de l'automne, sauf si le temps est très sec, ce qui nuit à sa croissance. Plusieurs spécimens peuvent pousser côte à côte.

Conservation

Aucune méthode de conservation ne donne de résultats vraiment satisfaisants. Vous pouvez toutefois congeler ce champignon, mais après l'avoir cuisiné.

Préparation

La préparation est très simple : il suffit de nettoyer les vesses-de-loup soigneusement avec un linge humide. Si vous n'en consommez pas la totalité tout de suite, enveloppez ce qui reste sous un film plastique ; vous pourrez le conserver 2 ou 3 jours au réfrigérateur. La vesse-de-loup géante peut agrémenter potages et ragoûts, ou être mélangée à d'autres champignons sauvages. Coupée en tranches et rissolée avec du bacon et de la chapelure, elle accompagne omelettes et œufs au plat. Les vrais amateurs la consomment seule, sautée au beurre.

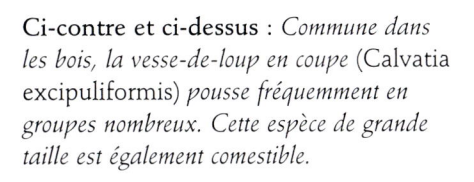

Ci-contre et ci-dessus : *Commune dans les bois, la vesse-de-loup en coupe (Calvatia excipuliformis) pousse fréquemment en groupes nombreux. Cette espèce de grande taille est également comestible.*

69

CHAMPIGNONS COMESTIBLES

Leccinum scabrum
BOLET RUDE

Moins savoureux que le bolet orangé, le bolet rude se consomme surtout mélangé à d'autres champignons. Ne récoltez que les spécimens jeunes et encore fermes, parce que ceux qui sont âgés ont tendance à absorber beaucoup d'humidité et ont, de ce fait, une texture bien trop molle.

IDENTIFICATION
Le chapeau a un diamètre de 5 à 12 cm. Sa surface, normalement sèche, peut devenir très visqueuse s'il fait humide. Le pied, qui mesure de 7 à 20 cm de hauteur, est blanc, avec de nombreuses squames brunes ou noirâtres. Les tubes et les pores sont grisâtres au début, puis virent à l'ocre ou au brunâtre clair. La chair des champignons jeunes est blanche, avec une odeur agréable. La sporée est brunâtre.

HABITAT ET ÉPOQUE D'APPARITION
Cette espèce pousse sous les bouleaux, du début de l'été à la fin de l'automne.

CONSERVATION
Pour conserver ces champignons, la dessiccation est la meilleure méthode. Ôtez le pied, coupez les spécimens en morceaux et faites-les sécher à l'air ou dans un appareil à déshydrater.

PRÉPARATION
Comme le bolet rude a une texture plutôt molle, il est recommandé de le consommer mélangé à d'autres espèces cuisinées ensemble ou dans des potages.

La chair peut rosir chez certaines formes voisines.

Le chapeau est lisse, parfois un peu gluant.

Ci-contre : *Le bolet rude est subdivisé en de nombreuses sous-espèces très proches les unes des autres, qui sont toutes comestibles.*

CHAMPIGNONS COMESTIBLES

Leccinum versipelle
BOLET ORANGE TERNE

Ce bolet est souvent confondu avec deux espèces très proches, également comestibles : le bolet orangé *(Leccinum aurantiacum)* et le bolet des chênes *(Leccinum quercinum)*. Le plus apprécié des trois est le bolet orangé.

IDENTIFICATION
Le chapeau mesure de 6 à 15 cm de diamètre. Il est orange, légèrement duveteux au début, puis lisse ou feutré en fonction des conditions météorologiques. La cuticule est généralement sèche. La marge du chapeau s'orne le plus souvent d'un prolongement membraneux issu de la cuticule. Le pied peut mesurer jusqu'à 20 cm de hauteur. Couvert de squamules brunes ou noirâtres, il est grisâtre, parfois bleu-vert à la base. Les tubes et les pores sont d'une couleur qui va du blanc cassé au grisâtre. La chair peut être blanche, gris plus ou moins violacé ou noirâtre. Elle vire rapidement au noir à la coupe. L'odeur est agréable. La sporée est brun clair.

HABITAT ET ÉPOQUE D'APPARITION
Ce bolet pousse surtout en association avec les bouleaux, mais on le rencontre également sous les peupliers. Sa saison s'étend de juillet à octobre.

CONSERVATION
La dessiccation est la meilleure méthode de conservation. Sélectionnez les spécimens jeunes, ôtez les pieds durs et fibreux et émincez les chapeaux, qui sont souvent trop massifs pour être séchés tels quels.

PRÉPARATION
Ne gardez que les pieds, bien tendres, des très jeunes spécimens. Brossez-les, puis essuyez le chapeau avec un linge humide. Souvenez-vous que la chair noircit à la coupe et que cette couleur noire persiste après la cuisson, mais sans nuire à la saveur.

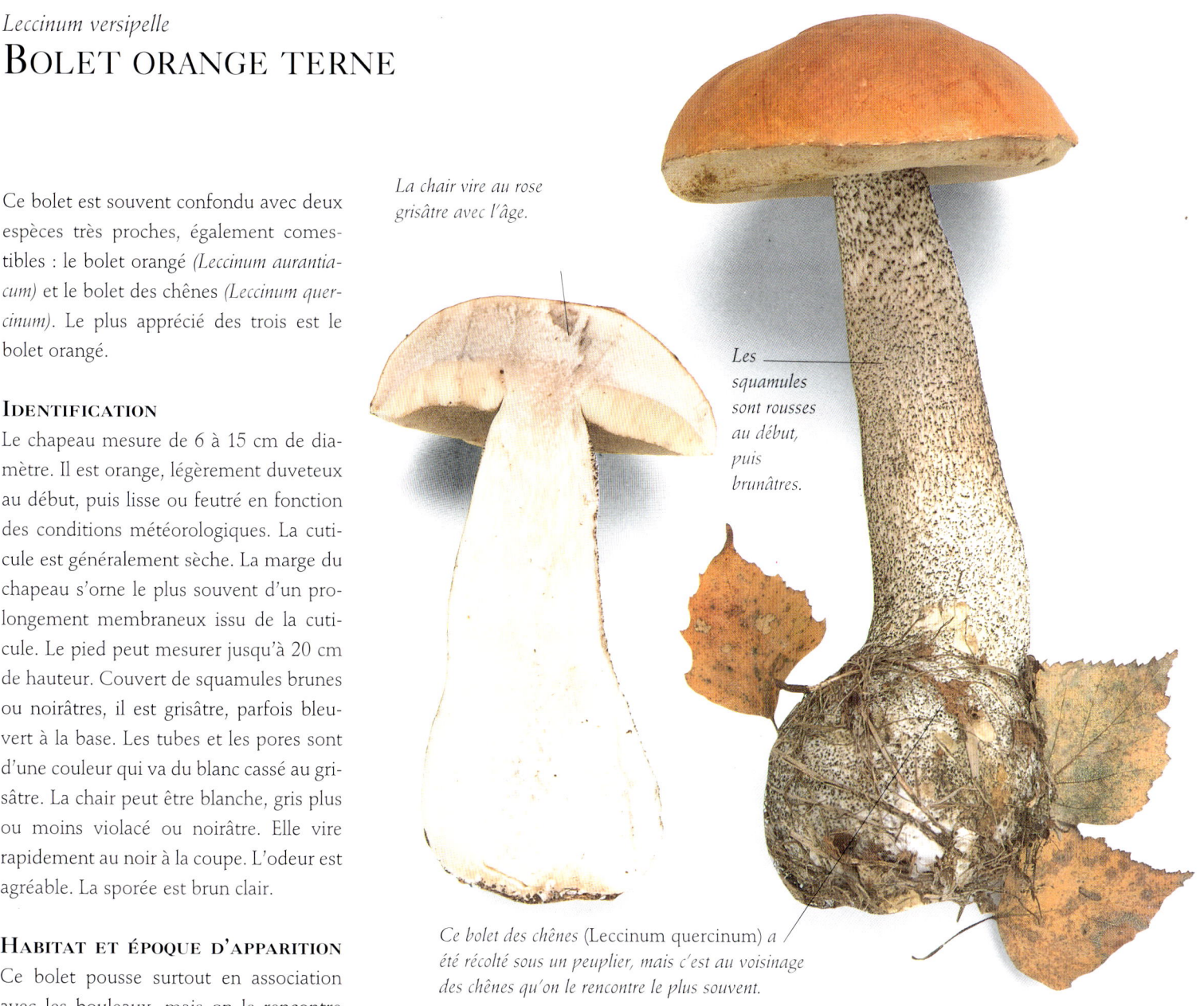

La chair vire au rose grisâtre avec l'âge.

Les squamules sont rousses au début, puis brunâtres.

Ce bolet des chênes (Leccinum quercinum) *a été récolté sous un peuplier, mais c'est au voisinage des chênes qu'on le rencontre le plus souvent.*

Ci-dessus : *Les squamules qui ornent le pied sont brunes au début, puis noires. La base du pied est souvent bleu-vert.*

Ci-dessus : *Le chapeau est ocre-orangé et présente une tendance à s'éclaircir avec l'âge, tout spécialement vers le centre.*

CHAMPIGNONS COMESTIBLES

Lepista nuda (= *Tricholoma nudum*)
Pied-bleu

Le pied-bleu est très apprécié, car on peut le trouver jusqu'au mois de janvier dans certaines régions. Méfiez-vous-en cependant : certaines personnes sont allergiques à cette espèce. N'en consommez que très peu la première fois pour vous assurer que vous le supportez, et évitez d'en servir si vous recevez. Ne le mangez jamais cru et faites-le toujours cuire longuement.

Identification
Le chapeau mesure de 6 à 12 cm de diamètre. D'abord convexe avec une marge enroulée, il peut ensuite s'aplanir tout en présentant une forme tourmentée. Lilas au début, le chapeau devient brun roussâtre brillant, plus pâle par temps sec. Le pied, qui mesure de 5 à 9 cm de hauteur, est lilas, avec des fibrilles brun pourpre. Les lames, serrées et d'une belle teinte lilas, ont tendance à se décolorer avec l'âge sans devenir franchement brunes. Ne récoltez que les jeunes spécimens encore violets : ce sont les meilleurs. La chair est bleuâtre et a une agréable odeur fruitée. La sporée est rose pâle.

Les lames restent violettes.

Le pied est dur et fibreux.

La surface du chapeau est lisse.

CHAMPIGNONS COMESTIBLES

Habitat et époque d'apparition

Cette espèce croît aussi bien sous les feuillus que sous les conifères, le long des haies, dans les jardins et même quelquefois en terrain découvert. Sa saison se situe en automne et peut s'étendre jusqu'aux premières gelées. Très commun, le pied-bleu pousse certaines années en très grande quantité.

Conservation

Vous pouvez sécher vos champignons mais aussi les conserver dans du vinaigre de vin, de l'huile d'olive extravierge ou de l'alcool. Dans ce cas, commencez par blanchir les champignons coupés en morceaux, puis égouttez-les avant de les mettre en bocaux. Les conserves à l'alcool doivent être mises au réfrigérateur pour éviter toute fermentation.

Préparation

Ôtez le pied, puis essuyez le dessus du chapeau avec un linge humide. Les pieds-bleus ont un goût prononcé. Faites-les cuire avec un morceau de beurre dans un bouillon de poule, puis égouttez-les. Vous pouvez soit les servir seuls avec une cuillerée de crème fraîche, soit les présenter avec des poireaux ou des oignons cuits à la vapeur en nappant le tout d'une sauce Béchamel. N'oubliez pas que certaines personnes sont allergiques à ce champignon.

En haut : Les chapeaux sont lisses et non gluants. Les lames ne virent jamais au brun-roux comme le font celles des cortinaires, sosies de cette espèce.

Ci-contre : Le pied-bleu est commun sous les conifères, les feuillus et dans les jardins.

CHAMPIGNONS COMESTIBLES

Lepista saeva
Pied-violet

Cette espèce assez commune est dotée d'un pied court, et elle est parfois assez difficile à trouver parmi les herbes hautes. Ne récoltez que les jeunes champignons, car les spécimens âgés sont souvent infestés de larves. Souvenez-vous que cette espèce, comme le pied-bleu, doit être cuite un long moment avant d'être consommée et que certaines personnes y sont allergiques.

Identification
Le chapeau mesure de 6 à 12 cm de diamètre. Tout à fait convexe au début, il s'aplatit et présente parfois une légère dépression lorsqu'il est parvenu à complet développement. Le chapeau est de couleur chamois, avec une jolie brillance satinée. Le pied, qui mesure de 3 à 6 cm de hauteur, constitue le trait le plus caractéristique de l'espèce. Il est d'un beau violet (d'où le nom de ce champignon) strié de blanc, le plus souvent renflé à la base. Les lames sont serrées et blanchâtres. La chair est épaisse et dense, sa teinte peut être blanche ou même carnée (couleur chair). Elle exhale un parfum délicat, très semblable à celui du pied-bleu. La sporée est rose pâle.

Le pied est violet strié de blanc.

Habitat et époque d'apparition
Le pied-violet pousse en groupes importants formant des « ronds » dans les prai-

CHAMPIGNONS COMESTIBLES

ries. C'est un champignon d'arrière-saison que l'on rencontre du mois d'octobre jusqu'aux premières gelées importantes.

Conservation

De même que les pieds-bleus, ces champignons peuvent être séchés, ou bien conservés dans du vinaigre de vin, dans de l'huile d'olive extravierge ou dans de l'alcool. Auparavant, coupez-les en morceaux et faites-les blanchir.

Préparation

Le pied-violet ressemble au pied-bleu, tout en étant plus charnu et plus savoureux. Émincez-le avant de l'ajouter à un plat de champignons afin d'en répartir uniformément le goût.

Ci-dessus : *Le chapeau est de couleur chamois et, à la différence de celui du pied-bleu, ne présente pas de trace de violet.*

Il n'y a pas de violet dans les lames.

Le pied, de couleur violette, peut s'éclaircir avec l'âge.

CHAMPIGNONS COMESTIBLES

Macrolepiota procera
Coulemelle ou lépiote élevée

Ci-dessous : *La coulemelle pousse surtout dans les prairies et les champs.*

En bas : *Remarquez les écailles brunes sur le chapeau, l'anneau blanc et les zébrures brunes sur le pied.*

Les coulemelles réapparaissent chaque année à la même place et peuvent faire plusieurs pousses successives au cours d'une même saison. Ce grand champignon possède une belle collection de noms vernaculaires, dont celui de « parasol », qui évoque la forme du champignon parvenu à l'état adulte.

Identification
Le chapeau, qui mesure de 10 à 25 cm, voire davantage, commence par être sphérique puis ne tarde pas à s'étaler, tout en conservant un mamelon central. De couleur chamois pâle, il est couvert d'écailles plus foncées qui sont régulièrement réparties. Le pied mesure de 15 à 40 cm de hauteur. Il est blanc zébré de brun et porte un anneau ample et mobile. Les lames, blanches ou crème, deviennent blanc sale avec l'âge. La chair, mince et blanche au début, possède un parfum agréable mais peu caractéristique. La sporée est blanche. Récoltez ce champignon de préférence par temps sec, car sa chair, assez spongieuse, absorbe rapidement l'humidité.

Habitat et époque d'apparition
Cette espèce pousse dans les bois clairs, les prairies, les jachères et le long des routes, du début de l'été jusqu'à la fin de l'automne.

Conservation
Ce champignon se sèche facilement. Débarrassez-vous des pieds fibreux et coriaces. Coupez les chapeaux en morceaux avant de les sécher.

Préparation
Ôtez les pieds et nettoyez soigneusement la cuticule des chapeaux. Faites cuire ces derniers entiers au four, lames vers le haut, en les garnissant de beurre, d'ail et de fines herbes. Vous pouvez aussi les couper en morceaux et les apprêter de la façon suivante : préparez une pâte à beignets en remplaçant le lait par de la bière, plongez-y les champignons puis jetez-les dans un bain de friture. Autre possibilité : saupoudrez-les de farine, de sel et de poivre avant de les faire frire dans de l'huile bien chaude. Ainsi cuisinées, les coulemelles se servent en entrée ou en accompagnement de plat principal.

CHAMPIGNONS COMESTIBLES

Macrolepiota rhacodes
LÉPIOTE DÉGUENILLÉE

Plus petite que la coulemelle, la lépiote déguenillée provoque parfois quelques petits troubles digestifs. Évitez par conséquent d'en servir à vos invités.

IDENTIFICATION
Le chapeau mesure de 5 à 12 cm de diamètre. Ovoïde au début, il se développe en devenant presque plan. Sa surface présente de grosses écailles retroussées, qui ont donné à ce champignon son nom de lépiote « déguenillée ». Le pied, qui mesure de 10 à 15 cm de hauteur, est blanc ou blanc cassé et se teinte de rouge ou de brun avec l'âge. La chair est blanche, mais elle se montre franchement rouge à la coupe. L'odeur est faible. La sporée est blanche.

HABITAT ET ÉPOQUE D'APPARITION
Cette espèce pousse dans les bois de toutes essences, mais aussi le long des haies, sur le bord des routes, dans les jardins et les endroits riches en humus. On la trouve du début de l'été jusqu'à la fin de l'automne.

CONSERVATION
Ce champignon se sèche très bien. Ôtez et jetez le pied, coriace, puis coupez le chapeau en morceaux avant de le faire sécher. Réhydratée, la chair est excellente dans les potages, dans des plats mijotés, ou encore mélangée à d'autres espèces de champignons.

PRÉPARATION
Comme pour la coulemelle, le nettoyage est facile car le chapeau est généralement bien propre. Coupez le pied, brossez puis émincez le chapeau. Vous pouvez faire frire les morceaux ou les ajouter à un plat d'autres champignons. Les chapeaux convexes des plus jeunes spécimens peuvent être farcis avec un hachis de viande, puis cuits au four.

Les écailles sont retroussées. La calotte ne porte pas d'écailles.

Le pied brunit en vieillissant.

Lorsque le chapeau se développe, l'anneau demeure autour du pied.

Ci-dessus : *La lépiote des jardins (Macrolepiota rhacodes, var. hortensis) présente des écailles plus espacées, laissant apparaître le fond blanc. Laissez-la, car elle ressemble à une autre lépiote considérée comme toxique.*

Ci-contre : *Déterrez le champignon afin de bien observer le pied et le bulbe.*

CHAMPIGNONS COMESTIBLES

Marasmius oreades
Marasme des oréades ou faux mousseron

Le marasme des oréades est l'un des premiers champignons de printemps. Apprenez à bien le reconnaître, car il a un sosie toxique, le clitocybe du bord des routes (*Clitocybe rivulosa*, voir p. 112). Ce dernier pousse à la même époque, dans le même type de sites, et forme lui aussi des « ronds de sorcière » dans les prairies. En regardant de près les deux espèces, on notera facilement les différences : les lames des marasmes des oréades sont de couleur crème ou chamois clair, très espacées et non soudées au pied, tandis que celles du clitocybe du bord des routes sont blanches, serrées, adhèrent au pied et sont parfois légèrement décurrentes. En outre, le clitocybe dégage une odeur à dominante farineuse, tandis que le marasme a un parfum d'amande amère. Les éléments adultes des deux espèces se ressemblent beaucoup moins que les spécimens jeunes.

Identification
Le chapeau a un diamètre compris entre 2 et 5 cm. D'abord convexe, il s'aplatit tout en gardant un mamelon bien net au centre. De couleur ocre-roux, il prend une jolie coloration jaune clair par temps sec. Le pied, qui mesure de 2 à 10 cm, est dur et coriace. Les lames sont blanchâtres, puis chamois pâle ; elles n'arrivent pas jusqu'au pied (elles sont libres) et sont très espacées les unes des autres. La chair est épaisse. La sporée est blanche.

Habitat et époque d'apparition
Les marasmes des oréades forment de jolis « ronds de sorcière » dans l'herbe courte des prairies ou des pelouses. Ces

Le chapeau est plus foncé chez les spécimens jeunes.

Le pied est fibreux et coriace.

Les lames sont épaisses et très espacées.

Les lames ne descendent pas le long du pied.

CHAMPIGNONS COMESTIBLES

Ci-contre : Ce très classique « rond de sorcière » de marasmes des oréades mesure quelques mètres de diamètre ; il en existe de plus grands (certains d'entre eux atteindraient plus de 100 m de diamètre).

champignons très communs poussent du printemps jusqu'à la fin de l'automne.

CONSERVATION

Les marasmes se sèchent bien. Réduits en poudre, ils parfument agréablement les sauces, les viandes et les potages. Mais vous pouvez aussi les conserver dans de l'huile d'olive extravierge ou dans du vinaigre de cidre ou de vin, après les avoir fait blanchir.

PRÉPARATION

Ôtez les pieds. Nettoyez les chapeaux au moment de la cueillette et brossez-les pour éliminer les brins d'herbe et autres impuretés. Cette espèce très parfumée se marie parfaitement avec la viande ou le poisson, et avec d'autres champignons.

Ci-dessous : L'herbe est souvent un peu plus courte autour des champignons.

CHAMPIGNONS COMESTIBLES

Morchella elata
MORILLE ÉLEVÉE

La morille élevée, comme la morille grise *(Morchella esculenta)*, apparaît au tout début du printemps.

IDENTIFICATION
La morille élevée ressemble beaucoup à la morille grise, mais sa couleur est plus sombre. Elle est parfois presque noire, avec des côtes et des alvéoles alignées verticalement. Le chapeau, entièrement creux, est souvent assez grand et pointu. L'ensemble du champignon mesure de 5 à 15 cm de hauteur.

HABITAT ET ÉPOQUE D'APPARITION
La morille élevée pousse au printemps dans les jardins, les terres incultes ou le long des routes.

CONSERVATION
La meilleure technique est la dessiccation, mais il arrive que les champignons deviennent un peu coriaces. Nettoyez très soigneusement vos morilles avant de les faire sécher.

PRÉPARATION
Coupez vos champignons de haut en bas afin de vous assurer qu'ils ne contiennent ni insectes ni impuretés. Nettoyez-les avec précaution avant de les cuisiner, car les alvéoles renferment toujours un peu de sable : brossez-les, puis passez-les sous un filet d'eau. Toutes les morilles sont toxiques à l'état cru : il faut donc les faire bien cuire avant de les déguster.

Le chapeau est entièrement creux.

CHAMPIGNONS COMESTIBLES

Ci-dessous et à droite : *La morille commune (Morchella vulgaris) est une espèce proche de la morille élevée. Le chapeau peut être clair ou foncé, les côtes et les alvéoles sont disposées de façon irrégulière, alors que chez la morille élevée ces éléments sont alignés.*

Ci-contre : *Le chapeau des morilles ressemble un peu à une éponge allongée et creusée d'alvéoles bien nettes.*

81

CHAMPIGNONS COMESTIBLES

Morchella esculenta
MORILLE GRISE

Ce champignon de printemps est parfois difficile à dénicher, car il se confond parfaitement avec son environnement. Les morilles grises poussent généralement isolées les unes des autres, mais on peut parfois en trouver deux ou trois côte à côte. Ce sont d'excellents champignons, mais, comme pour toutes les morilles, il ne faut jamais les consommer crus ou peu cuits.

IDENTIFICATION
Le réceptacle mesure de 5 à 20 cm de hauteur. Bien qu'elle soit de forme irrégulière, plus ou moins contournée, la silhouette générale est conique. La morille grise est d'une couleur brun clair, avec une tendance à virer au jaune-orangé avec l'âge. Les alvéoles ne sont pas alignées. Le champignon est creux de la tête au pied. Celui-ci mesure de 2 à 5 cm ; il est blanchâtre à ocre, et un peu plus épais à la base. La chair a une saveur délicate.

HABITAT ET ÉPOQUE D'APPARITION
Cette espèce croît sous les buissons ou dans les bois, sur les terres incultes, le long des sentiers ou dans les jardins. La saison des morilles s'étend de mars à mai.

CONSERVATION
La meilleure technique de conservation est la dessiccation. Auparavant, nettoyez vos morilles avec le plus grand soin, car l'intérieur du champignon et les anfractuosités du réceptacle peuvent contenir des insectes, des grains de sable ou d'autres impuretés. Les morilles sèches rehaussent la saveur des potages, des ragoûts et des sauces.

PRÉPARATION
Fendez vos champignons en deux pour vous assurer qu'aucun parasite ne se cache à l'intérieur. Brossez-les, puis lavez-les avec un pinceau trempé dans du vin blanc pour décoller les impuretés. Les morilles sont excellentes avec les viandes et les volailles rôties. Faites-les revenir avec des oignons émincés dans une cocotte ; ajoutez un peu de bouillon de poule, puis couvrez et laissez mijoter.

Ci-dessus : *Chez les sujets jeunes, le réceptacle est souvent de couleur chamois ou brun, avec des côtes émoussées.*

Ci-dessus : *Le chapeau a tendance à s'éclaircir avec l'âge, prenant des teintes ocre ou jaune-orangé ; les côtes deviennent plus aiguës.*

CHAMPIGNONS COMESTIBLES

Les alvéoles sont plus ou moins profondes.

La tête et le pied des morilles sont totalement creux.

La surface du pied des morilles peut être lisse ou furfuracée, comme ici.

Sur cette morille, le chapeau fait suite au pied, sans saillie.

Les morilles : *Il existe plus de 40 espèces de morilles en France. Toutes ont cet aspect d'éponge creusée d'alvéoles. La morille grise est l'une des plus communes.*

Les alvéoles et les côtes sont irrégulières chez la morille grise, tandis qu'elles sont disposées en lignes verticales chez la morille élevée.

83

CHAMPIGNONS COMESTIBLES

Pleurotus cornucopiae
PLEUROTE CORNE-D'ABONDANCE

Ci-dessous : Les pieds sont parfois très courts. La façon dont ils viennent « confluer », se souder ensemble, est caractéristique de l'espèce.

Ce représentant de la famille des pleurotes est très répandu. Il pousse sur les mêmes arbres et aux mêmes époques que le pleurote en huître *(Pleurotus ostreatus)*.

IDENTIFICATION

Le chapeau, convexe au début, mesure de 5 à 12 cm de diamètre. Il s'étale ensuite, prenant une forme d'entonnoir, de « corne d'abondance », avec une marge un peu sinueuse. De couleur blanchâtre, le chapeau devient brun foncé avec l'âge. Le pied mesure de 5 à 8 cm. Plusieurs chapeaux en forme d'éventail peuvent se développer à partir d'un même pied, comme des fleurs. Les lames sont larges et descendent le long du pied. Elles sont d'une couleur qui va du blanc à l'ocre. La chair est blanche et a un agréable parfum de farine. La sporée est de couleur lilas.

HABITAT ET ÉPOQUE D'APPARITION

Cette espèce commune pousse en groupes serrés sur les souches des feuillus, en particulier l'orme, le chêne et le bouleau. Sa saison s'étend du début du printemps jusqu'à la fin de l'automne.

CONSERVATION

Ce champignon se sèche très bien à l'air.

PRÉPARATION

Ne récoltez que les jeunes spécimens. Rejetez la plus grande partie du pied, notamment à l'endroit où il était attaché au bois, car sa chair est fibreuse et très dure. Nettoyez le chapeau à l'aide d'un chiffon humide. Le pleurote corne-d'abondance est un champignon très savoureux, à mélanger à d'autres espèces.

Les lames descendent le long du pied.

Le chapeau a une forme d'entonnoir.

Pleurotus ostreatus
PLEUROTE EN HUÎTRE

Ci-dessous : *Le pleurote pulmonaire* (Pleurotus pulmonarius), *de couleur crème, est une espèce proche du pleurote en huître et qui pousse en été.*

Les pleurotes en huître poussent en touffes nombreuses superposées sur des arbres morts ou dépérissants et reviennent chaque année aux mêmes endroits. Souvenez-vous donc des lieux où vous en avez récolté.

IDENTIFICATION
Le chapeau mesure de 6 à 12 cm de diamètre. Il a une forme d'éventail, avec des bords sinueux chez les vieux spécimens. La couleur est variable : habituellement gris ardoise, elle peut être aussi légèrement brune ou teintée de bleu. Le pied est très court ou inexistant. Les lames sont blanches au début, puis deviennent crème avec l'âge ; elles descendent le long du pied. La chair, blanche, a une odeur agréable. La sporée est de couleur lilas.

HABITAT ET ÉPOQUE D'APPARITION
Ces champignons apparaissent en touffes compactes sur les souches ou les arbres morts qui ont été abattus. On les rencontre très couramment sur les hêtres, mais on peut aussi les trouver sur d'autres essences, l'orme en particulier. Ils poussent surtout en automne et en hiver.

CONSERVATION
Toutes les techniques de conservation conviennent. Vous pouvez en particulier faire sécher les chapeaux séparés les uns des autres à température ambiante.

PRÉPARATION
Lors de la récolte, coupez soigneusement la base des pleurotes en huître. Ainsi, vous n'aurez plus qu'à les essuyer avec un linge humide. Supprimez le pied, qui est un peu dur, ou utilisez-le pour faire un hachis. Le pleurote en huître a un goût très agréable et se marie bien aux viandes et aux poissons, seul ou mélangé à d'autres champignons. La forme cultivée de ce champignon sauvage est très courante sur les marchés.

Les pieds sont très courts.

Les lames, serrées, descendent le long du pied.

CHAMPIGNONS COMESTIBLES

Russula cyanoxantha
Russule charbonnière

Cet excellent champignon appartient à un genre très étendu, le genre *Russula*, au sein duquel les identifications sont particulièrement difficiles. Il est pourtant essentiel de savoir les reconnaître, car certaines russules sont toxiques, en particulier la russule noble *(Russula nobilis)* et la russule émétique *(Russula emetica)*. Il vaut donc mieux jeter le champignon si vous avez le moindre doute.

Identification
Le chapeau, qui mesure de 5 à 18 cm de diamètre, est légèrement visqueux. Convexe au début, il se développe ensuite en conservant une légère dépression au centre. La couleur du chapeau – uni ou à plusieurs nuances – peut aller du pourpre au vert olive, en passant par de nombreux tons intermédiaires. Le pied, blanc, mesure de 5 à 10 cm. Les lames adhèrent au pied ; elles sont serrées et blanchâtres ou crème chez les spécimens plus âgés. Elles ont la spécificité de ne pas se briser quand on appuie dessus avec le doigt et ont un toucher gras (lardacé). En outre, elles sont quasiment soudées sur la marge du chapeau. Fragile, la chair de la russule charbonnière est blanche et dégage une odeur faible mais agréable. La sporée est blanche.

Habitat et époque d'apparition
La russule charbonnière est commune sous les essences feuillues, mais on la rencontre parfois également en association avec les pins. Elle apparaît dès le printemps, et une nouvelle pousse a lieu en automne.

Conservation
De tous les modes de conservation, la dessiccation est celui qui convient le mieux à cette espèce.

Préparation
Les spécimens en parfait état sont rares car, dès qu'elle apparaît, la russule charbonnière subit les attaques de divers animaux (lapins, écureuils, oiseaux, limaces, larves, etc.). Par conséquent, nettoyez soigneusement vos champignons avec un linge humide. Les russules charbonnières ajouteront à vos plats de champignons une saveur douce et une consistance un peu croquante, qui ne disparaît pas à la cuisson. Il est essentiel de vous assurer que vous n'avez pas affaire à une espèce toxique du groupe des russules.

Le chapeau est violet sombre.

Le pied est teinté de violacé ou de lavande.

Les lames sont crème.

Ci-dessus : *La russule de Lange* (Russula langei) *est une variété de la russule charbonnière.*

CHAMPIGNONS COMESTIBLES

Ci-contre et ci-dessous : *Pour identifier une russule charbonnière, passez le doigt sur les lames pour vous assurer de leur flexibilité et de leur toucher lardacé. Les lames ne se brisent pas sous la pression des doigts, comme cela se produit avec quasiment toutes les autres russules.*

Ci-dessous : *Les espèces appartenant au genre Russula sont particulièrement difficiles à reconnaître. Les mycologues doivent souvent utiliser des réactifs chimiques et examiner les spores au microscope pour les identifier.*

CHAMPIGNONS COMESTIBLES

Sparassis crispa
SPARASSIS CRÉPU

Parfois appelé crête-de-coq ou chou-fleur, ce champignon a une forme très originale, évoquant un peu une éponge. Assez rare, il pousse aux mêmes endroits chaque année. Notez donc bien les emplacements où vous en avez trouvé. Un beau spécimen peut se garder pendant quelques jours dans un endroit frais, une cave par exemple ; dans ce cas, trempez la base dans un saladier rempli d'eau.

IDENTIFICATION

Le sparassis crépu n'a pas de chapeau au sens propre du terme ; le réceptacle est composé de rameaux ou de rubans enchevêtrés et contournés. Une sorte de tronc épais et court le rattache à la souche sur laquelle il croît. Le réceptacle mesure de 20 à 50 cm de diamètre. Avec l'âge, il passe du blanc crème au chamois clair. Il a une odeur agréable, un goût de noisette.

HABITAT ET ÉPOQUE D'APPARITION

Le sparassis crépu pousse sur les racines ou les souches de pin. Ne le coupez pas trop bas afin de ne pas détruire l'axe de croissance du mycélium. Ainsi, vous pourrez revenir l'année suivante pour en cueillir davantage. Ce champignon pousse de la fin de l'été jusqu'à la fin de l'automne, et disparaît dès les premiers grands froids. Le sparassis à pied court *(Sparassis brevipes)* est une sous-espèce du sparassis crépu, très rare ; évitez par conséquent de le récolter. De couleur rosâtre, il pousse surtout sur les vieilles souches de chêne.

CONSERVATION

Le sparassis crépu sèche bien à l'air libre. Avant de nettoyer le champignon, ôtez le tronc et la base. Coupez les gros spécimens en morceaux pour qu'ils sèchent plus vite ; transpercez-les ensuite avec un fil et suspendez-les dans un endroit clair et aéré, hangar ou réserve par exemple, mais, si possible, pas dans la cuisine, car les champignons contiennent parfois des parasites qui tombent au fur et à mesure de la dessiccation. Il faut quelques jours pour éliminer toute trace d'humidité.

La couleur varie du blanc crème au chamois clair.

CHAMPIGNONS COMESTIBLES

Ci-contre : *Observez bien les rameaux. Si les extrémités sont pointues et ramifiées, il s'agit probablement d'une clavariacée – une famille qui comprend de nombreuses espèces non comestibles – et non d'un sparassis.*

Ci-contre : *Les réceptacles se trouvent presque toujours à la base d'un tronc ou d'une souche, comme ici.*

Préparation

Avec l'âge, la chair du sparassis crépu devient coriace et prend un goût peu agréable. Ne récoltez donc que les spécimens jeunes, encore blanc crème, sans taches foncées ni traces de pourriture. Le nettoyage doit être effectué avec le plus grand soin ; en effet, le sparassis pousse assez près du sol sur les vieilles souches de pin ou d'autres résineux, et les nombreux recoins et anfractuosités de son réceptacle peuvent contenir des aiguilles de pin ou d'autres impuretés. Commencez par éliminer toutes les petites saletés de surface avec une brosse. Coupez ensuite le champignon en gros morceaux pour faciliter le nettoyage, et passez-les sous l'eau ; égouttez-les, puis séchez-les soigneusement à l'aide d'un linge avant de les cuisiner. Les sparassis sont excellents coupés en tranches et ajoutés à des plats mitonnés ; vous pouvez aussi les déguster froids, en salade, après les avoir blanchis. Les beignets de champignons constituent une variante intéressante : faites tremper des tranches minces de sparassis dans une pâte à beignets dont vous aurez remplacé le lait par de la bière, puis jetez-les dans un bain de friture. Ces beignets croustillants se servent en entrée ou en accompagnement.

L'extrémité des rameaux vire au brun avec l'âge.

89

CHAMPIGNONS COMESTIBLES

Suillus luteus
Nonette voilée ou bolet jaune

Très commune, la nonette voilée a une texture un peu molle qui la prédestine aux attaques des larves. Observez bien vos spécimens au moment de la récolte.

IDENTIFICATION
Le chapeau mesure de 5 à 15 cm de diamètre. Il est d'une belle couleur brun moyen, avec une surface visqueuse, notamment lorsqu'il est mouillé. Le pied mesure de 5 à 10 cm. Il est jaune pâle ou brunâtre sur fond pâle, avec des ridules. L'anneau est ample et bien net. Les tubes et les pores sont jaune pâle. La chair est blanche et n'a pas d'odeur bien définie. La sporée est légèrement brune. Ramassez ces champignons plutôt par temps sec et laissez ceux qui sont trop mous.

HABITAT ET ÉPOQUE D'APPARITION
Cette espèce pousse le plus souvent en association avec des conifères, des pins en particulier. On la trouve entre la fin de l'été et la fin de l'automne.

La surface est très visqueuse par temps humide.

Les pores ne changent pas de couleur au froissement.

L'anneau est épais et violacé.

CHAMPIGNONS COMESTIBLES

Ci-dessous : *Ce bolet, comme d'autres espèces du genre* Suillus, *pousse le plus souvent sous les conifères.*

En bas : *La couleur du chapeau peut changer avec l'âge. Le brun pourpre pâlit un peu ou devient même orange-brun.*

CONSERVATION

En raison de leur texture plutôt molle, ces champignons sont souvent meilleurs secs. Émincez-les au préalable.

PRÉPARATION

Enlevez le pied et pelez le chapeau, car la cuticule est visqueuse. Les nonettes voilées rendent beaucoup d'eau à la cuisson ; il est donc recommandé de les faire suer avant de les cuisiner, en les mettant à feu doux (sans matière grasse) dans un récipient de cuisson. Égouttez-les et mettez le liquide de côté afin de l'utiliser, dans une sauce par exemple. Ainsi préparées, les nonettes voilées peuvent être cuisinées de multiples façons.

CHAMPIGNONS COMESTIBLES

Suillus variegatus
Bolet tacheté ou bolet moucheté

Ci-dessous : *La surface du chapeau est sèche et un peu feutrée.*

Cet autre bolet n'est pas aussi savoureux que le cèpe de Bordeaux ou le bolet bai. Ne cueillez que les spécimens les plus jeunes, et vérifiez que leur chair, plutôt molle, n'est pas infestée de larves.

Identification
Le chapeau mesure entre 5 et 12 cm de diamètre. Il est d'une couleur brun rouille et devient visqueux lorsque le temps est humide. Le pied mesure de 5 à 9 cm de hauteur. Les pores ont une teinte brun tabac. La chair est bien blanche, mais elle devient parfois bleuâtre à la coupe. La sporée est brun clair.

Habitat et époque d'apparition
Ce bolet pousse exclusivement sous les conifères, de la fin de l'été jusqu'à la fin de l'automne.

La surface du chapeau devient légèrement écailleuse avec l'âge.

Conservation
C'est la dessiccation qui donne les meilleurs résultats.

Préparation
Il suffit généralement d'essuyer le chapeau. Mais restez attentif lorsque vous coupez ce champignon en tranches, afin de détecter une infestation par les larves. Cette espèce, assez médiocre, est acceptable quand elle est mélangée à d'autres champignons.

La chair, blanchâtre, se teinte parfois faiblement de bleu.

Les pores sont brun tabac et assez irréguliers.

CHAMPIGNONS COMESTIBLES

Tricholoma ponderosa
MATSU TAKE BLANC

En bas : *Le matsu take blanc est une espèce américaine qui pousse dans les régions côtières sur des sols sablonneux.*

Le matsu take blanc est une espèce américaine voisine du vrai matsu take *(Tricholoma matsutake)*, qui pousse en Extrême-Orient. En Europe, l'espèce équivalente est le tricholome chaussé *(Tricholoma caligatum)*, un champignon méridional rare.

IDENTIFICATION

Le chapeau du matsu take blanc mesure de 4 à 25 cm de diamètre ; il est d'abord convexe, puis plat. La marge, enroulée au début, s'étale avec l'âge. La surface du chapeau est blanchâtre, parfois striée de brun. Le pied est robuste et mesure jusqu'à 15 cm. Il est recouvert par un voile qui se déchire en fragments. Les lames sont blanches, adnées et serrées. La chair, blanche, peut se tacher de brun clair et a une odeur épicée. La sporée est blanche. Le tricholome chaussé, quant à lui, a un chapeau charnu de 10 à 20 cm de diamètre, avec un fond crème et de larges squames brunes ou brun rougeâtre. Les lames sont serrées et de couleur crème. Mais ce champignon se caractérise surtout par un voile partiel particulier qui forme une sorte de « chaussette » (armille) remontant sur le pied.

HABITAT ET ÉPOQUE D'APPARITION

Le matsu take blanc pousse dans les zones côtières, sur sol sablonneux, généralement en association avec les conifères. Sa saison va de la fin de l'été à la mi-automne. Le tricholome chaussé pousse aussi bien sous les conifères que sous les feuillus.

CONSERVATION

Vous trouverez des matsu take séchés dans les supermarchés vendant des produits japonais ou chinois. Le tricholome chaussé est un champignon rare, qui se consomme généralement frais.

PRÉPARATION

Coupez le pied et passez vos champignons sous un filet d'eau. Matsu take blanc et tricholome chaussé ont un goût et un parfum puissants ; vous pouvez par conséquent en ajouter quelques spécimens à un plat d'autres champignons.

CHAMPIGNONS COMESTIBLES

Tuber aestivum
Truffe d'été

Bien que les truffes d'été soient relativement répandues, elles sont difficiles à découvrir car elles poussent sous le sol. De nombreux animaux (comme les écureuils et les cerfs) en sont friands. Observez donc bien leurs traces : elles vous donneront peut-être des indices intéressants. Lorsque vous trouvez une truffe, évitez de piocher le sol autour, sinon vous pourriez détruire les mycorhizes.

IDENTIFICATION
Le réceptacle mesure de 2 à 10 cm de diamètre. Irrégulier et bosselé, il présente en général une forme sphérique. Sa surface est couverte de petites verrues noires striées. Sa couleur d'ensemble est brun-noir. La chair de la truffe est ocre ou brune, marbrée de veinules blanches. L'odeur est faible, et le goût rappelle un peu celui de la noisette.

HABITAT ET ÉPOQUE D'APPARITION
La truffe d'été préfère les sols calcaires et pousse souvent au voisinage des hêtres, mais parfois aussi en association avec des châtaigniers et des chênes verts. Sa saison va du mois de mai au mois d'octobre.

CONSERVATION
Les truffes sont excellentes conservées dans de l'huile d'olive. Nettoyez-les soigneusement, pelez-les et blanchissez-les avant de les plonger dans l'huile.

PRÉPARATION
La truffe d'été a beaucoup moins de saveur que les très renommées truffe noire, ou truffe du Périgord (*Tuber melanosporum*), et truffe blanche du Piémont (*Tuber magnatum*). Pour lui donner un peu plus de goût, coupez-la et versez quelques gouttes d'essence de truffe noire sur les lamelles. Ainsi agrémentées, les truffes sont délicieuses avec des œufs ou avec des pâtes.

Les spores sont disséminées par les animaux fouisseurs.

Tuber magnatum
TRUFFE BLANCHE DU PIÉMONT

La truffe blanche du Piémont est la plus recherchée de toutes les truffes. On ne la trouve que dans des zones limitées, principalement en Italie du Nord et dans le Midi de la France, où elle est très rare. Pour la récolter, vous devez vous faire aider par des animaux tels que les chiens ou les porcs.

IDENTIFICATION
Le réceptacle mesure de 5 à 12 cm de diamètre, voire plus. Sa forme irrégulière et sa couleur ocre jaunâtre évoquent un peu l'aspect d'une pomme de terre. La chair est ocre rosâtre, veinée de blanc. Le parfum est très marqué et agréable.

HABITAT ET ÉPOQUE D'APPARITION
La truffe blanche du Piémont se trouve juste sous la surface du sol, dans les bois moussus, aux essences mêlées. Sa saison commence à la fin de l'automne, s'étend sur tout l'hiver et se termine au début du printemps.

CONSERVATION
Après avoir brossé les truffes, le mieux est de les conserver dans des récipients à fermeture hermétique et de les consommer le plus tôt possible après la récolte. Mais vous pouvez également les placer dans de l'huile d'olive extravierge. Cette méthode permet non seulement de conserver les truffes, mais aussi de parfumer l'huile. D'autres aliments comme les œufs (avec leur coquille) ou les pâtes fraîches peuvent de la même façon s'imprégner de la saveur des truffes. Placez-les dans un récipient avec une truffe et laissez une nuit au réfrigérateur.

PRÉPARATION
Elle est assez simple, puisqu'il suffit de brosser soigneusement les truffes avant de les essuyer avec un linge humide. L'idéal est de les consommer crues ou à peine cuites (passées très rapidement au feu), après les avoir détaillées en fines lamelles : c'est ainsi qu'elles conserveront au mieux leur intense parfum. Les truffes peuvent également être râpées comme du fromage et ajoutées à un plat de pâtes. Veillez dans tous les cas à n'en mettre que très peu, car leur saveur est forte. La truffe blanche du Piémont est sans doute le plus apprécié de tous les champignons sauvages, et son prix dépasse celui de la truffe du Périgord. Vous trouverez des truffes fraîches, de l'huile de truffe ou des truffes en conserves dans certaines épiceries fines.

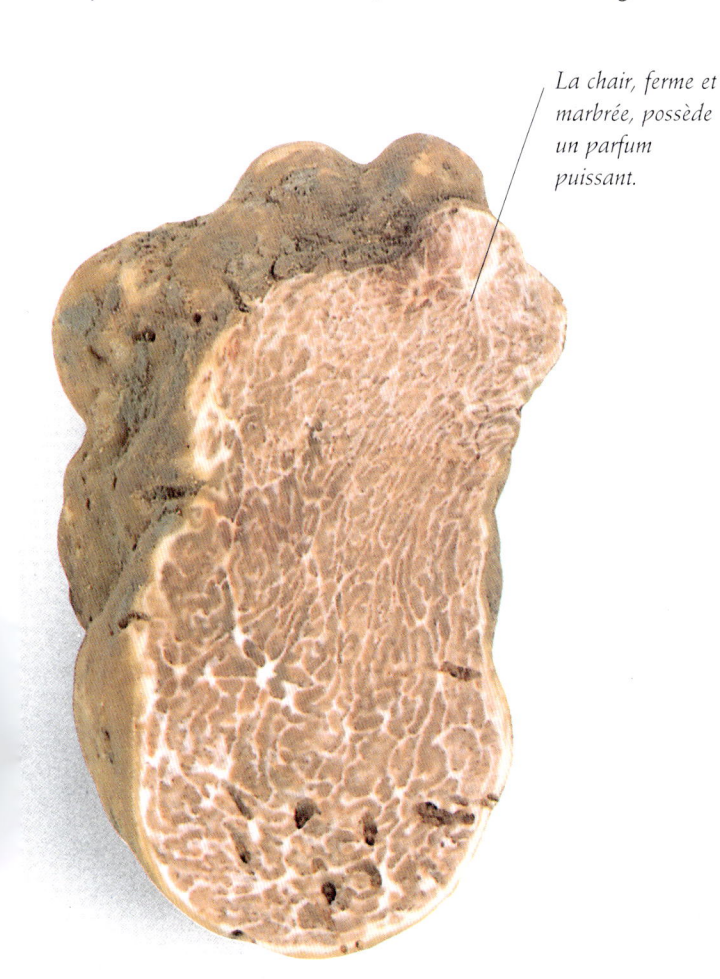

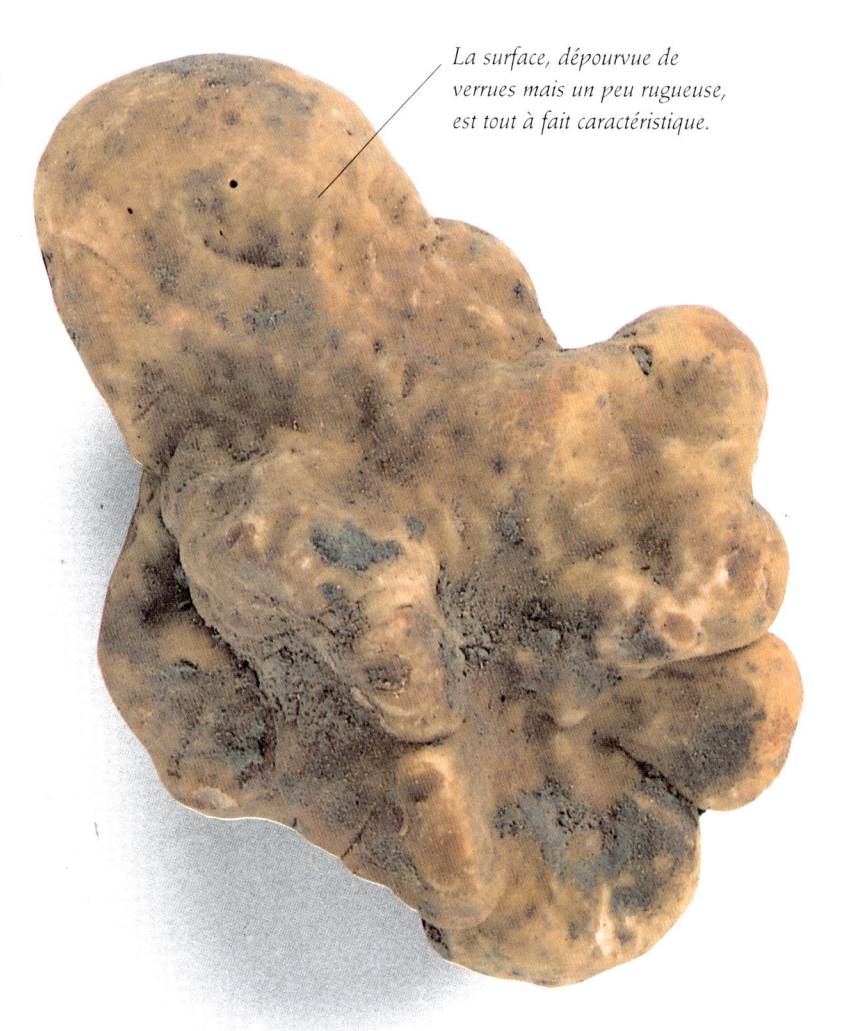

La chair, ferme et marbrée, possède un parfum puissant.

La surface, dépourvue de verrues mais un peu rugueuse, est tout à fait caractéristique.

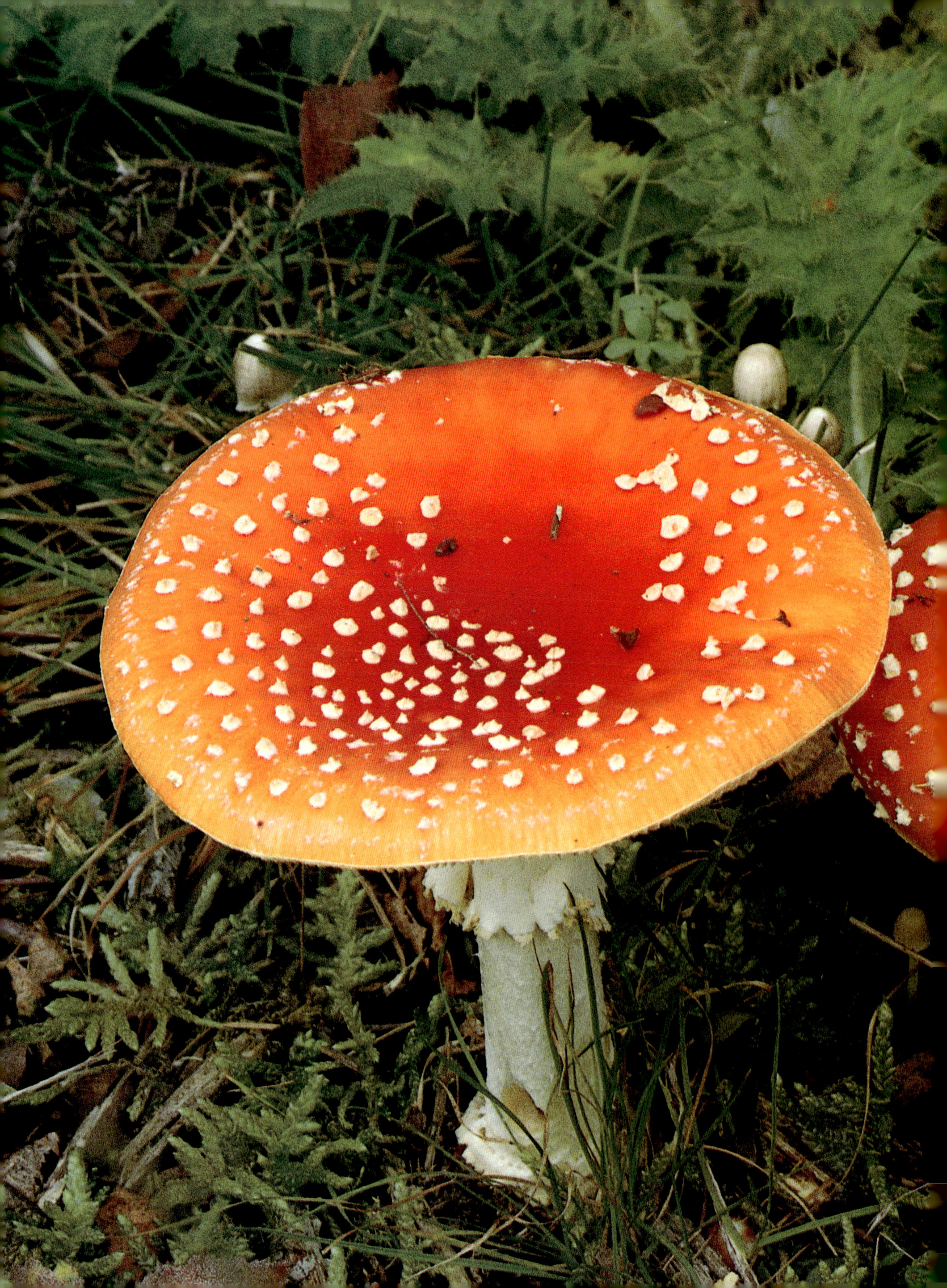

Champignons non comestibles ou toxiques

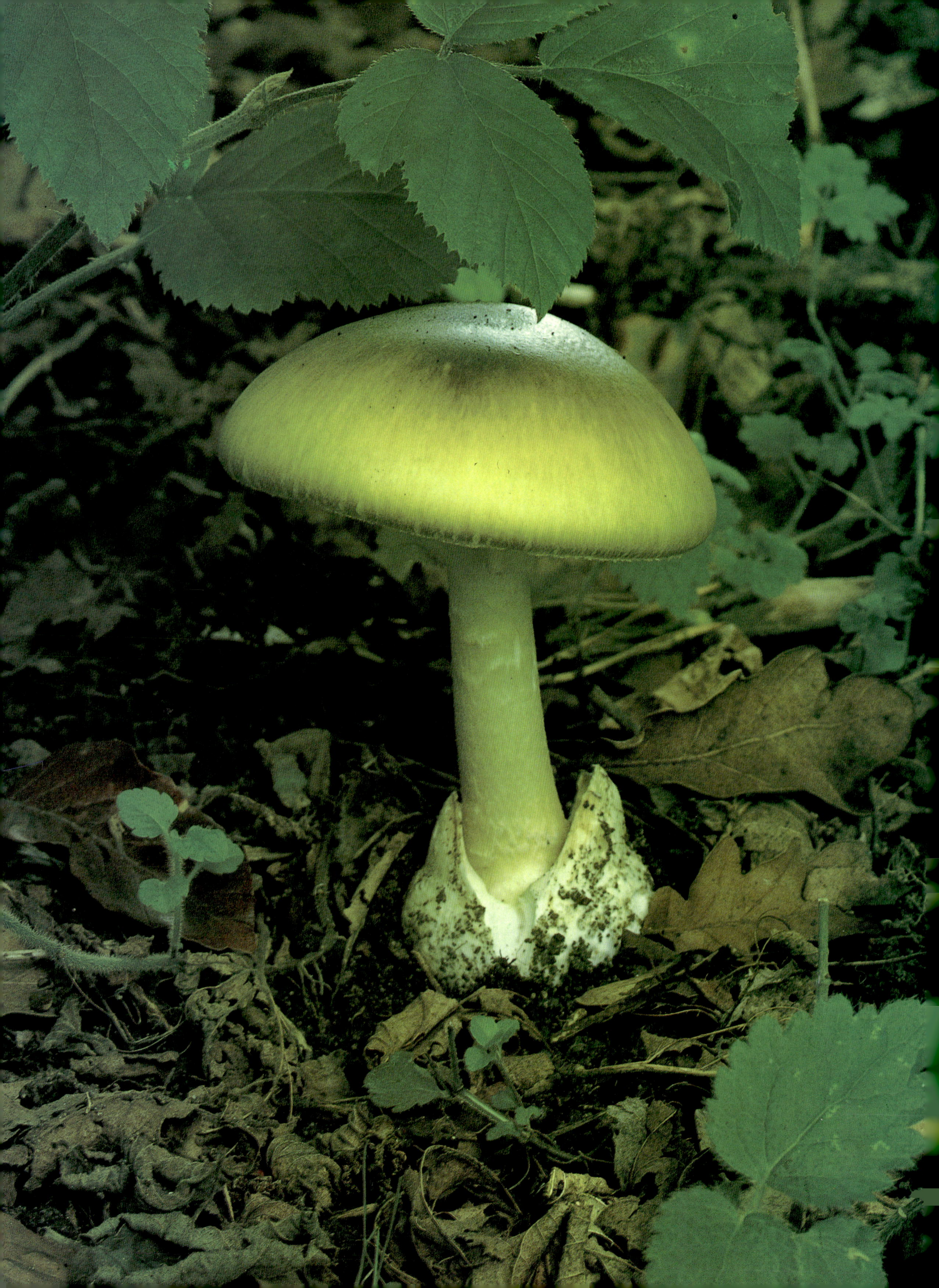

Quelques conseils

Cette partie présente une sélection d'espèces dangereuses, non comestibles ou qui risquent simplement d'être confondues avec une espèce toxique. Chaque année, la consommation de champignons toxiques entraîne des empoisonnements plus ou moins graves selon les espèces, parfois mortels.

Afin d'éviter tout accident, il est essentiel, d'une part, de connaître les espèces toxiques, et, d'autre part, de ne récolter que des spécimens identifiés avec certitude. Prudence doit être le maître mot de tout ramasseur de champignons. Si vous n'êtes pas sûr d'avoir reconnu une espèce, ne la ramassez pas.

Sur le terrain, munissez-vous d'un guide décrivant les principales caractéristiques des champignons. N'ôtez jamais le pied d'un spécimen non identifié, déterrez-le soigneusement afin de pouvoir en observer la base : la présence d'une volve doit vous inciter à la plus extrême prudence, car c'est l'un des attributs des amanites.

Ne mettez jamais dans votre panier un champignon non identifié (et par conséquent suspect), afin de ne pas le mélanger avec le reste de votre récolte. Si vous souhaitez le conserver pour le montrer à un connaisseur (un mycologue ou un pharmacien compétent en la matière), enveloppez-le dans du papier et placez-le dans une boîte à part. S'il est toxique, jetez-le en le laissant dans le contenant pour éviter tout accident ultérieur. Utilisez si possible des gants, ou lavez-vous les mains après avoir manipulé des espèces toxiques.

Aucune règle ne permet de différencier les champignons toxiques des comestibles. Ainsi, des traces de consommation animale sur un champignon ne signifient pas que l'espèce en question n'est pas dangereuse. Les limaces, par exemple, peuvent absorber impunément des amanites mortelles, dont l'amanite phalloïde *(Amanita phalloides)*. Il en est de même pour quelques oiseaux ou rongeurs, qui semblent immunisés contre les toxines de certains champignons.

Toutes les « recettes » qui sont censées permettre de différencier les bons champignons des mauvais n'ont aucune valeur. Ainsi, il est totalement faux de croire qu'un champignon dont le chapeau se pèle est un champignon comestible, ou bien qu'un champignon est toxique s'il fait noircir une pièce ou une cuillère en argent lors de la cuisson. La seule façon d'éviter les espèces dangereuses est d'être prudent sur le terrain.

Il faut savoir aussi que des champignons considérés comme comestibles sont mal supportés par certaines personnes, qui peuvent souffrir, par exemple, de troubles digestifs ou d'allergies. Il en est ainsi de l'armillaire de miel *(Armillaria mellea)*, du pied-bleu *(Lepista nuda)* ou du pied-violet *(Lepista saeva)*. Respectez les conseils de prudence : ne consommez que très peu de champignons la première fois pour voir si vous les supportez, et évitez d'en servir à vos invités.

Les symptômes d'intoxication peuvent survenir très rapidement après la consommation – voire instantanément – ou se manifester tardivement (plus de quatorze heures après). Il faut savoir que les champignons les plus toxiques entraînent généralement des troubles plus de six heures après leur ingestion.

En cas d'intoxication, il faut contacter d'urgence un médecin ou un centre antipoison. L'idéal est d'arriver à la consultation avec un échantillon de l'espèce absorbée pour permettre une identification rapide de la toxine responsable. De nombreuses personnes victimes d'empoisonnement par des amanites mortelles ont pu être sauvées grâce à un traitement appliqué précocement.

Ci-contre : *Le clitocybe du bord des routes, très toxique, ressemble un peu au marasme des oréades.*

Page de gauche : *Le chapeau de l'amanite phalloïde présente des fibrilles brunes rayonnantes. Le pied est normalement blanc, zébré de grisâtre.*

Pages précédentes : *Chez les amanites tue-mouches, le pigment rouge s'éclaircit sur la marge avec l'âge. Les verrues blanches peuvent disparaître par temps de pluie.*

CHAMPIGNONS NON COMESTIBLES OU TOXIQUES

Agaricus xanthoderma
Agaric jaunissant

L'agaric jaunissant est responsable de nombreux cas d'intoxication, car il est souvent confondu avec l'agaric des jachères *(Agaricus arvensis)* ou avec le rosé des prés *(Agaricus campestris)*. L'identification de ce champignon est parfois délicate, c'est pourquoi il est important de bien connaître ses caractéristiques. L'agaric jaunissant, de même que l'agaric pintade *(Agaricus meleagris)*, une espèce voisine également non comestible, dégage une odeur chimique très désagréable d'encre ou d'iode, qui s'accentue à la cuisson. Les principaux symptômes de l'intoxication à ce champignon sont des suées abondantes, des douleurs d'estomac, des diarrhées et des vomissements. Même si certaines personnes ne sont pas sensibles

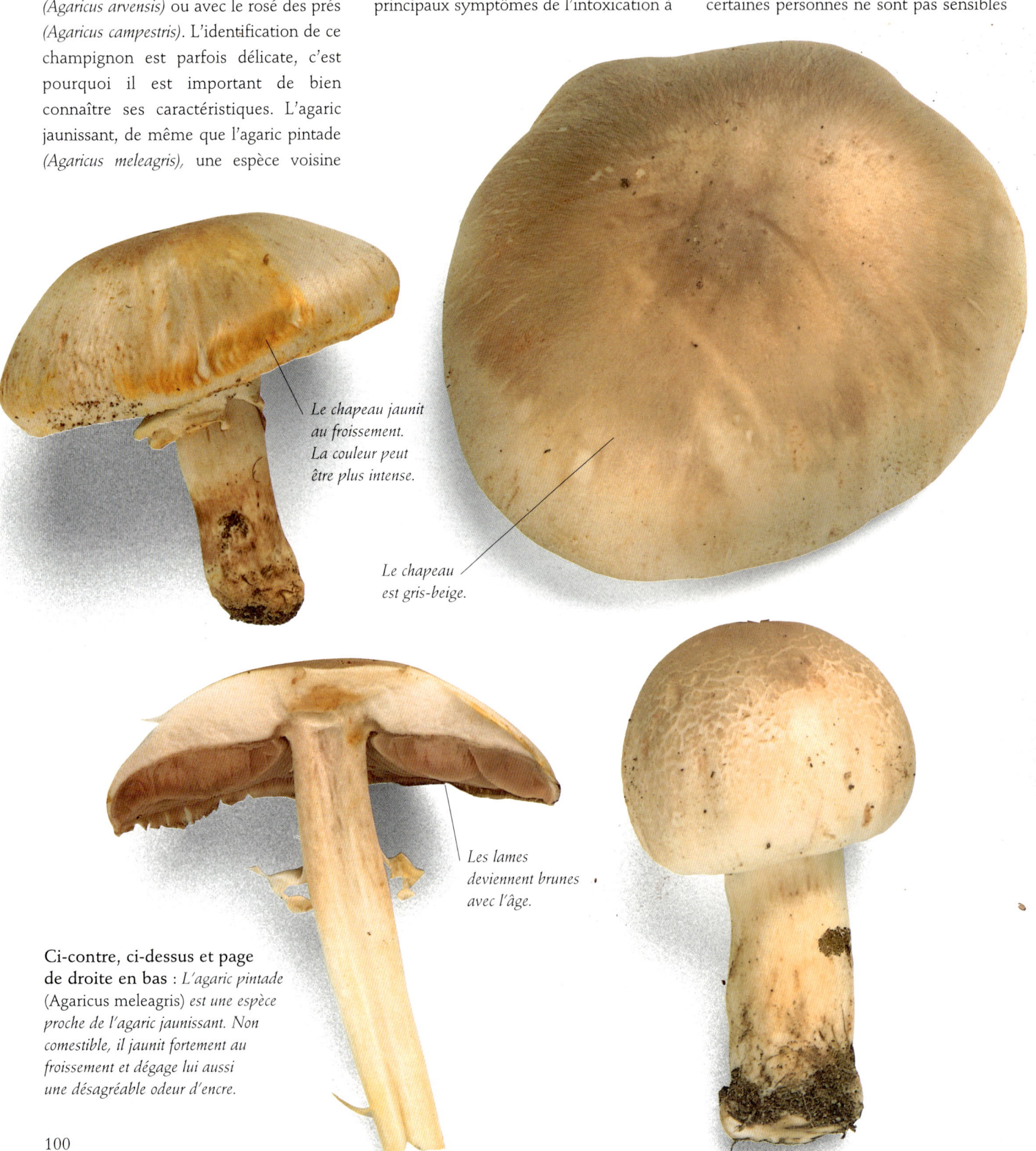

Le chapeau jaunit au froissement. La couleur peut être plus intense.

Le chapeau est gris-beige.

Les lames deviennent brunes avec l'âge.

Ci-contre, ci-dessus et page de droite en bas : *L'agaric pintade (Agaricus meleagris) est une espèce proche de l'agaric jaunissant. Non comestible, il jaunit fortement au froissement et dégage lui aussi une désagréable odeur d'encre.*

CHAMPIGNONS NON COMESTIBLES OU TOXIQUES

Ci-contre : Les jardins, les haies, les lisières des bois figurent parmi les emplacements favoris de cette espèce. Sur ces spécimens, les chapeaux, bien blancs, laissent apparaître des taches jaunes. Le champignon renversé montre des lames brunes, presque noirâtres.

Le jaunissement est très net sur la partie froissée du chapeau.

Chez les spécimens jeunes, l'anneau, épais, réunit le pied à la marge du chapeau.

à cette espèce toxique, il ne doit en aucun cas être récolté.

IDENTIFICATION

Le chapeau mesure de 5 à 15 cm de diamètre. Il est d'abord convexe, avec un sommet tronqué, puis il s'étale en formant une dépression centrale. Tout à fait blanc lorsqu'il est jeune, il fonce un peu avec l'âge et laisse apparaître des écailles grisâtres. Le chapeau et le pied se tachent d'une coloration jaune vif au contact et à la coupe, une caractéristique que l'on retrouve chez d'autres agarics voisins non comestibles, comme l'agaric pintade. Le pied est blanc et mesure de 5 à 15 cm de hauteur. Les lames sont de couleur chair et brunissent avec l'âge. La chair, au goût de phénol, est blanche et dégage une odeur forte d'encre ou d'iode. La sporée est brun pourpre. Un agaric jaunissant mélangé par erreur à une poêlée de rosés-des-prés donne une couleur jaunâtre à l'ensemble et dégage une odeur très déplaisante.

HABITAT ET ÉPOQUE D'APPARITION

Cette espèce se rencontre dans les bois, les prairies et les jardins d'août à novembre.

CHAMPIGNONS NON COMESTIBLES OU TOXIQUES

Amanita citrina
AMANITE CITRINE

L'amanite citrine doit être évitée en raison de sa ressemblance avec l'amanite phalloïde. En outre, son goût amer et son odeur désagréable de pomme de terre crue font qu'elle ne présente aucun intérêt gustatif.

IDENTIFICATION
Le chapeau de l'amanite citrine type présente une teinte jaune citron. Il mesure de 4 à 10 cm de diamètre et porte habituellement des verrues ou des plaques blanchâtres ou brunâtres, qui sont des débris du voile général. Ce caractère contribue à distinguer cette espèce de la mortelle amanite phalloïde, qui possède rarement des débris de voile sur le dessus du chapeau. Le pied mesure de 6 à 8 cm de hauteur. Il porte un anneau bien net, blanc ou jaunâtre. La base du pied, bulbeuse, est enveloppée d'une volve très particulière, dite « circoncise », c'est-à-dire présentant une marge nette qui dépasse très peu du bulbe. Les lames, blanches au début, se teintent légèrement de jaunâtre avec l'âge. La chair et la sporée sont blanches. À côté de l'amanite citrine type, il existe une forme toute blanche *(Amanita citrina alba)* qui, du fait de sa couleur, peut être confondue avec deux amanites blanches mortelles : l'amanite printanière *(Amanita verna)* et l'amanite vireuse *(Amanita virosa)*.

CHAMPIGNONS NON COMESTIBLES OU TOXIQUES

Ci-contre : *L'amanite citrine pousse indifféremment sous les feuillus et sous les conifères. Sa forme blanche (alba) est assez commune sous les hêtres. La chair a une odeur typique de pomme de terre crue.*

HABITAT ET ÉPOQUE D'APPARITION

Cette espèce très commune pousse sur sol sablonneux, près des feuillus (hêtres, chênes, bouleaux) et des conifères. On la trouve en été et surtout en automne.

Sur ce spécimen, les fragments de voile sont peu importants.

À la base du pied, le bulbe est enveloppé d'une volve marginée, dite « circoncise ».

Ci-dessous : *Sur ce champignon, les plaques formées par les débris du voile ont été lessivées par la pluie, laissant la surface du chapeau entièrement lisse.*

103

CHAMPIGNONS NON COMESTIBLES OU TOXIQUES

Amanita muscaria
AMANITE TUE-MOUCHES

Ce beau champignon dont le chapeau est orné de petites verrues blanches est représenté dans de nombreux contes pour enfants et souvent associé à des histoires de magie. Une légende raconte que les Lapons l'utilisent pour rassembler plus facilement leurs troupeaux de rennes. Mettant à profit l'attirance très nette des animaux pour ce champignon, ils répandent des amanites tue-mouches séchées sur le sol afin de rendre le troupeau plus docile. Les toxines contenues dans la chair de ces champignons attaquent le système nerveux ; elles produisent, à côté d'une intoxication réelle, des hallucinations et une euphorie assez proche de l'ivresse. Le poison demeure dans le système nerveux durant plusieurs mois, tandis que les symptômes d'intoxication disparaissent généralement en une douzaine d'heures.

Le seul champignon qui présente un risque de confusion avec l'amanite tue-mouches est l'amanite des Césars *(Amanita caesarea),* une espèce méridionale comestible. Plusieurs caractéristiques permettent de distinguer ces deux espèces : le pied et surtout les lames sont jaunes chez l'amanite des Césars, blancs chez l'amanite tue-mouches. La volve de l'amanite des Césars est ample et bien nette, tandis que celle de l'amanite tue-mouches est discrète, le plus souvent réduite à quelques bourrelets. Une coupe longitudinale révèle une chair bien blanche chez l'amanite tue-mouches, alors que celle de l'amanite des Césars est légèrement jaunâtre. Quant au chapeau de l'amanite des Césars, il ne présente pas de verrues, qui résultent de l'effritement du voile général ; lorsque le voile se déchire, il laisse le dessus du chapeau lisse et nu. Mais ce dernier trait ne permet pas de différencier les deux espèces de façon certaine, puisque les verrues blanches de l'amanite tue-mouches peuvent disparaître avec la pluie.

Les lames blanches sont libres : elles n'atteignent pas le pied.

L'anneau retombant est blanc.

CHAMPIGNONS NON COMESTIBLES OU TOXIQUES

Ci-dessous : La forme américaine de l'amanite des Césars est plus élancée que la forme européenne. Observez notamment la base du pied pour différencier ce champignon de l'amanite tue-mouches.

En bas : Après de grosses pluies, la couleur du chapeau de l'amanite tue-mouches s'éclaircit pour devenir orangée ; en outre, les verrues blanches peuvent disparaître partiellement ou totalement.

IDENTIFICATION

Le chapeau mesure de 20 à 25 cm de diamètre. D'abord globuleux et hémisphérique, il devient plan avec l'âge. Il est généralement d'un beau rouge vermillon et porte de nombreuses verrues blanches issues du voile général, mais cette couleur vive peut s'éclaircir par temps de pluie et devenir d'un orangé pâle uni. Le pied est blanc et mesure de 8 à 18 cm ; sa base est arrondie et bulbeuse. Les lames sont blanches. L'odeur est inexistante.

HABITAT ET ÉPOQUE D'APPARITION

Très commune, cette espèce pousse souvent en groupes importants dans les forêts de feuillus (notamment près des bouleaux) et de conifères. Sa saison va de la fin de l'été à la fin de l'automne.

105

CHAMPIGNONS NON COMESTIBLES OU TOXIQUES

Amanita pantherina
AMANITE PANTHÈRE

Moins commune que l'amanite tue-mouches, l'amanite panthère est, elle aussi, très toxique. Elle peut être confondue avec l'amanite rougissante *(Amanita rubescens)*, une espèce comestible si elle est bien cuite. Pour différencier les deux espèces, sachez que, chez l'amanite rougissante, la chair, les lames et la base du pied rougissent au contact de l'air ou à la blessure (piqûre de larve). L'amanite panthère peut également être confondue avec l'amanite épaisse *(Amanita spissa)*, comestible. Chez cette dernière, les verrues du dessus du chapeau sont grisâtres ou gris-beige, alors que, chez l'amanite panthère, elles sont blanches et le restent.

IDENTIFICATION
Le chapeau mesure de 5 à 10 cm de diamètre. Bistre ou ocre, il est couvert de petites verrues blanches qui sont des restes du voile général. La marge est striée et porte souvent, elle aussi, des restes du

L'anneau est bien blanc.

Issues de l'émiettement du voile général, les verrues sont d'un beau blanc pur.

Plusieurs bourrelets superposés, parfois hélicoïdaux, entourent la partie bulbeuse du pied.

CHAMPIGNONS NON COMESTIBLES OU TOXIQUES

voile formant comme un pointillé. Le pied mesure de 9 à 13 cm de hauteur. Il est blanc, avec un anneau membraneux le plus souvent rabattu. La base, très bulbeuse, est surmontée de deux ou trois bourrelets superposés. La sporée est blanche.

Habitat et époque d'apparition

L'amanite panthère pousse aussi bien sous les conifères que sous les feuillus, du milieu de l'été jusqu'à la fin de l'automne.

Ci-dessus : *Les bois de hêtres et les sols calcaires constituent les habitats préférés de l'amanite panthère, bien qu'on puisse également la rencontrer sous les conifères.*

Ci-contre : *L'anneau forme comme un bracelet autour du pied.*

CHAMPIGNONS NON COMESTIBLES OU TOXIQUES

Amanita phalloides
Amanite phalloïde

Ce champignon est probablement le plus dangereux de tous. Chaque année, l'amanite phalloïde est responsable de la plupart des intoxications mortelles (95 %) causées par la consommation de champignons. Des années de recherches n'ont pas encore permis de découvrir un antidote au poison qu'elle contient, mais plusieurs traitements ont été expérimentés et un certain nombre de personnes ont pu être sauvées, notamment grâce à l'administration de soins précoces. Les symptômes de l'intoxication phalloïdienne (gêne respiratoire, vertiges, etc.) se manifestent de six à vingt-quatre heures après l'ingestion des champignons. Il existe une forme rare, l'amanite phalloïde variété *alba,* tout aussi mortelle que la forme type. Elle présente les mêmes caractéristiques à l'exception de la couleur, puisqu'elle est toute blanche, ce qui complique quelque peu son identification.

Si vous participez à une sortie collective, demandez au mycologue de vous décrire – et si possible de vous montrer – un spécimen d'amanite phalloïde, afin de pouvoir reconnaître ses traits distinctifs. Déterrée avec soin, la base du champignon présente une volve blanchâtre entourant le pied comme une bourse. L'anneau, situé au tiers supérieur du pied, est blanc et membraneux. Observez bien et mémorisez toutes ces caractéristiques. Si vous avez le moindre doute lors de votre cueillette, jetez le champignon sans hésitation : rappelez-vous qu'un seul spécimen suffit à tuer plusieurs personnes !

Identification
Le chapeau mesure de 3 à 15 cm de diamètre. D'abord arrondi, il s'étale avec l'âge. Sa surface est lisse, presque luisante ; elle montre la plupart du temps des fibrilles rayonnantes brunes et parfois des lambeaux blanchâtres issus du voile général. Le chapeau offre une grande variété de

Les lames sont blanches.

Une volve blanche enveloppe la base du pied.

La couleur du chapeau est très variable : vert olive, blanc, jaunâtre...

CHAMPIGNONS NON COMESTIBLES OU TOXIQUES

Ci-contre : *Sur les deux grands spécimens, la volve est bien visible.*

teintes, allant du vert pâle au brun foncé, ce qui rend l'identification de l'amanite phalloïde particulièrement difficile. Par temps de pluie, le dessus du chapeau peut devenir très clair, presque blanc ou bien vert pâle teinté de jaune, et présenter une surface un peu visqueuse. Élancé, le pied mesure de 5 à 15 cm. Il est blanchâtre avec, sous l'anneau, des marbrures verdâtres. À la base du pied, la volve est ample et bien nette. Sur la face inférieure du chapeau, les lames sont libres (elles n'atteignent pas le pied) et très serrées. D'abord blanches, elles peuvent prendre chez les spécimens parvenus à maturité une légère teinte verdâtre. La chair est blanche, mais peut présenter une teinte jaunâtre dans le chapeau. Celui-ci se pèle facilement et l'odeur, plutôt agréable au début, devient nauséeuse sur les spécimens âgés. La sporée est blanche.

Habitat et époque d'apparition

Cette espèce très commune pousse dans tous les types de forêts, avec une préférence pour les chênaies. On trouve l'amanite phalloïde du début de l'été jusqu'à la fin de l'automne.

Ci-dessus : *La volve, à la base du pied, peut être cachée par la litière de feuilles mortes.*

Ci-contre : *Dégagez toujours soigneusement la base du pied pour mettre en évidence la volve ou les débris de volve.*

109

CHAMPIGNONS NON COMESTIBLES OU TOXIQUES

Amanita virosa
AMANITE VIREUSE

Comme la plupart des amanites, cette espèce porte une volve à la base du pied. C'est un champignon mortel, le qualificatif de « vireuse » évoquant à la fois son caractère très toxique et son odeur désagréable. Si vous participez à une sortie collective, demandez au mycologue de vous en montrer une, si possible (cette espèce est très rare), afin de bien vous souvenir de ses caractéristiques.

IDENTIFICATION
Le chapeau, qui mesure de 5 à 15 cm de diamètre, est blanc ou crème pâle. Il a une forme de cloche au début, puis s'étale un peu tout en gardant un mamelon au sommet ; il devient plus ou moins irrégulier, est souvent un peu incliné et dissymétrique. Élancé, le pied mesure de 9 à 15 cm de hauteur. Il est blanc, souvent orné de flocons blancs également, et émerge d'une ample volve irrégulière qui enserre de près la base du pied. Celui-ci porte un anneau blanc, mince et fragile, souvent incomplet. Les lames sont blanches. La chair est blanche et dégage une odeur vireuse (nauséabonde). La sporée est blanche.

HABITAT ET ÉPOQUE D'APPARITION
Beaucoup moins commune que l'amanite phalloïde, cette espèce croît dans les forêts de conifères et parfois de feuillus. Sa saison s'étend du milieu de l'été jusqu'à l'automne.

Légèrement conique, le chapeau est blanc à crème pâle.

Le pied est blanc, souvent floconneux.

Ample et blanche, la volve enserre la base du pied.

Le voile partiel adhère encore aux lames. Il donnera naissance à l'anneau.

Ci-contre : *Le sommet du chapeau présente souvent un mamelon.*

CHAMPIGNONS NON COMESTIBLES OU TOXIQUES

Clitocybe dealbata
Clitocybe blanchi

Ci-dessous : *Le chapeau du clitocybe blanchi est recouvert d'une sorte de glacis givré blanc qui, en disparaissant, laisse apercevoir une coloration roussâtre.*

Ce petit champignon à l'allure inoffensive est très toxique ; il provoque notamment une diminution du rythme cardiaque. En outre, il pousse dans les mêmes lieux que de nombreux champignons comestibles.

Identification

Le chapeau mesure de 2 à 5 cm de diamètre. Il est blanc sale et plat, avec une dépression centrale. La marge est légèrement enroulée et sinuée. Le pied est court (de 2 à 3 cm), blanchâtre puis beige. Les lames, blanchâtres et serrées, adhèrent au pied et sont parfois un peu décurrentes. La chair est blanche, avec une odeur discrète de farine. La sporée est blanche.

Habitat et époque d'apparition

Le clitocybe blanchi est une espèce commune qui pousse en troupes ou en cercles dans les zones herbeuses et parfois dans les bois clairs. Sa saison s'étend du printemps jusqu'à la fin de l'automne.

Les lames sont décurrentes : elles descendent sur le pied.

La surface du chapeau présente un aspect soyeux ou « givré-glacé ».

111

CHAMPIGNONS NON COMESTIBLES OU TOXIQUES

Clitocybe rivulosa
Clitocybe du bord des routes

Ci-dessous : *Le clitocybe du bord des routes est habituellement d'une couleur grisâtre ou chamois.*

Voisin du clitocybe blanchi *(Clitocybe dealbata)*, le clitocybe du bord des routes est lui aussi très toxique. On peut le confondre facilement avec le marasme des oréades *(Marasmius oreades)*, un excellent champignon comestible (voir p. 78). Ces deux espèces poussent quasiment à la même époque de l'année, dans le même type de site, et forment toutes deux des cercles, ou « ronds de sorcière », dans les prés. Il n'est pas rare d'observer des cercles de marasmes des oréades et de clitocybes du bord des routes à quelques

Le chapeau est lisse et soyeux.

Bien que les lames soient parfois légèrement teintées de chamois, les spores sont blanches.

Les lames sont décurrentes : elles descendent le long du pied.

Le chapeau est légèrement déprimé.

Les lames sont denses.

sale, parfois gris clair, teinté de roussâtre. La densité des lames, la couleur et la forme du chapeau permettent de distinguer cette espèce du marasme des oréades. La sporée est blanche.

Habitat et époque d'apparition

Cette espèce commune pousse en troupes ou en ronds sur les sols siliceux, dans l'herbe et le long des chemins, de la fin de l'été à la fin de l'automne.

mètres seulement les uns des autres. Si vous le pouvez, essayez de dénicher et d'identifier avec certitude un clitocybe et un marasme : vous les emporterez avec vous pour les comparer sur le terrain avec les spécimens trouvés.

Identification

Le chapeau mesure de 2 à 5 cm de diamètre. Arrondi au début, il s'aplatit tout en conservant une dépression au centre. La marge reste légèrement enroulée. Le chapeau est d'une couleur grisâtre ou chamois. Le pied, qui mesure de 2 à 4 cm de hauteur, est de la même couleur. Les lames, blanchâtres ou grisâtres, sont serrées et décurrentes. La chair est d'un blanc

Ci-contre :
Ces chapeaux imbibés d'eau présentent une couleur brun clair. Ils sont blanc grisâtre à l'état sec.

113

CHAMPIGNONS NON COMESTIBLES OU TOXIQUES

Coprinus atramentarius
Coprin atramentaire ou coprin noir d'encre

Le coprin atramentaire est toxique s'il est consommé en même temps que de l'alcool. Il déclenche rapidement des symptômes inquiétants (nausées, palpitations cardiaques et crampes d'estomac) mais sans gravité, qui récidivent avec une nouvelle absorption d'alcool dans les jours suivant l'ingestion du champignon. Cette espèce était utilisée autrefois par les moines pour préparer une encre à dessin d'une grande finesse, obtenue en faisant bouillir les chapeaux « déliquéscents » dans un peu d'eau avec des clous de girofle. Le coprin atramentaire peut être confondu avec une espèce comestible, le coprin chevelu *(Coprinus comatus,* voir p. 52-53), et avec les jeunes spécimens de coprin pie *(Coprinus picaceus,* voir p. 53). Cette dernière espèce, plus rare que le coprin atramentaire, pousse en groupes importants dès la fin de l'été et pendant tout l'automne. Bien que non toxique, elle doit être rejetée car elle peut causer des nausées et des vomissements.

Identification
Le chapeau mesure de 2 à 4 cm de diamètre. Il est ovoïde et blanchâtre au début, puis en forme de campanule et d'un gris léger ou d'un brun grisâtre ; souvent, des squames brunâtres apparaissent sur le sommet. Le pied, qui mesure de 7 à 17 cm de hauteur, est blanchâtre, avec à la base une zone grisâtre mouchetée d'écailles brunes. Les lames, blanches et serrées au début, deviennent ensuite brunes puis noires et déliquescentes. La chair, d'abord blanche, vire au noir. Elle est inodore. La sporée est brun-noir.

Habitat et époque d'apparition
Cette espèce commune pousse sur les terrains riches en matière organique, souvent en relation avec du bois ou des racines enterrées. Sa saison va du printemps jusqu'à la fin de l'automne.

Les lames tournent au noir et se liquéfient en vieillissant.

La base du pied porte des écailles brunes.

Ci-contre : *Le coprin atramentaire est une espèce commune qui pousse dans les zones riches en matières pourrissantes, jardins et bois, par exemple.*

CHAMPIGNONS NON COMESTIBLES OU TOXIQUES

Galerina marginata
Galerine (ou galère) marginée

Ce champignon produit le même syndrome que les amanites mortelles, avec une incubation également lente (six à vingt-quatre heures). Compte tenu de sa petite taille, les intoxications graves sont rares. Cette galerine peut être confondue avec la pholiote changeante *(Pholiota mutabilis),* qui dégage une odeur fongique.

Identification
Le chapeau mesure de 3 à 7 cm de diamètre. D'abord très arrondi, il devient convexe puis plan. Il est lisse, de couleur fauve, et pâlit avec l'âge. Sa couleur change avec sa teneur en eau. Les lames adhèrent au pied ; elles sont étroites, jaune pâle ou ocre, avec une arête blanchâtre, puis deviennent rousses (une teinte donnée par les spores). Le pied mesure de 4 à 10 cm. Il est creux, de couleur jaune pâle à brun-gris, strié de blanc et plus sombre vers le bas. La base est légèrement renflée. La chair est ocre dans le chapeau et noirâtre dans le pied. Elle a une forte odeur de farine. La sporée est de couleur brun-orangé, terne.

Habitat et époque d'apparition
La galerine marginée pousse en groupes sur les souches pourrissantes de conifères (en montagne) et de feuillus (en plaine). Sa saison va de la fin du printemps jusqu'à l'automne. La galerine d'automne *(Galerina autumnalis)* est une espèce proche, très commune en Amérique du Nord. Elle est tout aussi toxique.

Ci-dessus : *La galerine d'automne* (Galerina autumnalis) *est la forme américaine de la galerine marginée.*

CHAMPIGNONS NON COMESTIBLES OU TOXIQUES

Hygrophoropsis aurantiaca
FAUSSE GIROLLE

Ni comestible ni réellement toxique, la fausse girolle peut provoquer des troubles gastro-intestinaux.

IDENTIFICATION
Le chapeau mesure de 2 à 8 cm de diamètre. Plat au début, il se creuse ensuite en entonnoir. Sur les grands spécimens, la marge devient très sinueuse et l'espèce ressemble alors un peu à la véritable girolle (*Cantharellus cibarius,* voir p. 46). Toutefois, le chapeau de la fausse girolle est nettement orangé, tandis que celui de la girolle est plutôt jaune. La face inférieure du chapeau porte de véritables lames, et non des veines comme chez la girolle. Orange vif, ces lames sont serrées et décurrentes. La sporée est blanche.

Ci-dessus et ci-contre : *La fausse girolle est commune sous les pins. Le chapeau se creuse rapidement en entonnoir.*

Les lames sont serrées et souvent fourchues.

La marge du chapeau est enroulée chez les jeunes spécimens.

HABITAT ET ÉPOQUE D'APPARITION
On trouve la fausse girolle dans les bois de conifères et dans les landes à bruyère plantées de pins. C'est une espèce très commune, qui pousse en groupes, en été et en automne, souvent très près des véritables girolles.

CHAMPIGNONS NON COMESTIBLES OU TOXIQUES

Hypholoma fasciculare (Nematoloma fasciculare)
HYPHOLOME EN TOUFFES

Ce champignon commun se rencontre presque toute l'année, même en hiver. Il est considéré comme très dangereux.

IDENTIFICATION

Le chapeau mesure de 2 à 9 cm. Il est convexe, avec un léger mamelon. La marge porte souvent, surtout au début, une frange noirâtre faite de résidus floconneux du voile. Le chapeau est jaune vif, avec une zone plus foncée, orangée ou brune, au centre. Le pied est jaune soufre au sommet et jaunâtre orangé à la base. Il mesure de 4 à 10 cm de hauteur. Il est mince et souvent tordu. Les lames sont d'abord jaunes puis virent au verdâtre ou au brun olivâtre. La chair, jaune, montre une tendance à foncer vers la base. Elle possède une odeur faible, un peu iodée. La sporée est pourpre noirâtre.

HABITAT ET ÉPOQUE D'APPARITION

Ce champignon pousse en touffes parfois importantes sur les arbres pourrissants et les souches, dans les forêts de feuillus surtout et de conifères parfois. On le trouve quasiment tout au long de l'année.

Les spores brun pourpre colorent la cortine en brun.

Ci-dessous : *L'hypholome en touffes est l'un des champignons les plus communs sur le bois mort ou pourrissant. Il pousse souvent en touffes imposantes.*

117

CHAMPIGNONS NON COMESTIBLES OU TOXIQUES

Inocybe patouillardii
Inocybe de Patouillard

Presque tous les inocybes sont toxiques, et celui-ci est l'un des plus dangereux. Évitez par conséquent toutes les espèces appartenant à ce groupe de champignons.

IDENTIFICATION
Le chapeau mesure de 3 à 10 cm de diamètre. Il est légèrement conique et mamelonné, comme celui de tous les inocybes, et présente une forme un peu irrégulière. Autre caractéristique de ce groupe de champignons, la marge du chapeau est souvent déchirée. De couleur crème, le chapeau est marqué de fibrilles qui se tachent de rouge au froissement. Le pied présente aussi des fibrilles, il est épais, légèrement bulbeux à la base et mesure de 3 à 10 cm. Les lames sont de couleur rose au début, comme celles du rosé-des-prés, et deviennent brunâtres avec l'âge. La chair, blanche, se tache parfois légèrement de rouge et possède une odeur fruitée devenant terreuse à la fin. La sporée est de couleur brun terne.

HABITAT ET ÉPOQUE D'APPARITION
Cette espèce pousse le long des chemins, dans les bois clairs, notamment près des hêtres, des châtaigniers et des tilleuls, sur sol calcaire. Sa saison s'étend du printemps à la fin de l'automne.

Ci-contre : *Le chapeau et le pied sont couverts de fibrilles qui se tachent de rouge au froissement. L'inocybe de Patouillard affectionne les bois clairs et les sols calcaires.*

CHAMPIGNONS NON COMESTIBLES OU TOXIQUES

Lactarius pubescens
LACTAIRE PUBESCENT

Ci-dessous : Le chapeau est parfois d'un rose blanchâtre pâle. S'il présente une coloration rose franche, il s'agit peut-être d'un lactaire à toison (Lactarius torminosus).

Cette espèce de la vaste famille des lactaires est un puissant émétique qu'il est essentiel de savoir reconnaître, car il peut être confondu avec le lactaire délicieux (*Lactarius deliciosus,* voir p. 64-65). La marge, couverte d'un feutrage laineux bien net, constitue un caractère important d'identification.

IDENTIFICATION

Le chapeau mesure de 4 à 10 cm de diamètre. Il est convexe puis légèrement déprimé, avec une marge nettement enroulée et laineuse. Il est souvent d'une teinte très pâle, pouvant aller du blanchâtre au crème rosé, avec une tendance à s'éclaircir davantage à la lumière du jour. Le pied, rose pâle, mesure de 3 à 6 cm. Les lames sont serrées, également rose léger avec une tendance à foncer avec l'âge. Elles sont décurrentes. La chair est épaisse et blanchâtre mais peut présenter une nuance rosâtre. Elle a une saveur âcre et une odeur faible. Proche du lactaire pubescent et tout aussi indigeste, le lactaire à toison *(Lactarius torminosus)* est d'un rose plus vif. La marge est également laineuse.

HABITAT ET ÉPOQUE D'APPARITION

Très répandu, ce champignon pousse en général près des bouleaux, sur des sols pauvres et sablonneux. La saison du lactaire pubescent s'étend de la fin de l'été jusqu'à la fin de l'automne.

Une fois coupées, les lames laissent sourdre un lait blanc.

Le chapeau est déprimé, en forme d'entonnoir.

119

CHAMPIGNONS NON COMESTIBLES OU TOXIQUES

Paxillus involutus
Paxille enroulé

Ce champignon commun est très toxique. Les toxines qu'il renferme n'ont pour l'instant pas été identifiées, mais elles entraînent des troubles graves. Vu du dessus, le paxille enroulé peut ressembler à un bolet ; il est donc essentiel de bien connaître toutes ses caractéristiques.

Identification
Le chapeau mesure de 5 à 15 cm de diamètre. Tout à fait plat lorsqu'il est jeune, il devient convexe avant de prendre une forme d'entonnoir. Ce paxille doit ses noms latin et français à sa marge très particulière, enroulée. Le chapeau est visqueux par temps de pluie et satiné lorsqu'il fait sec. Le pied peut mesurer jusqu'à 7,5 cm et est de la même couleur que le chapeau. Les lames, étroites et serrées, sont jaunâtres et virent au brun ou au brun-rouge au froissement. Elles descendent le long du pied. La sporée est de couleur ocre.

Habitat et époque d'apparition
Le paxille enroulé pousse le long des sentiers dans les bois de feuillus (sous les bouleaux surtout) et dans les landes à bruyère très acides. Sa saison s'étend de l'été jusqu'à la fin de l'automne.

Ci-dessus : *Sur les chapeaux adultes, la marge est parfois déroulée.*

Ci-dessus : *Sur ce jeune spécimen, la marge du chapeau est très nettement enroulée.*

Les lames, serrées, brunissent au froissement.

Marge enroulée

CHAMPIGNONS NON COMESTIBLES OU TOXIQUES

Russula emetica
RUSSULE ÉMÉTIQUE

Ci-dessous :
La russule émétique pousse sous les conifères (épicéas, pins), dans les zones très humides (marécages, tourbières).

Les champignons appartenant au genre *Russula* sont particulièrement difficiles à identifier : les mycologues s'appuient généralement sur des caractères microscopiques pour les distinguer. Par conséquent, évitez ce groupe de champignons si vous n'êtes pas absolument sûr de vous.

IDENTIFICATION
Le chapeau mesure de 3 à 10 cm de diamètre. Il est d'abord arrondi, puis s'aplatit en conservant une légère dépression au centre. Il est d'un beau rouge vif, mais présente parfois des plages blanches ou très claires. Lorsqu'il est pelé, le chapeau laisse apparaître sous la cuticule une coloration rosée teintant la chair normalement blanche. Le pied est blanc et mesure de 4 à 9 cm. Les lames, blanches ou crème, présentent une tendance à foncer légèrement avec l'âge. La chair est mince, fragile et spongieuse. Elle est blanche, sauf sous le revêtement du chapeau où elle apparaît rose. L'odeur est douce, fruitée, rappelant un peu celle de la noix de coco. La saveur du champignon est affreusement âcre. La sporée est blanchâtre.

HABITAT ET ÉPOQUE D'APPARITION
La russule émétique pousse presque exclusivement sous les conifères, en été et jusqu'à la fin de l'automne.

La cuticule du chapeau, d'un beau rouge, est facilement séparable.

La chair est grenue, fragile et cassante.

Les lames sont espacées.

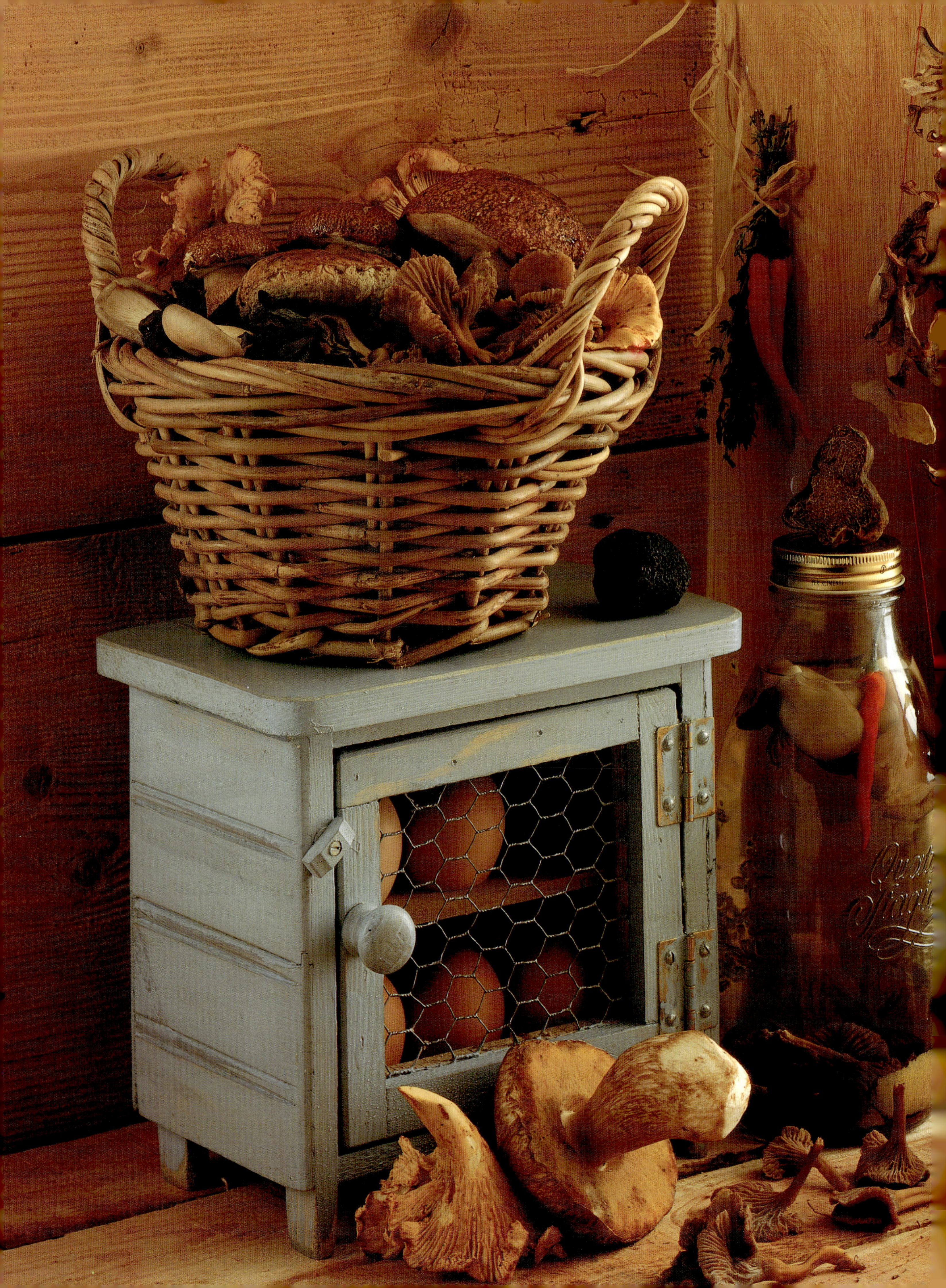

Cuisiner les champignons

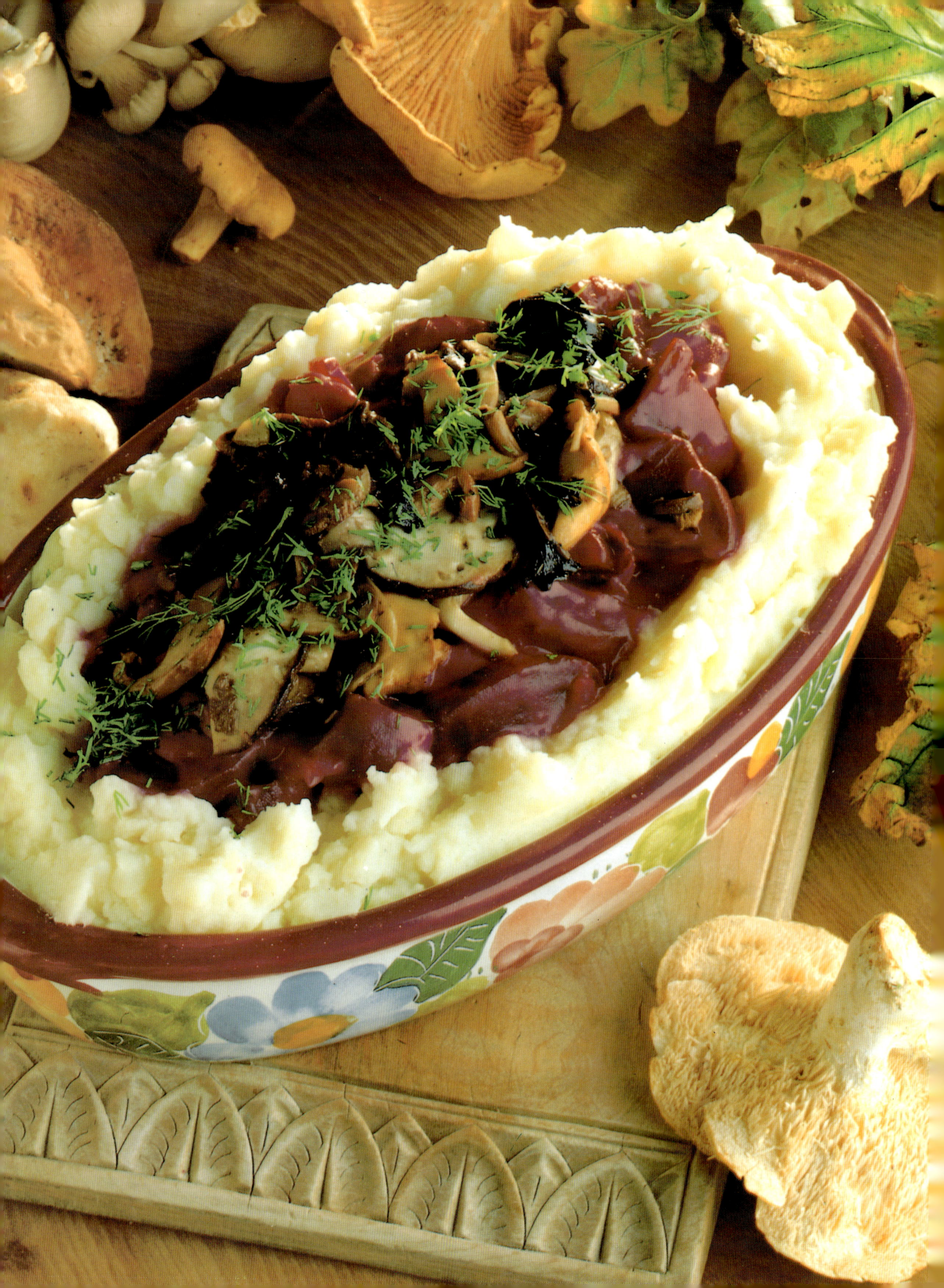

Techniques de base

Les champignons offrent une palette étonnante de goûts, de parfums et de textures, donnant matière à une multitude de préparations culinaires. Les recettes présentées dans cet ouvrage explorent les qualités gustatives de plus de trente champignons, choisis en fonction de leur alliance parfaite avec les autres ingrédients.

Le plaisir de la dégustation est indissociable de celui de la cueillette ; mais, même si la saison des champignons ne se limite pas à l'automne, vous serez inévitablement confronté aux aléas de la récolte. Par ailleurs, il n'est pas toujours possible, surtout si vous habitez en ville, d'arpenter bois et prairies au petit matin pour dénicher le bon champignon ! C'est pourquoi, pour la plupart des recettes proposées, la liste des ingrédients permet de choisir entre plusieurs espèces. Certaines peuvent être achetées, qu'il s'agisse de champignons cultivés (classiques champignons de Paris, mais aussi pleurotes en huître, pleurotes boutons-d'or, shiitake…) ou de champignons de marché (cèpes de Bordeaux, morilles, pieds-de-mouton…) vendus en saison chez les marchands de fruits et légumes.

La conservation des champignons permet, de plus, de profiter toute l'année de cet aliment naturel : vous trouverez des indications concernant les différents modes de conservation (dessiccation, congélation…) dans les pages « Pour conserver les champignons » (voir p. 20), des conseils espèce par espèce dans le chapitre « Champignons comestibles » (voir p. 23), et des recettes dans les pages qui suivent.

Si vous ramassez vous-même vos champignons, respectez scrupuleusement les règles de sécurité : ne prenez que les champignons identifiés avec certitude et ayez toujours à l'esprit cette règle d'or : « Dans le doute, abstiens-toi. »

Apprenez à reconnaître les espèces toxiques telles que l'amanite phalloïde, l'amanite vireuse, l'amanite panthère, qui toutes peuvent être confondues avec l'innocent rosé des prés. Un atlas de poche vous présentant les caractéristiques des champignons les plus courants est indispensable sur le terrain.

La qualité des ingrédients entre pour une bonne part dans la réussite d'un plat. Là encore, il est important de respecter certains principes généraux : ainsi, ne sélectionnez que les spécimens jeunes et sains ; cueillez-les soigneusement, ôtez la base du pied terreux (après avoir identifié l'espèce) et essuyez le champignon avant de le placer dans votre panier. Il est déconseillé de plonger les champignons dans l'eau pour les nettoyer, car ils perdent alors leur saveur et s'imbibent de liquide. La plupart des espèces doivent être consommées (ou préparées pour la conservation) peu de temps après la récolte et, sauf indication contraire (espèces à chair coriace, espèces qui sont toxiques lorsqu'elles sont consommées crues ou insuffisamment cuites), la cuisson ne doit pas excéder 20 minutes. Sachez que les champignons réchauffés ou consommés en trop grandes quantités peuvent se révéler indigestes, surtout s'ils sont cuits dans du beurre.

Toutes les espèces dites comestibles (mille environ) n'ont pas la même valeur gustative, et certaines sont indéniablement meilleures que d'autres : il en est ainsi, par exemple, du cèpe de Bordeaux, du bolet bai, de la morille ou de la girolle. Lorsque vous cuisinez ces champignons, évitez de les mélanger à d'autres espèces pour apprécier pleinement leur goût. De même, si certains champignons gagnent à être enrichis avec des herbes, de l'ail, des échalotes ou des épices, d'autres, à l'arôme délicat, doivent être servis simplement, sans assaisonnement excessif.

Dans les potages, en salade, en garniture de viandes ou de poissons, comme base d'un plat unique ou d'une simple collation, les champignons se prêtent à quantité de variations culinaires, et tout l'art du cuisinier consiste à mettre en valeur leurs saveurs – poivrée, fruitée, anisée ou encore « fongique » – et leur texture – croquante ou tendre – en les associant à d'autres ingrédients. Une truffe râpée ou coupée en lamelles fera merveille avec des œufs, des pommes de terre ou des pâtes. Les volailles et le gibier rôtis ou sautés composeront une alliance subtile avec la girolle, le lactaire délicieux, le pied-de-mouton ou le mousseron de printemps. Pour une pintade et un faisan, vous choisirez la saveur corsée du cèpe de Bordeaux, du bolet bai, de la coulemelle ou du pied-bleu, tandis que des morilles au goût fumé feront ressortir la chair savoureuse du canard. Les polypores soufrés ont une saveur proche de celle du poulet, ils peuvent donc astucieusement le remplacer si l'on veut préparer des plats végétariens. En sauce ou en garniture, les champignons accompagnent volontiers poissons et coquillages. Les poissons plats, comme la sole, la plie et le turbot, se dégustent avec des rosés des prés agrémentés de persil, de thym et de citron ; les poissons à chair grasse et au goût plus prononcé, tels que le saumon, le thon ou la truite, se servent avec des champignons plus goûteux : cèpe de Bordeaux, bolet bai, shiitake, pied-bleu ou pied-violet.

Très simples ou plus sophistiquées, classiques ou inattendues, ces recettes vous permettent d'enrichir votre répertoire culinaire à partir d'un aliment naturel d'une remarquable diversité. Après avoir appris à mieux connaître les champignons sauvages, découvrez dans les pages qui suivent les meilleures façons de les déguster.

CUISINER LES CHAMPIGNONS

Les saveurs des champignons

Amanita caesarea
**Amanite des Césars
(variété américaine)**

Armillaria mellea
Armillaire de miel

Boletus edulis
Cèpe de Bordeaux

Cantharellus cibarius
Girolle ou chanterelle

Calocybe gambosa
Mousseron de printemps (ou tricholome de la Saint-Georges)

Agaricus campestris, Agaricus bisporus
Rosé des prés (ou agaric champêtre) et agaric à deux spores

Boletus badius (Xerocomus)
Bolet bai

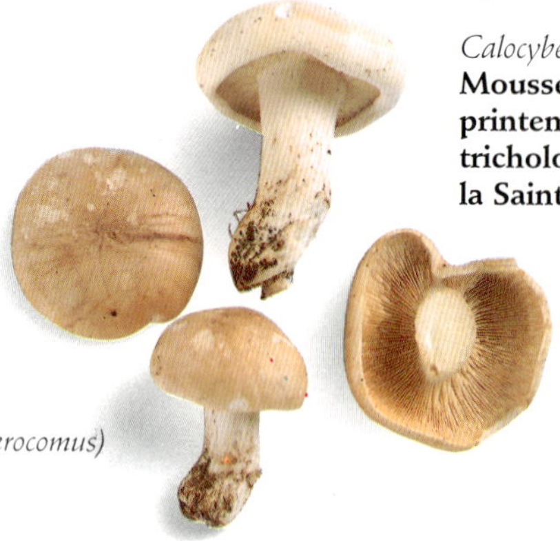

La plupart des champignons figurant ici sont présentés dans le chapitre « Les champignons comestibles », mais vous trouverez aussi de nouvelles espèces, dont trois variétés cultivées : l'enokitake, le shiitake et le pleurote bouton-d'or, que vous pouvez acheter en toute saison dans le commerce.

Agaricus campestris, Agaricus bisporus
Rosé des prés (ou agaric champêtre) et agaric à deux spores
Qu'ils soient ouverts ou fermés, ces deux champignons se retrouvent dans la cuisine de tous les jours. Ils sont particulièrement savoureux crus, en salade. L'agaric à deux spores est la forme sauvage du champignon de Paris.

Amanita caesarea
Amanite des Césars (variété américaine)
L'amanite des Césars, appréciée pour sa saveur rappelant un peu celle de la châtaigne, a une belle couleur rouge-orangé. Les jeunes spécimens en bon état sont délicieux crus, en salade.

Armillaria mellea
Armillaire de miel
Consommé sans problème par certaines personnes, l'armillaire de miel provoque des intoxications sévères chez d'autres. Il vaut donc mieux l'éviter.

Boletus badius (Xerocomus)
Bolet bai
Proche du cèpe de Bordeaux, ce bolet est excellent. Les jeunes spécimens sont de loin les meilleurs. Crus, ils apportent une saveur agréable aux salades ; cuits, ils doivent être cuisinés simplement pour garder tout leur arôme.

Boletus edulis
Cèpe de Bordeaux
Les meilleurs sont les petits spécimens bien fermes, dont la saveur rappelle celle du beurre doux, surtout lorsqu'ils sont consommés crus. Les plus gros sujets seront de préférence cuits. Le cèpe d'été, ou réticulé *(Boletus aestivalis)*, le bolet tête-de-nègre *(Boletus aereus)* et le bolet des pins *(Boletus pinophilus)* gagnent également à être goûtés.

Calocybe gambosa
Mousseron de printemps ou tricholome de la Saint-Georges
Ce champignon dégage un subtil parfum de noisette lorsqu'il est cuit. On peut aussi le consommer cru, agrémenté d'huile d'olive, d'ail et de ciboulette, par exemple.

Cantharellus cibarius
Girolle ou chanterelle
Ce beau champignon jaune-orangé exhale un délicieux parfum d'abricot sec. Une cuisson lente préserve sa couleur et son parfum. Apprenez à bien le différencier de la fausse girolle.

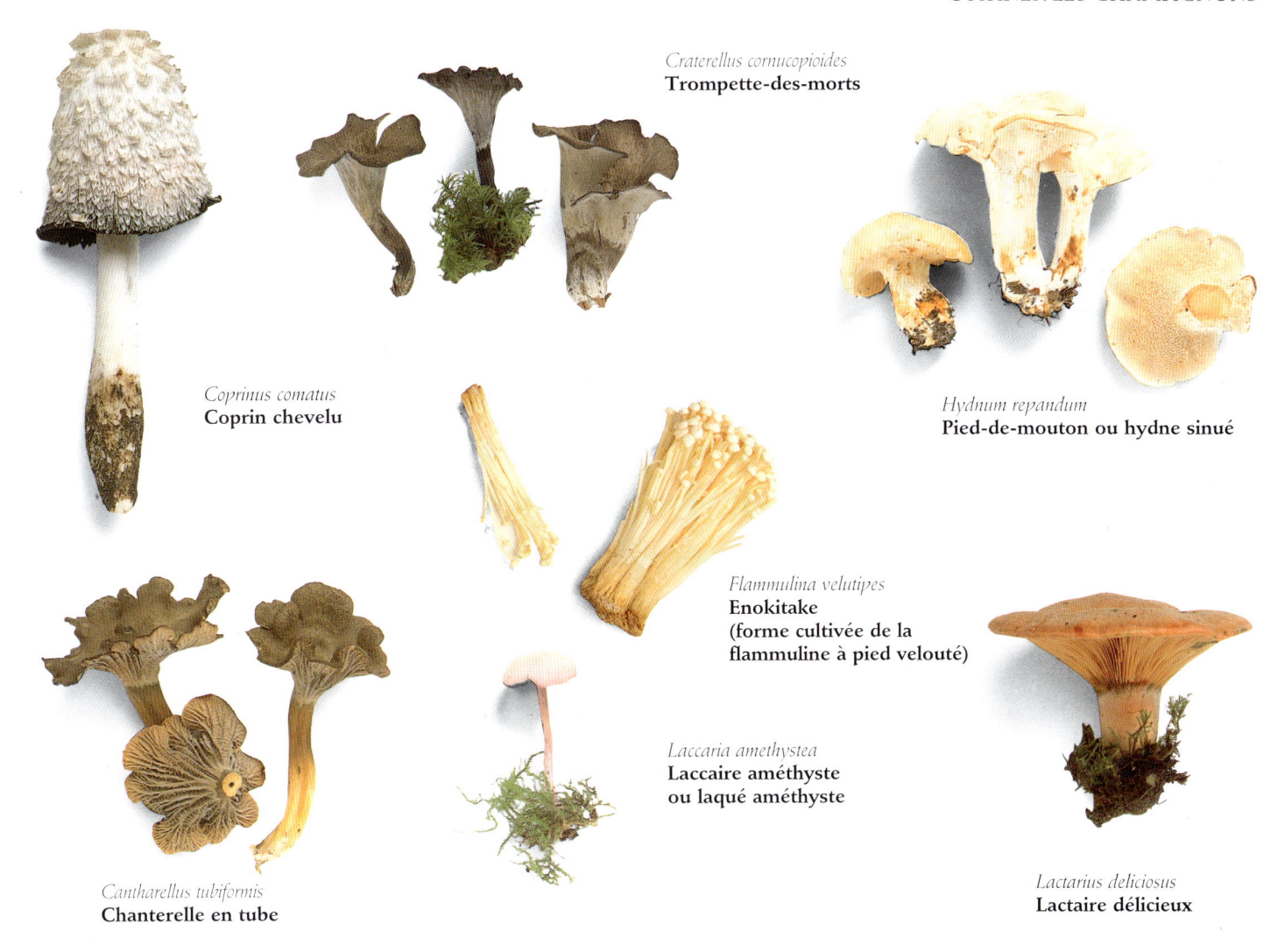

CUISINER LES CHAMPIGNONS

Craterellus cornucopioides
Trompette-des-morts

Coprinus comatus
Coprin chevelu

Hydnum repandum
Pied-de-mouton ou hydne sinué

Flammulina velutipes
**Enokitake
(forme cultivée de la
flammuline à pied velouté)**

Laccaria amethystea
**Laccaire améthyste
ou laqué améthyste**

Cantharellus tubiformis
Chanterelle en tube

Lactarius deliciosus
Lactaire délicieux

Cantharellus tubiformis
Chanterelle en tube
Ce champignon à la riche senteur de forêt et de mousse se marie bien à d'autres espèces. Nettoyez le pied et faites cuire les champignons entiers.

Coprinus comatus
Coprin chevelu
Le coprin chevelu a une saveur délicate, proche de celle du rosé des prés. Ne récoltez que les jeunes spécimens tout blancs, sans trace de noircissement ou de déliquescence sur la marge. Ne confondez pas coprins chevelus et coprins noir d'encre, car ces derniers déclenchent des troubles pénibles (généralement sans grande gravité) s'ils sont consommés en même temps que de l'alcool.

Craterellus cornucopioides
Trompette-des-morts
La trompette-des-morts a un agréable parfum d'humus qui fait merveille dans les potages ou les ragoûts. Sa coloration d'un beau noir de jais ne teinte pas le plat même après une longue cuisson.

Flammulina velutipes
Enokitake (forme cultivée de la flammuline à pied velouté)
Ce champignon au très long pied et au chapeau en forme de tête d'épingle est cultivé au Japon. Il a une saveur légèrement poivrée et un parfum de citron. On peut le consommer cru, en salade, ou cuit dans un bouillon clair. Peu répandu en France, l'enokitake se trouve dans certaines épiceries asiatiques.

Hydnum repandum
Pied-de-mouton ou hydne sinué
Les tout jeunes pieds-de-mouton, à la saveur poivrée rappelant un peu celle du cresson, peuvent être consommés crus, en salade. Les spécimens adultes sont parfois amers : il est recommandé de les blanchir rapidement pour éliminer cette amertume, puis de les égoutter avant de les cuire au beurre avec des fines herbes, par exemple.

Laccaria amethystea
Laccaire améthyste ou laqué améthyste
Proche du laccaire laqué, ce champignon d'un joli violet est doux au palais. Excellent dans une omelette, il apporte en outre une note colorée originale lorsqu'on le mélange à d'autres champignons plus pâles.

Lactarius deliciosus
Lactaire délicieux
D'une belle couleur orange, le lactaire délicieux a une texture ferme, mais un goût un peu fade. Le pied (en général creux) et le chapeau des spécimens adultes abritent souvent des larves d'insectes. Contrôlez donc soigneusement vos spécimens avant de les cuisiner ; ne sélectionnez que ceux qui sont sains.

CUISINER LES CHAMPIGNONS

Laetiporus sulfureus
Polypore soufré

Langermannia gigantea
Vesse-de-loup géante

Leccinum versipelle, Leccinum quercinum, Leccinum aurantiacum,
Bolet orange terne, bolet des chênes, bolet orangé

Marasmius oreades
Marasme des oréades

Macrolepiota rhacodes
Lépiote déguenillée

Lentinus edodes
Shiitake

Lepista nuda
Pied-bleu

Lepista saeva
Pied-violet

Morchella esculenta, vulgaris et *elata*
Morilles grise, commune et élevée

Laetiporus sulfureus
Polypore soufré
Le polypore soufré a une saveur et une texture étonnantes, qui rappellent celles du poulet. Sélectionnez les spécimens jeunes, pour éviter d'avoir une chair dure.

Langermannia gigantea
Vesse-de-loup géante
Ne récoltez que les jeunes spécimens. La chair devient en effet rapidement spongieuse, cotonneuse, avant de se transformer en une poudre brune. Coupée en tranches, la vesse-de-loup géante se consomme mélangée à d'autres champignons ou bien en omelette.

Leccinum versipelle, Leccinum quercinum, Leccinum aurantiacum
Bolet orange terne, bolet des chênes, bolet orangé
Ces trois bolets, très proches, se caractérisent par un chapeau roux-orangé et un pied allongé marqué de taches roussâtres, grises, noirâtres ou même noires. Leur chair a tendance à ramollir et à noircir à la cuisson. Vous les utiliserez surtout en potage ou en ragoût.

Lentinus edodes
Shiitake
Originaire d'Extrême-Orient, ce champignon est aujourd'hui cultivé en France et se trouve en toute saison sur les marchés. Sa chair ferme, à l'odeur légèrement alliacée, a une saveur et une consistance agréables.

Lepista nuda et *Lepista saeva*
Pied-bleu et pied-violet
Ces deux champignons ont une fragrance à la fois anisée et fruitée qui se marie bien au gibier et au fromage.

Macrolepiota rhacodes
Lépiote déguenillée
Ce champignon proche de la coulemelle se prépare de multiples façons : en beignet, avec des œufs ou simplement sauté avec des fines herbes. Les pieds, coriaces, ne se consomment pas. Cette espèce provoque parfois de légers troubles digestifs : évitez par conséquent d'en servir si vous recevez.

Marasmius oreades
Marasme des oréades
Le marasme des oréades a une bonne odeur de foin coupé. On le savourera juste cuit au beurre. Ne le confondez pas avec le dangereux clitocybe du bord des routes *(Clitocybe rivulosa),* qui pousse aux mêmes endroits.

Morchella esculenta, vulgaris et *elata*
Morilles grise, commune et élevée
Fraîches et même séchées, les morilles sont très appréciées pour leur senteur où se mêlent odeurs de tabac, de bois de chêne et de soufre. Elles accompagnent à merveille les œufs, la viande de bœuf et le gibier.

CUISINER LES CHAMPIGNONS

Pleurotus ostreatus
Pleurote en huître

Pleurotus citrinopileatus
Pleurote bouton-d'or

Suillus luteus
Nonette voilée ou bolet jaune

Tuber magnatum
Truffe blanche du Piémont

Russula cyanoxantha
Russule charbonnière

Sparassis crispa
Sparassis crépu

Tuber aestivum
Truffe d'été

Pleurotus citrinopileatus
Pleurote bouton-d'or
Ce beau champignon de culture se trouve aujourd'hui couramment sur les marchés. Son goût est très discret, et sa coloration disparaît à la cuisson.

Pleurotus ostreatus
Pleurote en huître
Sauvage ou cultivé, le pleurote en huître n'a pas une saveur très développée et se consomme surtout mélangé à d'autres champignons plus goûteux. Récoltez les spécimens jeunes et ôtez les pieds, souvent coriaces (vous pouvez les utiliser pour faire un hachis).

Russula cyanoxantha
Russule charbonnière
Ce très bon champignon appartient au genre *Russula*, un groupe étendu au sein duquel les identifications sont difficiles. Comme certaines espèces sont indigestes, voire toxiques, il est essentiel de contrôler la récolte avec soin. Les russules charbonnières ont une saveur douce et une consistance légèrement croquante. Elles sont excellentes en gratin, mélangées à du riz, avec du gruyère râpé et du jambon haché.

Sparassis crispa
Sparassis crépu
Cet étrange champignon à la texture croquante doit être consommé jeune, car la chair des spécimens âgés devient coriace et désagréable. Cru, il a une curieuse senteur de latex et d'ammoniac qui disparaît après une brève cuisson. Il se déguste froid en salade, après avoir été blanchi, ou chaud en beignet, mélangé à d'autres champignons ou à des plats mitonnés.

Suillus luteus
Nonette voilée ou bolet jaune
Le chapeau de la nonette voilée est recouvert d'une pellicule visqueuse, il faut donc le peler avant consommation. Cette espèce a tendance à ramollir à la cuisson et, de ce fait, se consomme surtout en potage et en sauce.

Tuber aestivum
Truffe d'été
La truffe d'été est beaucoup moins parfumée que la truffe noire (truffe du Périgord). Pour compenser sa saveur un peu terne, pelez-la, coupez-la en lamelles et ajoutez quelques gouttes d'huile de truffe noire.

Tuber magnatum
Truffe blanche du Piémont
Cette truffe est la plus rare et la plus chère de toutes. On la rencontre surtout dans le nord de l'Italie. Si vous avez la chance de découvrir une truffe blanche, frottez-la à la brosse et découpez quelques « copeaux » tout simplement au-dessus d'un plat déjà cuit, juste avant de le servir. Le parfum de la truffe blanche se perd à la cuisson.

CUISINER LES CHAMPIGNONS

COMMENT FAIRE SÉCHER LES CHAMPIGNONS

La dessiccation des champignons augmente leur saveur et leur arôme. Ainsi, le cèpe de Bordeaux développe une saveur riche rappelant celle de la viande de bœuf ; le bolet bai est plus doux, avec un arôme moins complexe ; de la morille émane une odeur évoquant le bœuf, avec un goût presque fumé, tandis que les marasmes des oréades sont légèrement sucrés. Le sparassis crépu a une forte odeur vinaigrée qui disparaît à la cuisson. Le lactaire délicieux et la girolle ont une riche saveur de fruit, alors que la trompette-des-morts rappelle la sombre senteur des bois. Bien secs, les champignons peuvent se conserver tout l'hiver dans des bocaux à fermeture hermétique. Riches en éléments nutritifs, ils apportent de merveilleuses saveurs aux potages et aux plats en sauce.

1 Essuyez les champignons avec un chiffon propre et humide, mais évitez de les laver. Retirez les parties abîmées, puis coupez les champignons en lamelles. Ôtez les pieds s'ils sont fibreux (coulemelle, par exemple).

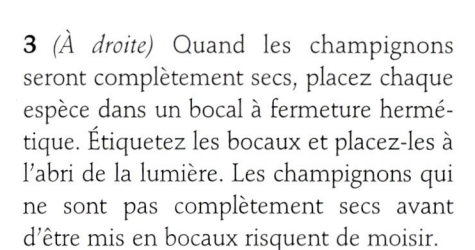

2 Disposez les champignons sur un plateau en osier, ou sur une plaque de four recouverte de plusieurs couches de papier journal et d'une couche de papier sulfurisé. Laissez reposer 2 jours dans une pièce chaude et ventilée. Pour les faire sécher plus rapidement, préchauffez le four à 80 °C (therm. 1). Enfournez les champignons en laissant la porte entrouverte et laissez-les sécher pendant 2 heures. Vous pouvez aussi utiliser un séchoir ménager.

3 *(À droite)* Quand les champignons seront complètement secs, placez chaque espèce dans un bocal à fermeture hermétique. Étiquetez les bocaux et placez-les à l'abri de la lumière. Les champignons qui ne sont pas complètement secs avant d'être mis en bocaux risquent de moisir.

CHAMPIGNONS EN POUDRE

Une fois réduits en poudre, les champignons secs ne perdent rien de leur saveur aromatique et parfument agréablement les soupes de légumes ou les plats en sauce.
Le lactaire camphré au goût de curry ou le clitocybe odorant à la saveur anisée remplacent avantageusement les épices dans quantité de préparations. De nombreux bolets, les rosés des prés, les agarics des jachères, les marasmes des oréades ou les trompettes-des-morts sont également excellents en poudre.

COMMENT RÉHYDRATER DES CHAMPIGNONS

Pour réhydrater des champignons secs, il faut les faire tremper 20 minutes dans de l'eau tiède – l'eau bouillante les ferait durcir. On peut conserver cette eau pour en faire la base d'une sauce ou d'un bouillon.

1 Utilisez un mixeur ou éventuellement un moulin à café nettoyé avec un chiffon sec. Placez les champignons séchés à l'intérieur et réduisez-les en poudre fine.

2 Versez la poudre dans un récipient en verre à fermeture hermétique. Utilisez cette poudre à faible dose.

1 Placez les champignons dans un bol. Recouvrez-les d'eau tiède et laissez-les tremper 20 minutes.

CUISINER LES CHAMPIGNONS

CONSERVATION DANS LE SEL

Cette technique traditionnelle consiste à recouvrir les champignons de couches de sel pour empêcher le développement de bactéries. Le sel absorbe l'humidité et se transforme en saumure. Au moment d'utiliser vos champignons, faites-les tremper dans de l'eau froide pour les dessaler. Ils accompagneront à merveille une viande braisée, du veau ou du bœuf, par exemple. Cette méthode de conservation convient notamment aux pieds-de-mouton, aux pleurotes en huître, aux bolets bais, aux chanterelles en tube, aux lactaires délicieux, aux trompettes-des-morts, aux pieds-violets et aux pieds-bleus.

La proportion sel-champignons est de 1 pour 3.

1 *(À droite)* Essuyez les champignons avec un chiffon propre et humide, enlevez les parties abîmées et vérifiez qu'il ne reste pas de terre ou de parasites. Couvrez le fond d'un bocal en verre de gros sel, puis ajoutez une couche de champignons. Alternez les couches de sel et les couches de champignons jusqu'à ce que le bocal soit plein.

2 Au bout de 3 à 4 heures, le volume des champignons diminue, car le sel absorbe leur humidité. Vous pouvez alors ajouter de nouvelles couches de sel et de champignons, en terminant par une couche de sel. Placés dans un endroit frais, les champignons peuvent se conserver ainsi pendant 1 an.

CONGÉLATION

La congélation permet une conservation rapide et efficace des champignons. Choisissez les espèces les plus fermes, telles que les shiitake, les pieds-violets et les pieds-bleus, les trompettes-des-morts, les girolles, les rosés des prés et les agarics des jachères. Pour décongeler les champignons, plongez-les quelques instants dans de l'eau bouillante. Cuisinez-les ensuite. Si vous choisissez des espèces à chair molle, il est conseillé de les cuisiner avant de les congeler.

1 Nettoyez les champignons et vérifiez qu'il ne reste ni terre ni parasites. Portez à ébullition une casserole d'eau salée, jetez les champignons dans l'eau bouillante et laissez frémir pendant 1 minute.

2 Après avoir bien égoutté les champignons, disposez-les sur un plateau recouvert de papier sulfurisé et faites-les congeler pendant 30 à 40 minutes. Mettez-les dans des sacs de congélation, étiquetez et rangez au congélateur. Consommez dans les six mois.

CUISINER LES CHAMPIGNONS

BEURRE DE CHAMPIGNONS

Une des meilleures méthodes de conservation consiste à mettre les champignons dans du beurre. Des espèces délicieuses, comme le bolet bai et le cèpe de Bordeaux, gardent ainsi toute leur saveur. Ce mode de stockage convient également très bien aux morilles, aux girolles, aux lactaires délicieux, aux amanites des Césars. Si vous avez quelques truffes fraîches, vous pouvez les peler, les couper en lamelles et les recouvrir de beurre. Le beurre de champignons est délicieux sur de la viande ou du poisson grillés. C'est également un bon assaisonnement pour les pâtes ou les potages.

POUR 300 G DE BEURRE DE CHAMPIGNONS ENVIRON

450 g de champignons
175 g de beurre
15 g de truffes fraîches noires ou blanches pelées et coupées en lamelles, ou 3 gouttes d'essence de truffe (facultatif)

1 Vérifiez qu'il ne reste ni terre ni parasites dans les champignons. Enlevez les parties abîmées, coupez en lamelles. Faites fondre 50 g de beurre dans une poêle ; ajoutez les champignons, faites réduire à feu doux, puis laissez mijoter 2 à 3 minutes.

2 Laissez refroidir. Ajoutez les truffes ou l'essence de truffe aux champignons, mélangez au reste de beurre et versez le tout sur une feuille de papier sulfurisé.

3 *(À droite)* Roulez en forme de cigare, fermez comme une papillote, étiquetez. Le beurre se conserve 10 jours au réfrigérateur et 8 semaines au congélateur.

DUXELLES

On attribue cette recette à La Varenne, qui l'aurait préparée pour le marquis d'Huxelles au XVIIe siècle. Ce mélange de champignons, d'échalotes et d'oignon émincés, revenus au beurre, entre dans la composition de nombreuses recettes : potages, sauces, farces et gratins. La duxelles peut se faire à partir de champignons de cueillette ou de champignons de Paris. On peut la conserver au réfrigérateur (10 jours) ou la congeler (8 semaines). Si vous choisissez la congélation, formez de petits cubes de duxelles dans votre compartiment à glaçons : vous pourrez ainsi prélever facilement la quantité nécessaire à chacune de vos recettes.

POUR 200 G DE DUXELLES ENVIRON

30 g de beurre
2 échalotes et 1 oignon émincés
300 g de champignons nettoyés et hachés finement
Sel et poivre du moulin
1 c. à café de persil plat haché

1 Faites fondre à feu doux le beurre dans une grande poêle, jetez-y les échalotes, l'oignon et les champignons. Faites revenir 2 à 3 minutes sans laisser colorer.

2 *(À droite)* Laissez mijoter doucement jusqu'à ce que les champignons rendent leur eau, puis augmentez le feu pour faire évaporer celle-ci. Ajoutez le persil. Quand la préparation est assez réduite, assaisonnez avec le sel et le poivre si vous la consommez le jour même. Sinon, laissez-la refroidir avant de la mettre au réfrigérateur ou de la congeler.

CUISINER LES CHAMPIGNONS

Purée de champignons

La purée de champignons se fait à partir d'une duxelles réduite en purée. On l'utilise pour enrichir le goût des potages et des sauces, mais elle peut également accompagner un plat de viande ou de gibier. Comme la duxelles, la purée de champignons se congèle facilement sous forme de cubes.

1 Préparez une duxelles (voir p. 132). Passez-la au mixeur. La purée doit être bien lisse. Laissez refroidir.

2 Versez-la dans un bocal à fermeture hermétique. Elle se conserve 10 jours au réfrigérateur, 8 semaines au congélateur.

Extrait de champignons

Les champignons les plus fins et les plus savoureux doivent, si possible, être conservés entiers ou coupés en lamelles. Cependant, des espèces plus communes, telles que les rosés des prés, les agarics des jachères ou les coulemelles, peuvent apporter leur saveur et leur couleur aux extraits. Comme pour toutes les autres recettes, assurez-vous que vos champignons sont comestibles : une seule espèce toxique contaminerait toute la préparation. Vérifiez soigneusement qu'ils sont en bon état et n'ont pas de parasites, car toute détérioration peut entraîner une fermentation. Les extraits de champignons se conservent au réfrigérateur dans un récipient à fermeture hermétique pendant 8 à 10 semaines. On peut les utiliser pour relever le goût des soupes et potages d'hiver, des ragoûts et des plats de gibier.

450 g de champignons : rosés des prés, agarics des jachères, coulemelles, coprins chevelus, bolets orange terne, bolets jaunes, chanterelles en tube, nettoyés et grossièrement hachés
2 dl de vin rouge
4 c. à café de sauce soja
1 c. à café de sel
1 branche de thym

1 Mettez tous les ingrédients dans une grande casserole avec 3 dl d'eau. Portez à ébullition et laissez mijoter sans couvrir pendant 45 minutes.

2 Pressez les champignons dans un tamis, en recueillant le plus de liquide possible dans la casserole. Portez l'extrait à ébullition et faites réduire de moitié.

3 *(À gauche)* Stérilisez un récipient (bocal ou bouteille) en le plongeant quelques minutes dans l'eau bouillante. Égouttez puis versez l'extrait de champignons ; couvrez et laissez refroidir. Étiquetez, placez au réfrigérateur. L'extrait de champignons peut aussi être congelé sous forme de cubes.

CUISINER LES CHAMPIGNONS

CHAMPIGNONS AU VINAIGRE

Le principe de ce type de conservation est d'éviter le développement de bactéries en plongeant les champignons dans le vinaigre. Celui-ci peut être aromatisé et dilué, ce qui atténue son goût prononcé. Cette recette convient tout particulièrement aux shiitake, mais vous pouvez utiliser d'autres champignons à chair ferme et ajouter des épices. Au moment de servir, assaisonnez les champignons d'un filet d'huile d'olive pour équilibrer leur goût. Servez à l'apéritif ou pour un buffet.

25 cl de vinaigre de vin blanc
1 c. à café de sel
1 piment rouge
2 c. à café de graines de coriandre
2 c. à café de poivre du Sichuan ou de poivre anisé
250 g de shiitake coupés en morceaux s'ils sont gros

1 Faites frémir le vinaigre de vin avec 15 cl d'eau dans une casserole. Ajoutez le sel, le piment, la coriandre, le poivre et les champignons. Laissez cuire 10 minutes.

2 Stérilisez un bocal de 50 cl en le plongeant dans l'eau bouillante. Égouttez-le jusqu'à ce qu'il soit sec. Mettez les champignons dedans et versez le liquide ; fermez hermétiquement. Attendez 10 jours avant de consommer.

VODKA AUX GIROLLES

Cet alcool au goût neutre met en valeur la saveur abricotée des girolles. Faites macérer vos champignons dans l'alcool et servez très frais, en apéritif.

35 cl de vodka
75 g de jeunes girolles nettoyées

1 Placez les girolles dans un bocal à fermeture hermétique.

2 Versez la vodka, fermez et laissez reposer à température ambiante. La vodka aux girolles est prête quand les champignons tombent au fond du bocal.

CUISINER LES CHAMPIGNONS

Conservation dans l'huile

Cette méthode de conservation est idéale pour les champignons à chair ferme. L'huile prend en outre une saveur délicieuse et peut servir par la suite à assaisonner certaines salades de façon originale.

25 cl de vinaigre de vin blanc
1 c. à café de sel
1 branche de thym
1/2 feuille de laurier
1 piment rouge (facultatif)
500 g de champignons : jeunes bolets, girolles, lactaires délicieux, trompettes-des-morts, nettoyés et coupés en morceaux s'ils sont gros
40 cl d'huile d'olive extravierge

1 Faites frémir le vinaigre et 15 cl d'eau dans une casserole. Ajoutez le sel, le thym, le laurier et éventuellement le piment. Laissez infuser 15 minutes. Jetez les champignons dans le liquide et faites mijoter 10 minutes.

3 *(À droite)* Recouvrez les champignons d'huile, fermez hermétiquement le bocal et étiquetez. Les champignons à l'huile se conservent 1 an dans un endroit frais.

2 Stérilisez un bocal de 50 cl en le plongeant dans l'eau bouillante. Égouttez-le jusqu'à ce qu'il soit bien sec. Sortez les champignons du liquide de cuisson, égouttez-les soigneusement et mettez-les dans le bocal.

Champignons épicés conservés dans l'alcool

Les chanterelles en tube et les pleurotes en huître, assaisonnés de graines de cumin, de citron, de piment rouge et macérés dans de la vodka, donnent une boisson originale et chaleureuse.

75 g de chanterelles en tube et de pleurotes en huître
1 c. à café de graines de cumin
1 citron
1 piment rouge
40 cl de vodka

1 Mettez les champignons, avec les graines de cumin, le citron et le piment rouge, dans un bocal en verre ou dans une bouteille.

2 Versez la vodka et laissez macérer 2 à 3 semaines, jusqu'à ce que les champignons tombent au fond du bocal. Servez glacé, en apéritif.

135

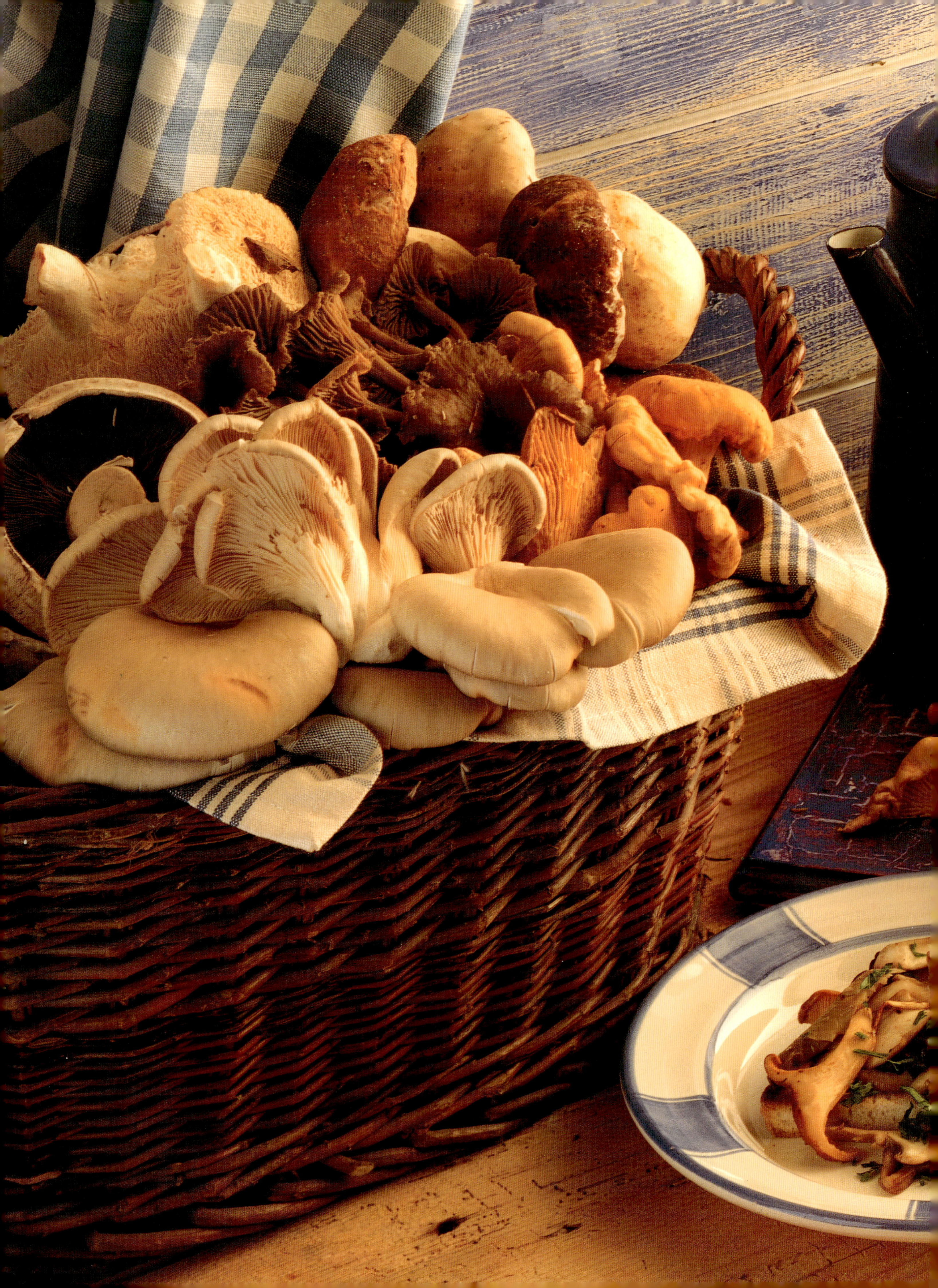

BRUNCHS

BRUNCHS

Pilaf de girolles et de pleurotes en huître

Ce délicieux pilaf associe la riche saveur boisée des pleurotes en huître et des girolles à celle des œufs, du riz et du curry.

POUR 4 PERSONNES

250 g de beurre

1 oignon moyen émincé

400 g de riz long

1 petite carotte émincée

1 l de bouillon de poule ou de légumes

1 pincée de safran

250 g de girolles et de pleurotes en huître, nettoyés et coupés en deux

2 pommes de terre moyennes râpées

45 cl de lait

1/2 cube de bouillon de poule ou de légumes

1 c. à café de curry

4 œufs

4 c. à soupe de persil frais ciselé

1 Mettez le beurre à fondre dans une grande casserole, puis faites revenir l'oignon à feu doux.

2 Versez la moitié de l'oignon dans une casserole de taille moyenne. Ajoutez le riz, la carotte et le bouillon dans la grande casserole ; assaisonnez d'une pincée de safran, mélangez et faites mijoter pendant 15 minutes. Retirez la casserole du feu, couvrez et laissez reposer 5 minutes.

3 Mettez les champignons dans la casserole contenant le reste de l'oignon et faites étuver à feu doux pendant quelques minutes. Ajoutez les pommes de terre râpées, le lait, le demi-cube de bouillon et le curry, puis laissez mijoter pendant 15 minutes, jusqu'à ce que les pommes de terre aient épaissi cette sauce.

4 Plongez les œufs dans une casserole d'eau bouillante et laissez-les cuire 10 minutes. Passez-les sous l'eau froide, écalez-les et coupez-les en quatre.

5 Mettez le riz dans un plat de service préchauffé. Versez les champignons et la sauce au milieu, puis garnissez d'œufs durs et de persil.

Le conseil du chef

Dans un plat couvert, le pilaf peut rester chaud sans s'altérer pendant 2 heures.

Le conseil du chef

La viande ou le poisson qui accompagnent les pilafs traditionnels sont remplacés dans cette recette par des champignons. Parmi les nombreuses variétés de riz disponibles sur le marché, choisissez un riz long qui reste ferme à la cuisson.

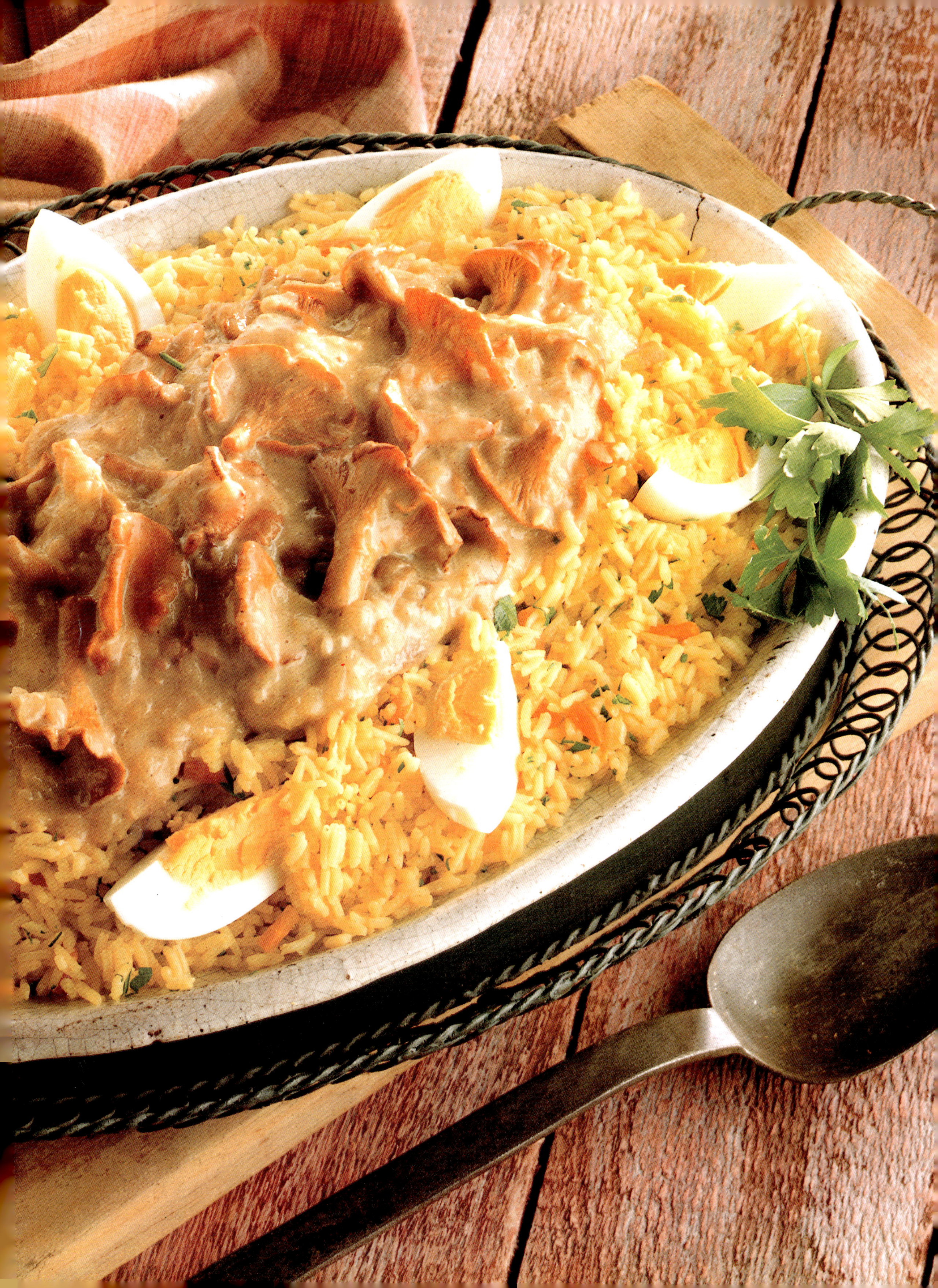

BRUNCHS

Muffins aux girolles et aux abricots

Respirez le parfum d'une girolle et vous penserez aussitôt à celui de l'abricot. Pour mettre cette association en valeur, voici une recette de petits pains anglais, les muffins, parfumés aux girolles, aux abricots secs et aux pignons.

<u>Pour 12 muffins</u>
175 g de farine
1/2 sachet de levure
1 pincée de sel
15 g d'abricots secs coupés en morceaux
75 g de girolles nettoyées et coupées en morceaux
1 c. à café de thym
1 œuf
50 g de beurre fondu
12 cl de lait
25 g de pignons ou d'amandes effilées
Beurre pour tartiner

1 Préchauffez le four à 220 °C (therm. 7). Huilez des moules à muffins ou, à défaut, une plaque de four.

2 Mélangez la farine, la levure et le sel dans un saladier, ajoutez les abricots, les champignons, le thym, l'œuf, le beurre et le lait. Amalgamez bien les ingrédients pour obtenir une pâte épaisse.

3 Disposez la pâte en petits tas dans les moules (remplis aux deux tiers) ou sur la plaque. Décorez avec les pignons et faites cuire 12 minutes dans la partie supérieure du four, jusqu'à ce que la pâte soit bien dorée. Servez les muffins tout chauds. Ils seront encore meilleurs coupés en deux et beurrés.

Poêlée de champignons au bacon

Cette recette, rapide à réaliser et nourrissante, est idéale après une matinée de cueillette.

<u>Pour 4 personnes</u>
75 g de graisse d'oie ou de saindoux
350 g de bacon non fumé
450 g de saucisses
350 g de champignons
  CLAIRS : **pleurotes en huître, coulemelles, pieds-de-mouton, mousserons de printemps, amanites des Césars, cèpes de Bordeaux, girolles, polypores soufrés, rosés des prés**
  FONCÉS : **coprins chevelus, trompettes-des-morts, bolets orange terne**
1 branche de thym
Sel et poivre du moulin
4 œufs
4 tranches de pain de seigle ou de pain de mie
Beurre pour tartiner

1 Préchauffez le four à 150 °C (therm. 3). Mettez à fondre 25 g de graisse dans une poêle et faites frire le bacon et les saucisses. Versez le tout dans un plat de service et gardez au chaud.

Le conseil du chef
Faites cuire séparément les champignons clairs et les champignons foncés (ou ceux qui noircissent à la cuisson).

2 Nettoyez les champignons et coupez-les si nécessaire. Faites-les revenir dans la graisse avec le thym pendant 2 à 3 minutes. Salez, poivrez, versez dans une assiette et gardez au chaud.

3 Mettez à fondre le reste de la graisse d'oie dans la poêle pour y frire les œufs. Pendant ce temps, faites griller le pain et beurrez-le. Servez les œufs avec les champignons, les saucisses et le bacon.

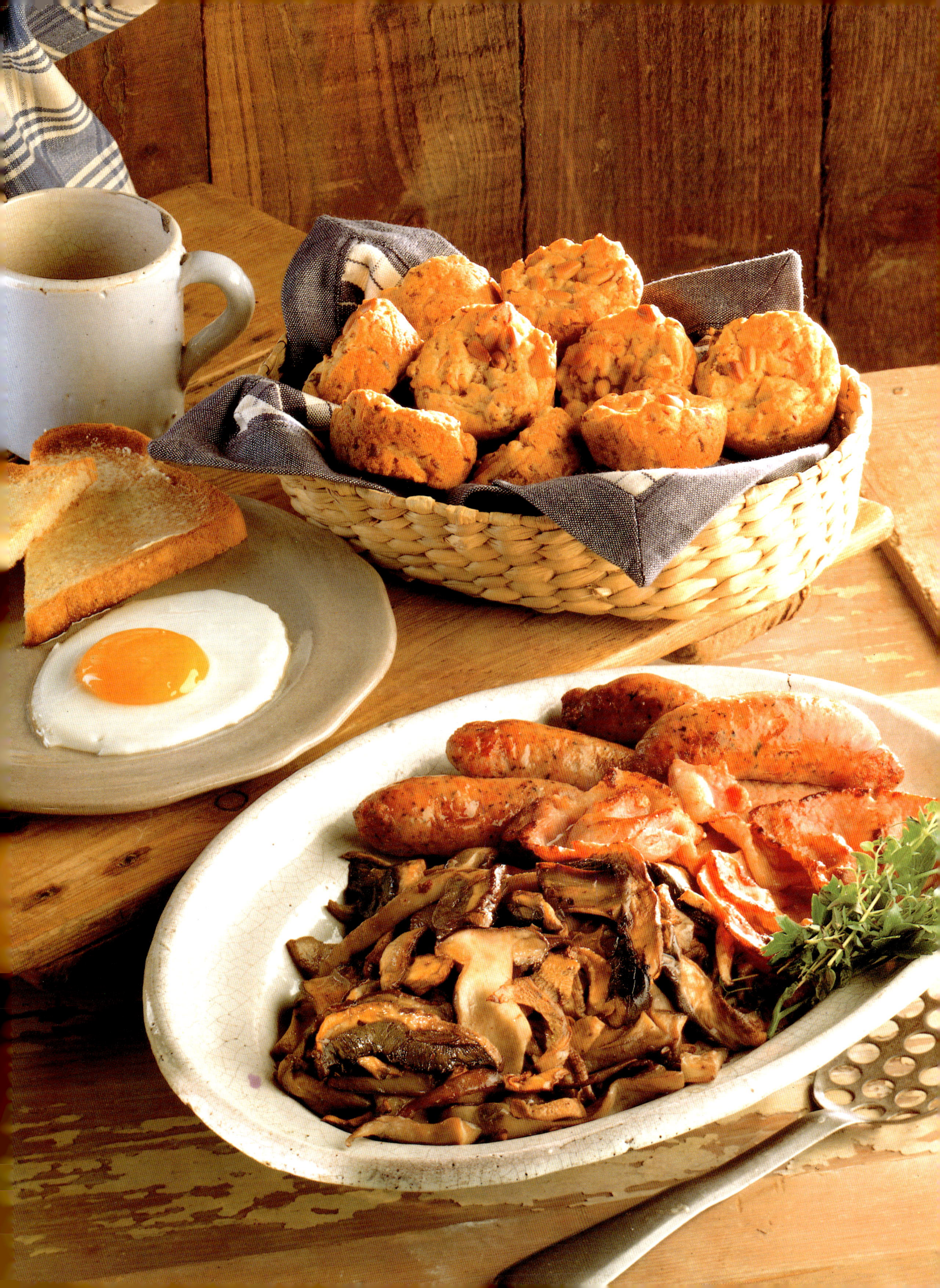

BRUNCHS

BRIOCHES AUX ŒUFS BROUILLÉS ET AUX MORILLES

Les morilles ont une saveur marquée, que les œufs, la crème et le madère rehaussent. Ce plat se prépare avec des morilles fraîches ou sèches.

POUR 4 PERSONNES
150 g de morilles fraîches, ou 15 g de morilles sèches
25 g de beurre
1 échalote émincée
4 c. à soupe de madère
4 c. à soupe de crème fraîche
4 petites brioches
POUR LES ŒUFS BROUILLÉS
8 œufs
4 c. à soupe de crème fraîche
Sel et poivre du moulin
25 g de beurre

LE CONSEIL DU CHEF
Le madère donne un goût de noisette et de fût de chêne qui équilibre la saveur des champignons. On peut le remplacer par du xérès.

1 Si les morilles sont sèches, trempez-les pendant 20 minutes dans de l'eau tiède et égouttez-les. Mettez à dorer l'échalote à feu doux. Ajoutez les morilles et faites-les revenir, puis versez le madère et laissez la sauce épaissir. Incorporez la crème fraîche, qui doit mijoter quelques instants. Assaisonnez et gardez au chaud dans un plat creux.

2 Ôtez le chapeau des brioches, évidez celles-ci et faites-les dorer à gril modéré.

3 Cassez les œufs dans un saladier, ajoutez la crème fraîche, assaisonnez et battez à la fourchette. Faites fondre le beurre dans la poêle, versez les œufs et remuez doucement jusqu'à ce qu'ils aient commencé à cuire. Retirez-les du feu et laissez la cuisson se terminer dans la poêle.

4 Remplissez les brioches avec les œufs brouillés et garnissez avec les morilles.

TOASTS AUX COULEMELLES À LA FLORENTINE

Les coulemelles sont appréciées pour leur texture délicate et leur saveur subtile. Le pied des spécimens ouverts est souvent dur, mais le chapeau et le pied des champignons fermés sont tous deux délicieux avec une garniture d'épinards à la crème.

POUR 4 PERSONNES
500 g d'épinards
Sel et poivre du moulin
350 g de chapeaux de coulemelle
50 g de beurre et un peu plus pour tartiner
1/2 gousse d'ail hachée
5 branches de thym
20 cl de crème fraîche
1 pincée de noix de muscade
8 tranches de pain de mie ou 4 petits pains ronds coupés en deux

1 Lavez les épinards à grande eau, puis mettez-les dans une casserole avec une pincée de sel. Couvrez et faites cuire à feu doux 6 à 8 minutes. Égouttez-les dans une passoire en pressant avec le dos d'une cuillère pour les débarrasser de leur jus. Hachez-les grossièrement.

2 Émincez les coulemelles, puis faites fondre le beurre dans une poêle. Mettez-y les champignons, l'ail et une branche de thym. Laissez cuire 3 à 4 minutes, incorporez les épinards hachés et 15 cl de crème fraîche. Assaisonnez de sel, de poivre et de noix de muscade. Faites griller le pain de mie ou les petits pains, beurrez-les.

3 Garnissez les toasts avec le mélange d'épinards et de champignons, puis ajoutez le reste de crème fraîche et de thym.

LE CONSEIL DU CHEF
Avec des épinards surgelés, comptez la moitié du poids d'épinards frais ; décongelez et n'oubliez pas d'égoutter.

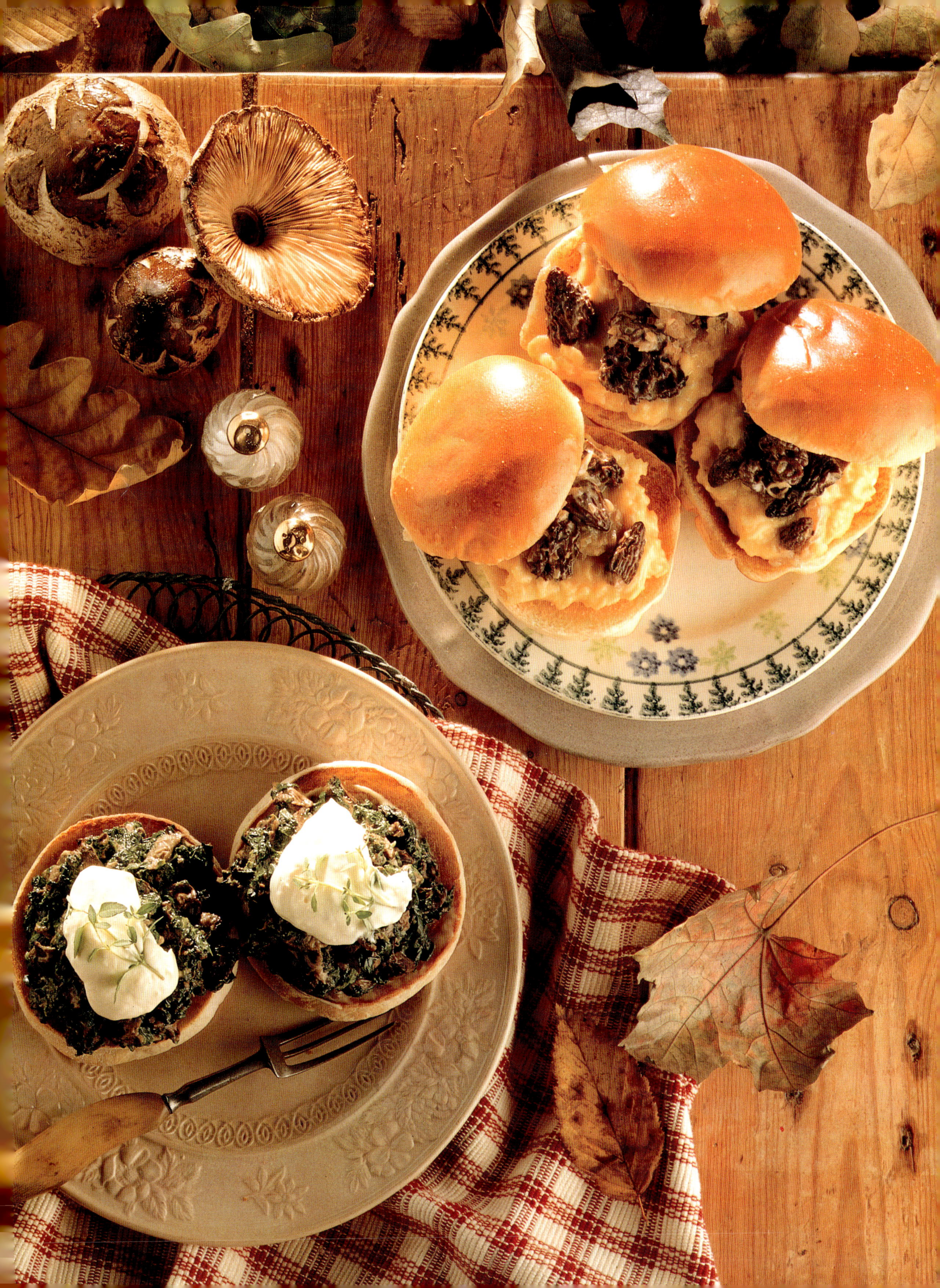

BRUNCHS

Toasts de champignons à l'ail, au persil et au citron

L'ail accompagne souvent les plats de champignons, mais son goût puissant a tendance à masquer celui des autres ingrédients. Dans cette recette, le goût de l'ail est tempéré par une bonne quantité de persil frais et par une touche de citron.

Pour 4 personnes

25 g de beurre et un peu plus pour tartiner
1 oignon moyen émincé
1 gousse d'ail écrasée
350 g de champignons : rosés des prés, coprins chevelus, bolets orange terne, nettoyés et coupés en morceaux
45 ml de sherry
3 c. à soupe de persil frais
1 c. à soupe de jus de citron
Sel et poivre du moulin
4 tranches de pain de seigle ou de pain de mie

Le conseil du chef
Le persil plat a bon goût et se conserve au réfrigérateur. Pour qu'il reste frais, mouillez-le et enveloppez-le dans un linge.

1 Mettez le beurre à fondre dans une poêle et faites revenir l'oignon à feu doux pendant quelques minutes.

2 Ajoutez l'ail et les champignons, couvrez et laissez mijoter 3 à 5 minutes. Ajoutez le sherry et laissez à découvert jusqu'à évaporation du liquide.

3 Incorporez ensuite le persil et le jus de citron dans la poêle, salez et poivrez votre préparation.

4 Faites griller le pain et beurrez-le. Étalez les champignons sur les toasts et servez.

Galettes aux pieds-de-mouton et au beurre de ciboulette

Les galettes sont une base idéale pour des champignons à l'arôme subtil. Il est préférable de faire revenir les pieds-de-mouton dans le beurre avant de les ajouter à la pâte.

Pour 12 galettes
50 g de beurre
250 g de pieds-de-mouton nettoyés et coupés en morceaux
50 g de pieds-de-mouton nettoyés et coupés en lamelles

Pour la pâte
175 g de farine
1 c. à café de levure
Sel et poivre
2 œufs
20 cl de lait

Pour le beurre de ciboulette
15 g de ciboulette fraîche ciselée
115 g de beurre amolli
1 c. à café de jus de citron

1 Préparez d'abord le beurre de ciboulette. Incorporez la ciboulette et le jus de citron au beurre. Mélangez bien, puis étalez sur une feuille de papier sulfurisé et roulez en forme de cigare. Fermez comme une papillote et mettez au frais 1 heure, jusqu'à ce que le beurre soit bien ferme.

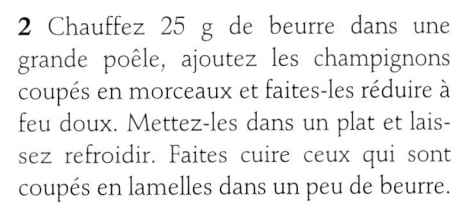

2 Chauffez 25 g de beurre dans une grande poêle, ajoutez les champignons coupés en morceaux et faites-les réduire à feu doux. Mettez-les dans un plat et laissez refroidir. Faites cuire ceux qui sont coupés en lamelles dans un peu de beurre.

3 Pour faire la pâte, mettez la farine, la levure, le sel et le poivre dans un saladier. Battez les œufs dans le lait, incorporez-les à la farine en mélangeant bien. La pâte doit être épaisse. Ajoutez les champignons en morceaux.

4 Faites chauffer le reste de beurre, et mettez 5 lamelles de champignons dans la poêle pour une cuillerée à soupe de pâte. Quand des bulles apparaissent à la surface de la galette, retournez-la et laissez-la cuire encore 10 à 15 secondes. Servez chaud, avec une tranche de beurre de ciboulette.

BRUNCHS

SOUPE AUX SHIITAKE ET AU MISO

Cette soupe japonaise, particulièrement nourrissante, est parfumée aux shiitake et au miso (une protéine de soja). On peut trouver ces produits dans certains magasins de produits diététiques.

POUR 4 PERSONNES
- 3 shiitake frais ou secs
- 3 c. à soupe de miso
- 115 g de fromage de soja (tofu) coupé en gros dés
- 1 petit oignon frais, dont on coupera uniquement le vert en rondelles

1 Si vous utilisez des champignons secs, mettez-les à tremper 20 minutes dans de l'eau tiède, puis égouttez-les. Coupez-les en fines lamelles. Faites bouillir 1 l d'eau. Délayez le miso, ajoutez les champignons et laissez mijoter 5 minutes.

2 Mettez les dés de fromage de soja dans 4 bols à soupe, versez le potage aux shiitake et garnissez de rondelles d'oignon. Servez aussitôt.

LE CONSEIL DU CHEF
Le miso est fait de soja fermenté ; la couleur et l'intensité du goût varient en fonction de la maturité des graines.

CROISSANTS FOURRÉS AUX GIROLLES

Voici une délicieuse farce à base de girolles qui peut être préparée à l'avance.

POUR 4 PERSONNES
- 25 g de beurre
- 115 g de girolles nettoyées et coupées en lamelles, ou 15 g de champignons secs trempés dans de l'eau tiède, égouttés et coupés en lamelles
- 60 g de crème fraîche
- 15 ml de madère
- Sel et poivre du moulin
- Pâte à croissants prédécoupée
- 1 œuf battu

1 Préchauffez le four selon les instructions données pour la pâte à croissants. Mettez le beurre à fondre dans une poêle, ajoutez les girolles et faites revenir à feu doux 3 à 4 minutes. Incorporez la crème, puis le madère et laissez réduire à feu moyen. Salez, poivrez et mettez à refroidir.

2 Étendez la pâte à croissants sur une planche farinée. Posez une cuillerée de farce à la base de chaque triangle et roulez la pâte en enfermant les champignons à l'intérieur. Collez la pointe du triangle avec de l'œuf battu.

LE CONSEIL DU CHEF
D'autres champignons à chair ferme peuvent remplacer les girolles : les cèpes de Bordeaux, les bolets bais, les chanterelles, les morilles, les lactaires délicieux, les pleurotes en huître et les mousserons de printemps, par exemple.

3 Disposez les croissants sur une plaque, badigeonnez-les d'œuf battu et faites cuire au four selon les indications données. Servez chaud.

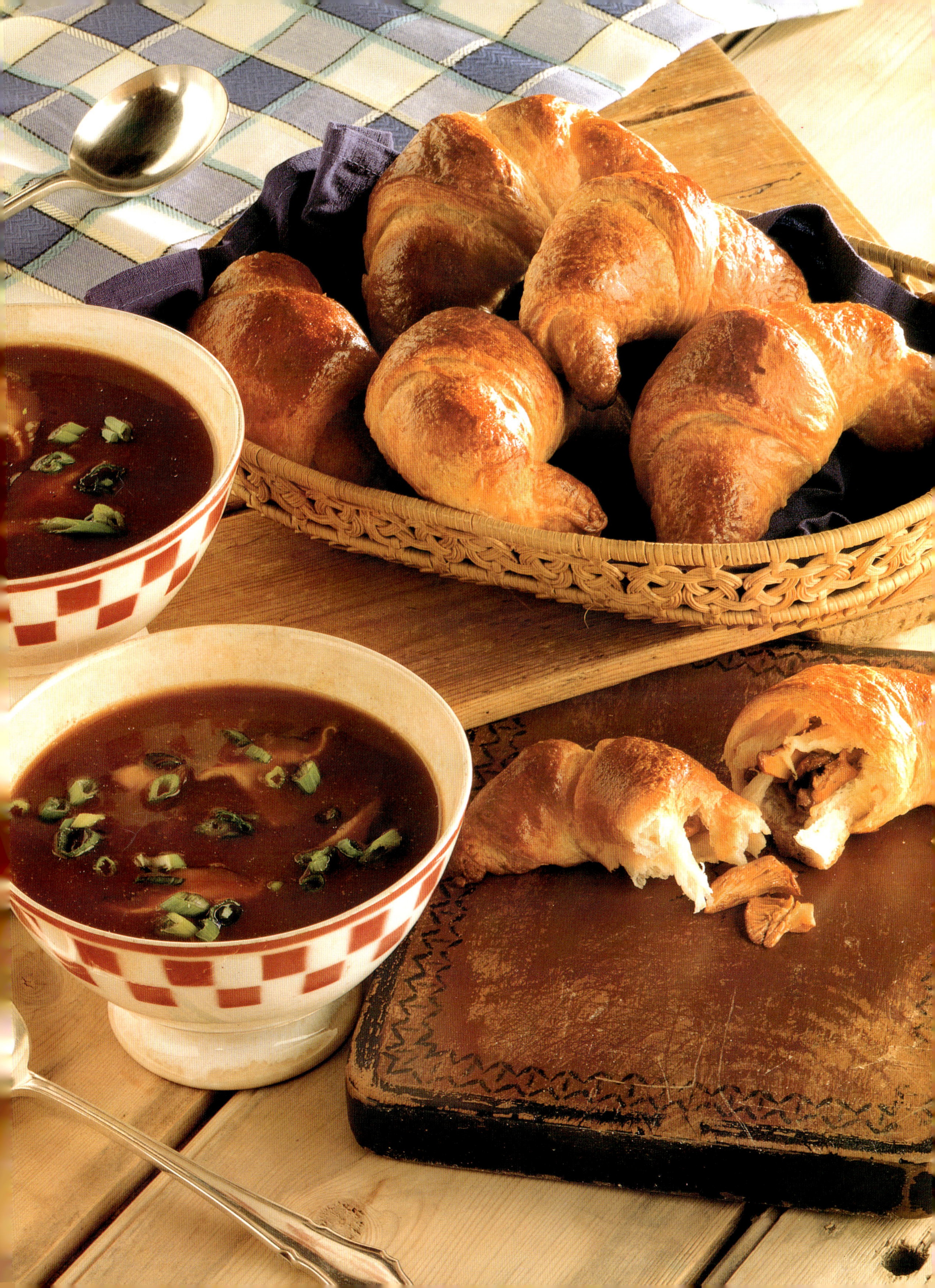

BRUNCHS

Champignons à la crème et à l'estragon

Si vous n'avez trouvé que quelques champignons sauvages et que vous avez plusieurs convives, mélangez des champignons de Paris à votre cueillette, et relevez le tout avec une sauce à l'estragon et à la crème fraîche.

Pour 4 personnes
- 50 g de beurre et un peu plus pour tartiner
- 2 échalotes émincées
- 50 à 200 g de champignons : mousserons de printemps, amanites des Césars, girolles, chanterelles en tube, cèpes de Bordeaux, polypores soufrés, coulemelles, pieds-de-mouton, nettoyés et coupés en lamelles
- 350 g de champignons de Paris nettoyés et coupés en lamelles
- 15 cl de crème fraîche
- 3 c. à soupe d'estragon frais haché
- 4 tranches de pain de mie ou de seigle

1 Mettez le beurre à fondre dans une poêle, ajoutez les échalotes et faites revenir à feu doux.

Le conseil du chef
On peut accommoder presque tous les champignons avec une sauce à la crème, mais évitez ceux qui noircissent à la cuisson car la sauce pourrait devenir grise.

2 Ajoutez votre mélange de champignons et faites cuire à feu modéré. Incorporez la crème et l'estragon, augmentez le feu et laissez réduire jusqu'à ce que le tout soit bien onctueux.

3 Faites griller le pain et beurrez-le. Répartissez les champignons sur les toasts et servez aussitôt.

Lactaires délicieux aux pignons

Rien de plus simple et de plus rapide que de servir les champignons sur du pain grillé pour apprécier leur saveur. Sautés au beurre, saupoudrés de persil haché et de pignons grillés, les lactaires délicieux méritent bien leur nom.

Pour 4 personnes
- 25 g de pignons
- 1 c. à café d'huile
- 50 g de beurre et un peu plus pour tartiner
- 1 échalote émincée
- 350 g de lactaires délicieux nettoyés et coupés en lamelles
- 50 cl de crème fraîche
- 5 c. à soupe de persil frais ciselé
- Sel et poivre du moulin
- 4 tranches de pain blanc ou de pain de seigle

1 Faites dorer les pignons dans l'huile, à feu doux, en inclinant la poêle. Réservez.

2 Faites revenir l'échalote dans la moitié du beurre. Ajoutez les champignons et le reste de beurre, laissez mijoter jusqu'à ce que les champignons soient bien tendres. Incorporez la crème, faites épaissir. Parsemez de persil et assaisonnez.

3 Faites griller les tranches de pain et beurrez-les. Recouvrez-les de champignons, garnissez de pignons et servez.

Le conseil du chef
Les lactaires délicieux ont un pied creux qui peut contenir des larves d'insectes. Vérifiez que ce n'est pas le cas.

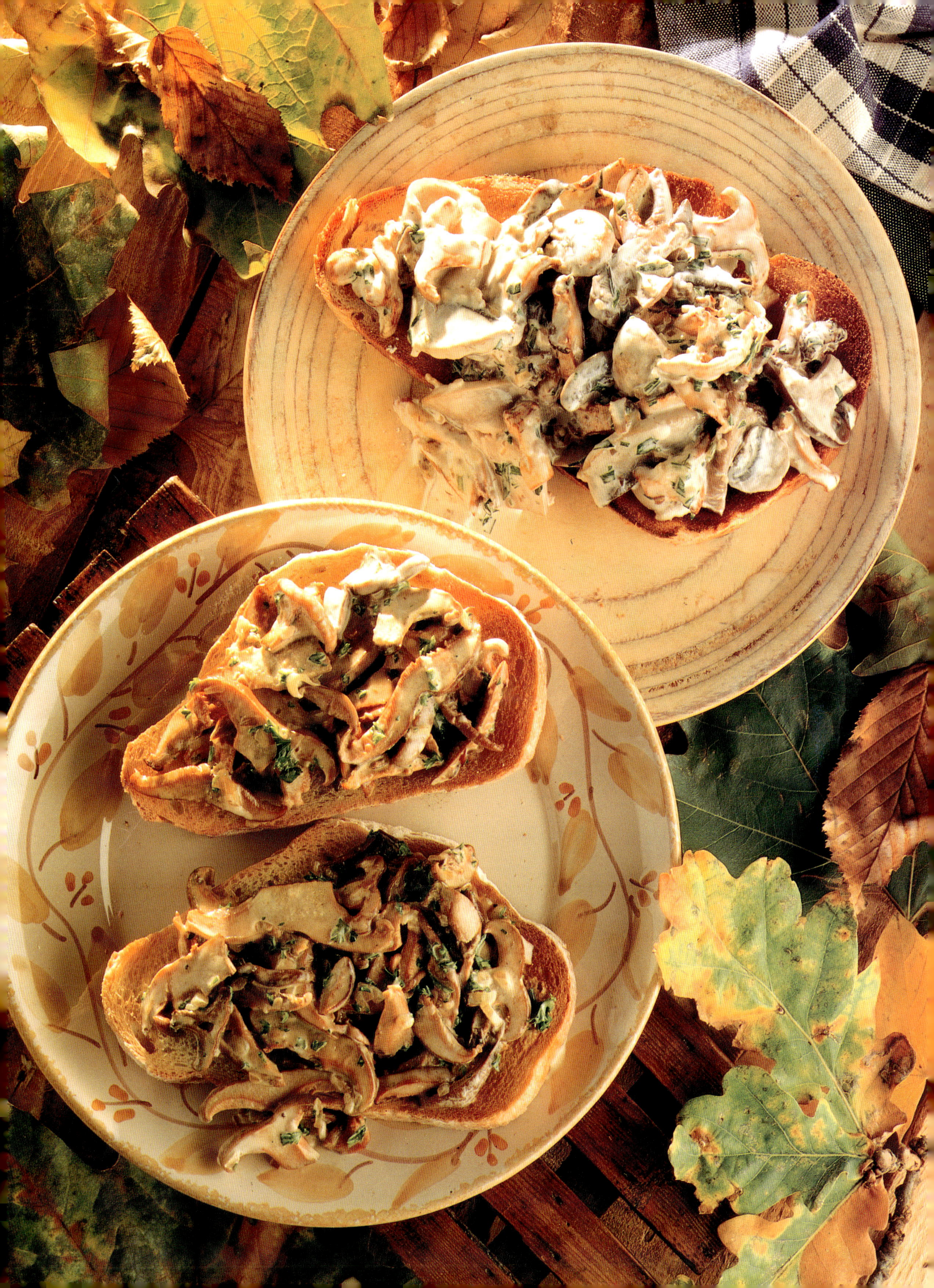

BRUNCHS

Sandwichs aux œufs, au bacon et aux girolles

Quand midi sonne, peu d'amateurs de champignons résistent à cette recette d'œufs au bacon garnis de girolles.

Pour 4 personnes
350 g de bacon non fumé
50 g de beurre et un peu plus pour tartiner
115 g de girolles nettoyées et coupées en deux
4 c. à soupe d'huile d'arachide
4 œufs
4 petits pains à hamburger coupés en deux
Sel et poivre du moulin

1 Faites frire le bacon dans sa graisse jusqu'à ce qu'il devienne croustillant. Mettez-le dans un plat, couvrez et gardez au chaud.

Le conseil du chef
Vous pouvez servir avec une salade de mesclun assaisonnée à l'huile de noix.

2 Mettez 25 g de beurre à fondre dans la poêle, ajoutez les girolles et laissez mijoter à feu doux. Mettez-les dans un plat, couvrez et gardez au chaud.

3 Faites fondre le reste de beurre à feu doux, ajoutez l'huile, puis cassez les œufs un à un dans la poêle bien chaude ; cuisez-les selon votre goût.

4 Faites griller les petits pains coupés en deux, beurrez-les. Mettez sur une moitié du bacon, un œuf et des girolles, puis fermez avec l'autre moitié. Servez aussitôt.

Pain de maïs aux polypores soufrés

Ce savoureux pain de maïs aux champignons, accompagné de bacon croustillant et de tomates grillées, constitue un en-cas original.

Pour 4 personnes
25 g de beurre
50 g de polypores soufrés nettoyés et coupés en lamelles
115 g de farine de froment
115 g de farine de maïs
2 c. à café de levure
1/2 c. à café de sel
1/2 c. à café de sucre
15 cl de lait
2 œufs
75 g de grains de maïs en conserve ou surgelés
350 g de bacon
4 tomates coupées en deux
Sel et poivre du moulin
Quelques feuilles de cresson pour la garniture

1 Préchauffez le four à 200 °C (therm. 6). Mettez le beurre à fondre dans une poêle, ajoutez les champignons et faites revenir 5 minutes à feu doux, puis laissez refroidir. Huilez légèrement un moule à cake, tapissez-le de papier sulfurisé.

2 Versez la farine de froment, la farine de maïs, la levure, le sel et le sucre dans un saladier, puis les œufs, le maïs et les champignons. Mélangez pour obtenir une pâte.

3 Versez la pâte dans le moule et faites cuire au four pendant 25 minutes. Laissez tiédir.

Le conseil du chef
On peut faire cuire le pain de maïs dans de petits moules individuels. Dans ce cas, enfournez environ 10 minutes à 220 °C (therm. 7).

4 Faites dorer à gril modéré les tranches de bacon et les tomates coupées en deux, salées et poivrées.

5 Démoulez le pain de maïs et coupez-le en tranches épaisses. Servez avec les tomates et le bacon grillés ; garnissez de quelques feuilles de cresson.

BRUNCHS

BRIOCHES AUX TRUFFES

Pour un souper de fête, servez des œufs brouillés aux truffes fraîches sur des brioches dorées et accompagnez-les de champagne. Si vous utilisez des truffes en conserve, relevez leur goût avec quelques gouttes d'essence de truffe.

POUR 4 PERSONNES
4 brioches
8 œufs de ferme
4 c. à soupe de crème fraîche
3 gouttes d'essence de truffe (facultatif)
Sel et poivre du moulin
1 truffe noire fraîche
25 g de beurre et un peu plus pour tartiner

1 Faites dorer à gril modéré les brioches coupées en deux et gardez-les au chaud.

2 Cassez les œufs dans un saladier, ajoutez la crème fraîche et l'essence de truffe si vous en utilisez, assaisonnez et battez à la fourchette. Émincez finement la moitié de la truffe et incorporez-la au mélange.

3 Faites fondre le beurre dans une poêle, versez-y le mélange et tournez doucement avec une cuillère en bois jusqu'à ce que les œufs épaississent.

4 Beurrez les brioches grillées et disposez-les sur quatre assiettes.

5 Garnissez chaque moitié de brioche d'œufs brouillés et parsemez de lamelles de truffe. Servez avec du champagne.

LE CONSEIL DU CHEF
Pour que les œufs brouillés soient crémeux et bien moelleux, ne les laissez pas trop cuire et servez-les aussitôt.

LE CONSEIL DU CHEF
Si vous utilisez de l'essence de truffe, ne soyez pas tenté d'en mettre plus de 3 gouttes car votre plat prendrait alors un goût amer.

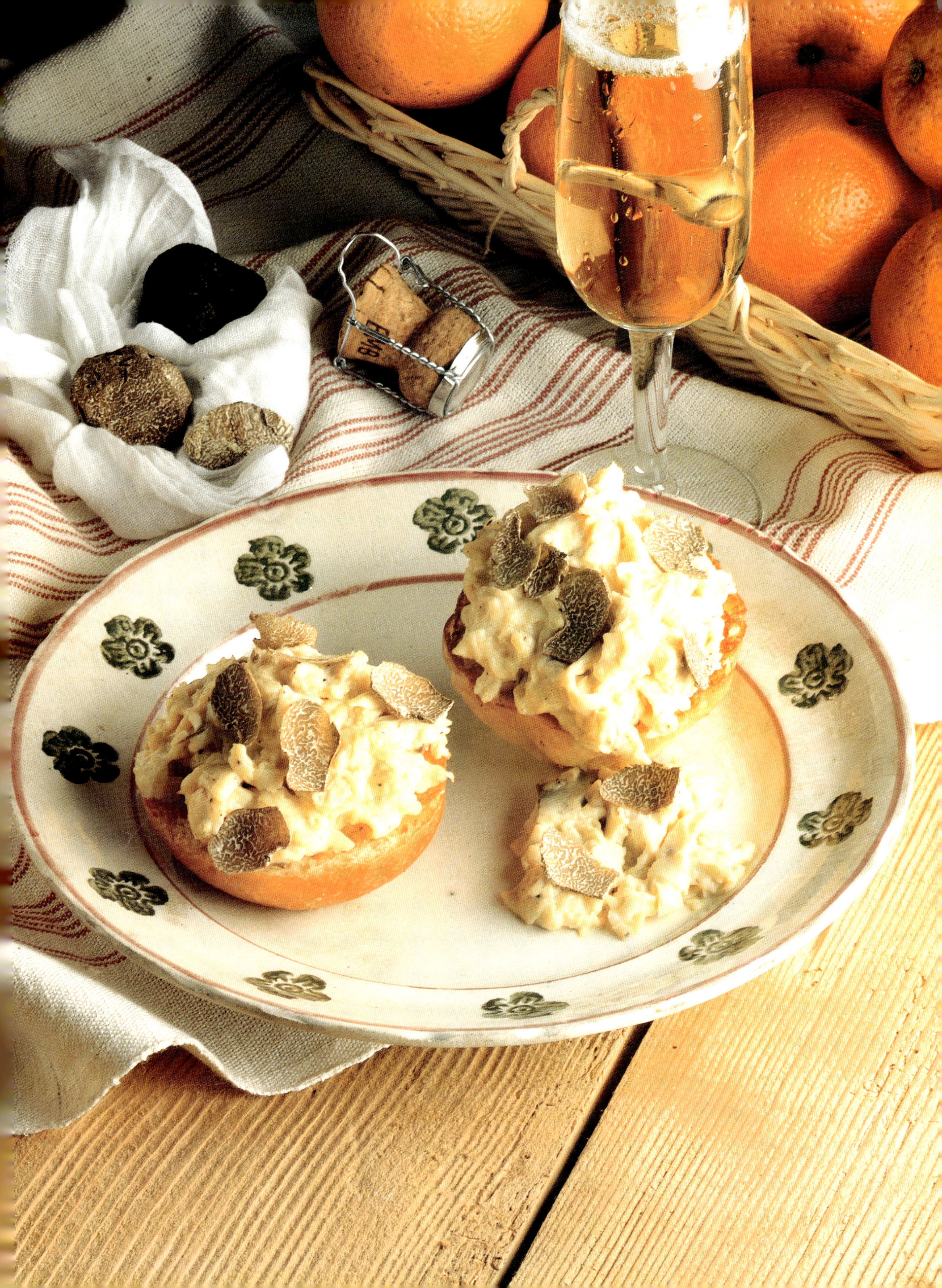

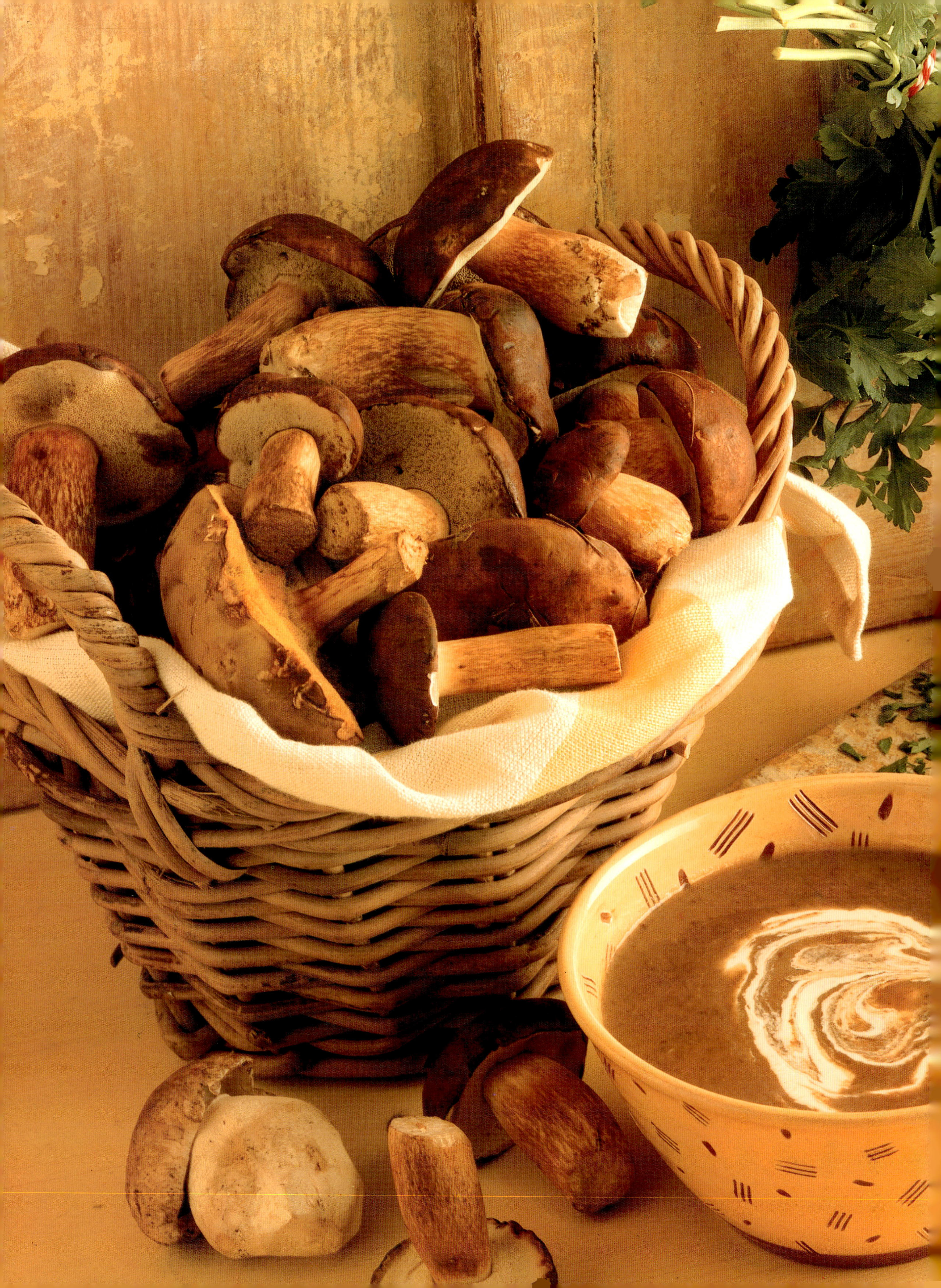

Potages et hors-d'œuvre

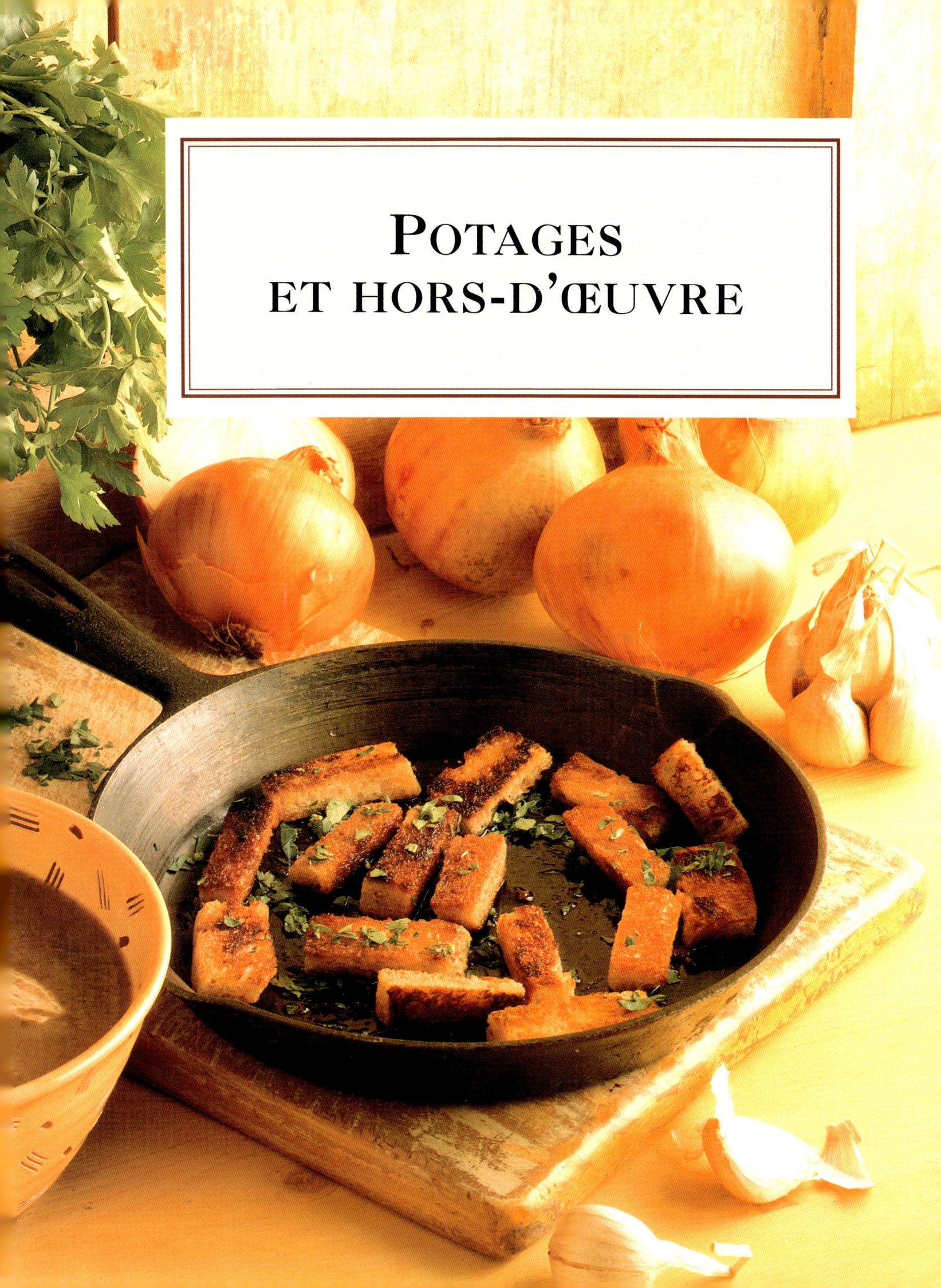

POTAGES ET HORS-D'ŒUVRE

Blinis au sarrasin et au caviar de champignons

Ces petites crêpes russes, servies avec de la crème fraîche, accompagnent généralement le caviar d'esturgeon ou le saumon, mais elles sont également délicieuses avec des champignons. L'automne est la meilleure saison pour préparer ce caviar de champignons, dont on appréciera la texture riche et onctueuse.

Pour 4 personnes
115 g de farine de froment
50 g de farine de sarrasin
1 c. à café de sel
30 cl de lait
1 c. à café de levure
2 œufs, jaunes et blancs séparés

Pour le caviar
350 g de champignons : rosés des prés, bolets orange terne, bolets bais, pleurotes en huître, mousserons de printemps
1 c. à café de sel de céleri
2 c. à soupe d'huile de noix
1 c. à soupe de jus de citron
3 c. à soupe de persil frais ciselé
Poivre du moulin
20 cl de crème fraîche

1 Nettoyez les champignons et coupez-les en petits morceaux ; mettez-les dans un saladier, assaisonnez avec le sel de céleri, posez dessus une assiette lestée d'un poids.

2 Laissez reposer 2 heures. Rincez abondamment les champignons pour enlever le sel, égouttez-les et éliminez le maximum de jus en pressant avec le dos d'une cuillère. Remettez les champignons dans le saladier et assaisonnez avec l'huile de noix, le jus de citron, le persil et une pincée de poivre. Placez au réfrigérateur jusqu'au moment de servir.

3 Mélangez les deux farines et le sel dans un grand saladier. Faites tiédir le lait. Diluez la levure dans le lait, puis versez celui-ci sur la farine ; ajoutez les jaunes d'œuf et mélangez pour obtenir une pâte lisse. Couvrez avec un torchon humide et gardez cette préparation dans un endroit chaud pour faire lever la pâte.

4 Battez les blancs en neige bien ferme, incorporez-les délicatement à la pâte.

5 Faites chauffer un peu d'huile à feu doux dans une poêle ou sur une plaque. Versez-y des cuillerées de pâte en les espaçant. Quand des bulles se forment à la surface des blinis, retournez ceux-ci et faites-les cuire quelques instants de l'autre côté. Servez les blinis garnis de caviar de champignons et nappés de crème fraîche.

156

Champignons à la tapenade

La tapenade est une préparation d'olives noires, d'ail, d'anchois et de câpres, additionnée d'huile d'olive et de citron. On peut l'utiliser dans de nombreuses recettes, toujours comme condiment. Ici, on étale la tapenade sur du pain, puis on la recouvre de champignons et d'œufs durs.

Pour 4 personnes

350 g de champignons au goût corsé : cèpes de Bordeaux, bolets bais, polypores soufrés, lactaires délicieux, girolles, nettoyés et coupés en morceaux
50 g de beurre
1/2 citron pressé
Sel et poivre du moulin
4 petits œufs
Un pain de campagne coupé en tranches
Persil pour la décoration

Pour la tapenade

150 g d'olives noires dénoyautées
1 gousse d'ail pelée
5 filets d'anchois
1 c. à soupe de câpres
2 c. à soupe d'huile d'olive
1/2 citron pressé

Le conseil du chef

Si vous n'avez pas le temps de préparer vous-même la tapenade, vous en trouverez dans le commerce.

1 Faites revenir les champignons dans le beurre à feu doux pendant 6 à 8 minutes, puis à feu moyen pour faire évaporer leur eau. Arrosez de jus de citron et assaisonnez. Mettez les champignons dans un saladier, couvrez et gardez au chaud.

2 Pour faire la tapenade, mettez les ingrédients dans un mixeur et réduisez en pâte. Faites bouillir les œufs 10 minutes.

3 Préchauffez le gril à température modérée. Passez les œufs sous l'eau froide pour les faire refroidir, puis écalez-les et coupez-les en quatre. Coupez le pain en tranches que vous ferez griller d'un seul côté. Étalez la tapenade de l'autre côté, et repassez au gril.

4 Recouvrez chaque tranche de pain de champignons, puis garnissez d'un quart d'œuf dur et d'un brin de persil.

POTAGES ET HORS-D'ŒUVRE

Soupe aux oignons et aux morilles

L'arôme des morilles enrichit ce plat traditionnel d'une saveur très subtile.

Pour 4 personnes
50 g de beurre et un peu plus pour tartiner
1 c. à soupe d'huile
3 oignons moyens émincés
1 l de bouillon de bœuf
8 morilles séchées de taille moyenne
4 tranches de pain
75 g de gruyère ou de beaufort râpé
2 c. à soupe de persil frais ciselé

1 Chauffez le beurre et l'huile dans une grande poêle ; ajoutez les oignons et faites-les brunir jusqu'à ce qu'ils prennent une belle couleur acajou.

Le conseil du chef
Cette soupe est meilleure le lendemain, car son arôme se développe avec le temps.

2 Mettez-les dans une grande casserole, versez dessus le bouillon de bœuf, puis ajoutez les morilles et laissez mijoter 20 minutes.

3 Préchauffez le gril à température modérée et faites griller les tranches de pain des deux côtés. Beurrez-en un côté, puis recouvrez-le de fromage râpé. Versez la soupe dans 4 bols pouvant aller au four, posez une tranche de pain sur chacun et passez au gril jusqu'à ce que la surface soit bien dorée. Vous pouvez aussi faire gratiner les tranches de pain avec le fromage à part, puis les mettre au fond des bols et les recouvrir de soupe. Le pain flottera à la surface. Parsemez de persil et servez.

Potage aux cèpes et aux croûtons persillés

Ce délicieux potage permet d'apprécier le goût très prononcé du cèpe.

Pour 4 personnes
50 g de beurre
2 oignons moyens finement émincés
1 gousse d'ail
225 g de cèpes de Bordeaux frais coupés en lamelles, ou 25 g de cèpes secs
5 c. à soupe de vin blanc sec
1 l de bouillon de poule
2 pommes de terre moyennes coupées en dés
1 branche de thym
1 c. à soupe de jus de citron
Sel et poivre du moulin

Pour les croûtons
3 tranches de pain rassis
50 g de beurre
3 c. à soupe de persil frais ciselé

Le conseil du chef
Vous pouvez remplacer les cèpes par des bolets bais, des lactaires délicieux (même quantité), ou encore par 15 g de morilles sèches.

1 Faites fondre le beurre dans une casserole et mettez-y à blondir les oignons. Ajoutez l'ail, les cèpes et le vin, puis le bouillon, les pommes de terre et le thym. Laissez mijoter pendant 45 minutes.

2 Passez le potage au mixeur, mais réservez quelques champignons entiers que vous incorporerez après. Ajoutez le jus de citron et assaisonnez.

3 Coupez le pain en bâtonnets. Faites fondre le beurre dans une poêle et mettez les croûtons à dorer. Ajoutez le persil et mélangez. Versez le potage dans des bols préchauffés et servez avec les croûtons.

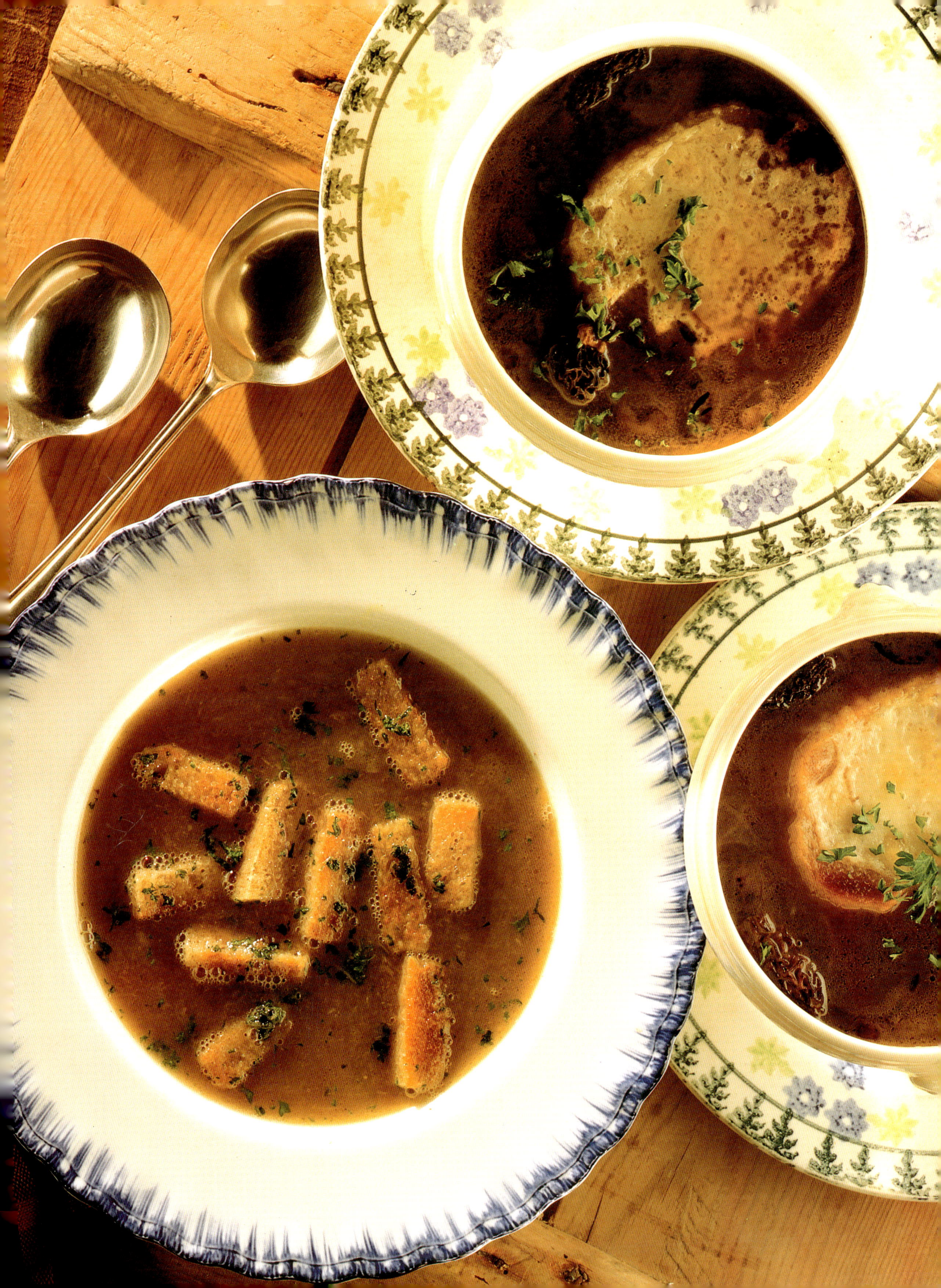

POTAGES ET HORS-D'ŒUVRE

TORTELLINIS AU BOUILLON DE GIROLLES

Avec des girolles, un simple bouillon accompagnant des tortellinis acquiert une tout autre saveur. Servez en entrée ou en plat principal.

POUR 4 PERSONNES
350 g de tortellinis frais à la ricotta et aux épinards, ou 175 g en paquet
1 l de bouillon de poule
175 g de girolles fraîches émincées, ou 15 g de girolles sèches
Persil ciselé pour décorer

1 Faites cuire les tortellinis dans une casserole d'eau bouillante.

2 Dans une autre casserole, portez le bouillon de poule à ébullition, ajoutez les champignons. Laissez mijoter 10 minutes.

3 Égouttez les tortellinis, puis jetez-les dans le bouillon ; versez le tout dans 4 assiettes à soupe préchauffées et parsemez de persil ciselé.

LE CONSEIL DU CHEF
Une variante plus légère consiste à remplacer les tortellinis par 115 g de vermicelles.

CHAMPIGNONS DE PARIS À LA GRECQUE

Parfois dédaignées parce qu'on les trouve souvent trop fades, les espèces cultivées ont trouvé leurs lettres de noblesse avec le champignon de Paris, au goût si délicat.

POUR 4 PERSONNES
3 c. à soupe d'huile d'olive
15 petits oignons blancs pelés
1/2 gousse d'ail écrasée
675 g de champignons de Paris coupés en deux, ou en quatre s'ils sont gros
30 cl de bouillon de poule
5 c. à soupe de vin blanc
2 c. à café de grains de poivre
4 c. à café de graines de coriandre
1 branche de thym
1 petite feuille de laurier
Sel et poivre du moulin
1 c. à soupe de vinaigre de vin
15 tomates cerises

1 Mettez l'huile à chauffer dans une poêle et faites blondir les oignons entiers à feu doux. Ajoutez l'ail et les champignons, mélangez et laissez revenir doucement jusqu'à ce que les champignons rendent leur jus. Versez dans une grande casserole.

2 Ajoutez le bouillon, le vin, le poivre en grains, la coriandre, le thym et le laurier. Couvrez. Laissez mijoter 15 minutes. Ajoutez le vinaigre et rectifiez l'assaisonnement.

LE CONSEIL DU CHEF
Plongez les oignons dans de l'eau bouillante avant de les peler. Si vous mettez cette préparation quelques jours au réfrigérateur, elle gagnera en saveur.

3 Ébouillantez les tomates cerises pour retirer leur peau. Ajoutez-les au mélange. Laissez refroidir à température ambiante et servez avec du pain de campagne.

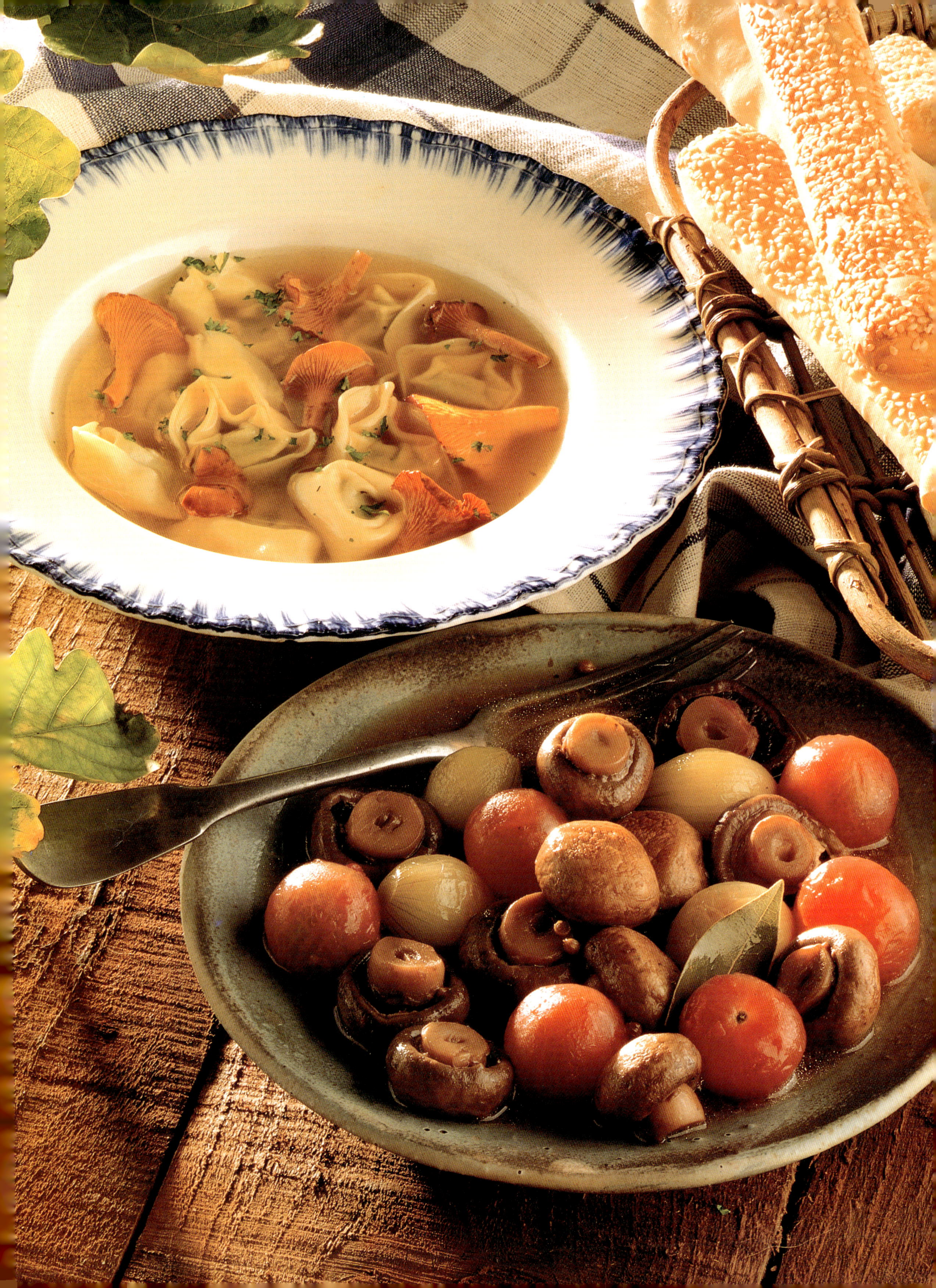

POTAGES ET HORS-D'ŒUVRE

Salade de cèpes à l'huile de noix

Pour mieux apprécier l'arôme du cèpe de Bordeaux ou du bolet bai, préparez-les crus, en salade, avec un assaisonnement à l'huile de noix et au citron.

Pour 4 personnes
350 g de cèpes de Bordeaux ou de bolets bais frais
175 g de mesclun
Sel et poivre du moulin
50 g de cerneaux de noix grillés
50 g de parmesan

Pour l'assaisonnement
2 jaunes d'œuf
1 c. à café de moutarde
5 c. à soupe d'huile d'arachide
3 c. à soupe d'huile de noix
2 c. à soupe de jus de citron
2 c. à soupe de persil ciselé
1 pincée de sucre en poudre

1 Mettez les jaunes d'œuf dans un bocal muni d'un couvercle ; ajoutez la moutarde, l'huile d'arachide, l'huile de noix, le jus de citron, le persil et le sucre. Fermez le bocal et secouez bien.

2 Coupez les champignons en fines lamelles.

3 Disposez les champignons dans un saladier et versez l'assaisonnement. Laissez les saveurs se mêler pendant 15 minutes.

4 Lavez et égouttez le mesclun, puis mélangez-le aux cèpes.

5 Servez dans 4 grandes assiettes, assaisonnez selon votre goût. Parsemez de cerneaux de noix grillés et de copeaux de parmesan avant de servir.

Le conseil du chef
Choisissez des champignons jeunes et de petite taille, afin que leur chair soit bien ferme et leur saveur délicate. Assurez-vous que les œufs – utilisés crus dans l'assaisonnement de cette salade – sont bien frais : sinon, ne mettez pas d'œuf.

Le conseil du chef
Dans les grandes occasions, 2 ou 3 gouttes d'essence de truffe ajouteront un mystérieux parfum des bois à cette salade.

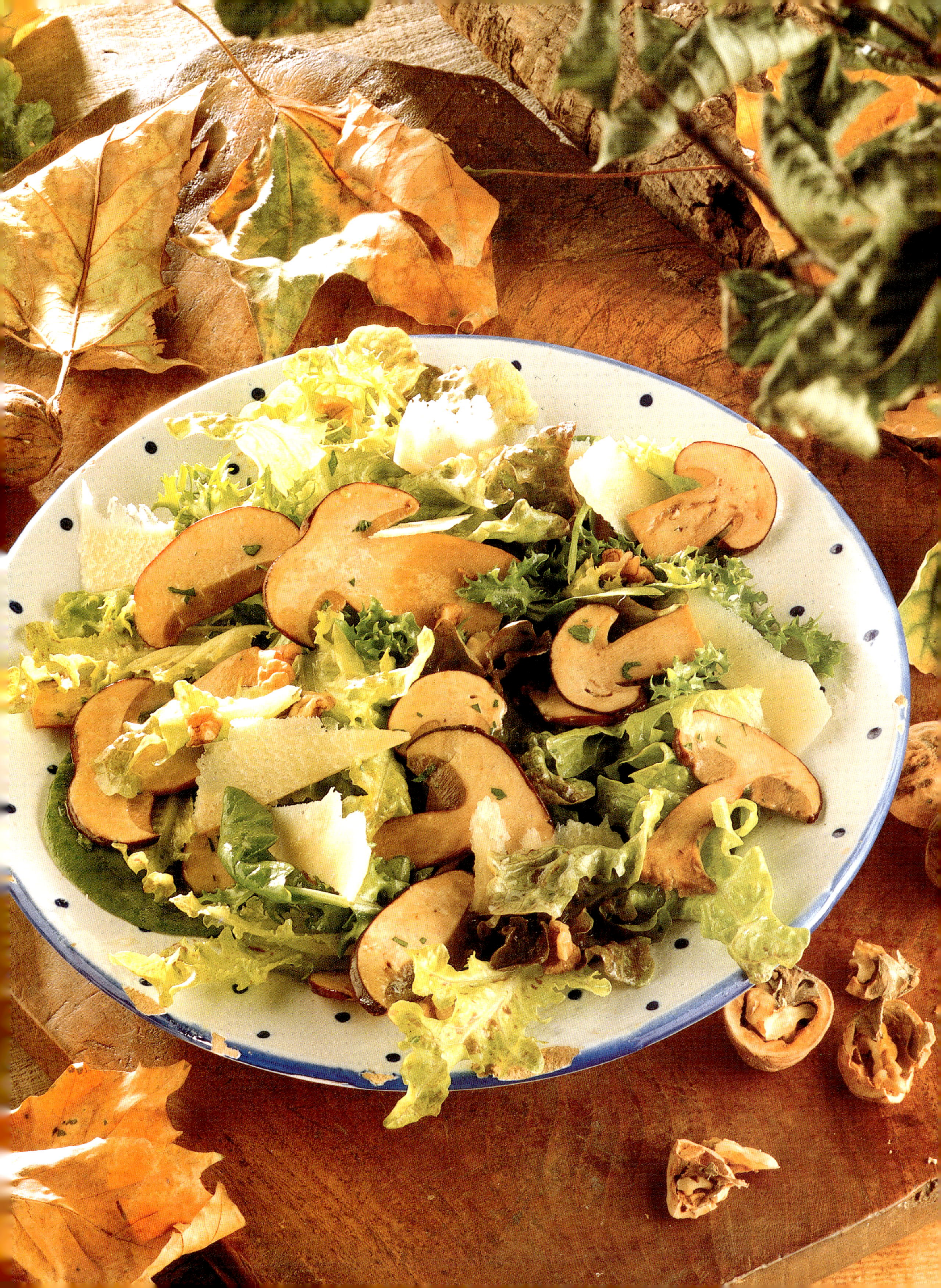

POTAGES ET HORS-D'ŒUVRE

POTAGE AUX COPRINS CHEVELUS ET AUX COULEMELLES

Le coprin chevelu est l'ingrédient essentiel de ce potage velouté, que relève la saveur particulière des coulemelles.

POUR 4 PERSONNES
50 g de beurre
4 échalotes ou 1 oignon moyen émincés
225 g de coprins chevelus fermés, nettoyés et grossièrement hachés
1 gousse d'ail écrasée
1 l de bouillon de poule
175 g de coulemelles (chapeaux et jeunes pieds) nettoyées et coupées en petits morceaux
4 c. à soupe de crème fraîche
2 c. à soupe de jus de citron
Sel et poivre du moulin
3 c. à soupe de persil frais ciselé

1 Mettez la moitié du beurre à fondre dans une casserole, ajoutez les échalotes ou l'oignon et faites dorer à feu doux.

2 Ajoutez les coprins chevelus et l'ail. Faites revenir à feu doux jusqu'à ce que les champignons aient rendu toute leur eau.

3 Versez le bouillon de poule, portez le tout à ébullition et faites mijoter 15 minutes. Passez le potage au mixeur et remettez-le dans la casserole.

4 Mettez le reste de beurre à fondre dans une poêle, ajoutez les coulemelles et faites revenir, mais sans coloration. Versez alors les coulemelles dans le potage, et cuisez pendant 1 minute.

5 Incorporez la crème fraîche mélangée au jus de citron, puis rectifiez l'assaisonnement. Versez dans des bols à soupe et parsemez de persil.

LE CONSEIL DU CHEF
Utilisez des coprins chevelus fermés, qui n'ont pas commencé à noircir. Bien que comestibles quand ils noircissent, ces champignons donnent au potage une couleur peu appétissante.

Artichauts en fête

L'artichaut est un légume riche et sain. Farci de champignons, il constitue un hors-d'œuvre original et délicieux.

Pour 4 personnes
- 4 gros artichauts
- 1 citron coupé en rondelles
- 25 g de beurre
- 2 échalotes ou 1 petit oignon émincés
- 225 g de champignons : cèpes de Bordeaux, bolets bais, girolles, lactaires délicieux, pleurotes en huître, mousserons de printemps, amanites des Césars, rosés des prés, fermés, nettoyés et grossièrement hachés
- 1 c. à soupe de thym frais

Pour la sauce hollandaise
- 175 g de beurre
- 2 jaunes d'œuf
- 1/2 citron
- Sel et poivre du moulin

1 Faites bouillir un grand fait-tout d'eau salée. À l'aide d'un couteau-scie, coupez le tiers supérieur des artichauts. Détachez les feuilles extérieures et jetez-les. Arrachez la tige ; faites une petite entaille de 5 mm environ à la base de l'artichaut et fixez-y une rondelle de citron pour l'empêcher de noircir. Cuisez 25 minutes dans l'eau bouillante.

2 Préparez la farce aux champignons : dans une poêle, faites revenir au beurre les échalotes hachées. Ajoutez les champignons et le thym, couvrez et laissez cuire jusqu'à ce que les champignons aient rendu leur eau, que vous ferez évaporer en augmentant le feu. Gardez au chaud.

3 Quand les artichauts sont cuits (vérifiez que le fond est bien tendre en y enfonçant un petit couteau), égouttez-les puis faites-les refroidir sous l'eau froide. Retirez ensuite les rondelles de citron et égouttez à nouveau les artichauts, la tête en bas. Arrachez les petites feuilles du milieu puis enlevez le foin (pour pouvoir y mettre la farce).

4 Pour préparer la sauce, faites fondre le beurre. Versez-le dans un bol en laissant les traces d'écume dans la casserole. Mettez les jaunes d'œuf et 1 cuillerée à café d'eau au bain-marie dans un récipient en verre. Remuez pour que les œufs épaississent et deviennent mousseux. Retirez du feu, puis incorporez le beurre petit à petit en fouettant énergiquement. Ajoutez le jus de citron et un peu d'eau bouillante pour alléger la sauce. Assaisonnez.

5 Incorporez un tiers de la sauce aux champignons et remplissez les artichauts de cette farce. Servez à température ambiante, avec le reste de sauce.

POTAGES ET HORS-D'ŒUVRE

Soufflé aux épinards et aux champignons

L'association des champignons sauvages, des œufs et des épinards est une grande réussite. Vous pouvez utiliser presque toutes les espèces de champignons pour cette recette, les plus fins donnant évidemment le soufflé le plus savoureux.

Pour 4 personnes
- 225 g d'épinards frais lavés, ou 120 g d'épinards hachés surgelés
- 50 g de beurre et un peu plus pour tartiner
- 1 gousse d'ail écrasée
- 175 g de champignons : cèpes de Bordeaux, bolets bais, lactaires délicieux, pleurotes en huître, rosés des prés et amanites des Césars, nettoyés et coupés en morceaux
- 20 cl de lait
- 3 c. à soupe de farine
- 6 œufs, jaunes et blancs séparés
- Sel et poivre du moulin
- 1 pincée de noix de muscade
- 25 g de parmesan râpé

Le conseil du chef
On peut préparer la base du soufflé 12 heures à l'avance et la réchauffer avant de monter les blancs en neige.

1 Préchauffez le four à 190 °C (therm. 5). Faites cuire les épinards à la vapeur 3 à 4 minutes. Mettez-les sous l'eau froide, égouttez-les en les pressant avec le dos d'une cuillère, puis hachez-les. Si vous utilisez des épinards surgelés, faites-les décongeler au préalable, puis égouttez-les de la même façon.

2 Mettez l'ail et les champignons à revenir dans le beurre, à feu doux. Faites évaporer à feu vif, ajoutez les épinards et versez le tout dans un saladier. Réservez au chaud.

3 Versez 3 cuillerées à soupe de lait dans un bol, incorporez la farine et les jaunes d'œuf et mélangez. Faites bouillir le reste du lait. Ajoutez-le au mélange lait froid-jaunes d'œuf-farine, mettez le tout dans une grande casserole et laissez épaissir lentement sur le feu. Incorporez les champignons et les épinards à cette sauce et assaisonnez de sel, poivre et muscade.

4 Beurrez soigneusement un plat à soufflé et parsemez-le d'un peu de fromage. Réservez.

5 Montez les blancs en neige très ferme. Faites réchauffer le mélange qui se trouve dans la casserole. Ajoutez une cuillerée d'œufs battus en neige, remuez, puis versez sur les blancs battus en neige. Mélangez délicatement. Transvasez dans le moule à soufflé, égalisez la surface, parsemez de fromage et laissez cuire environ 25 minutes, jusqu'à ce que le soufflé soit bien levé et doré.

Tarte alsacienne

L'Alsace est réputée pour ses nombreuses espèces de champignons. Accompagnez cette tarte d'un vin d'Alsace bien frais.

Pour 4 personnes
350 g de pâte brisée (décongelée si vous l'achetez surgelée)
50 g de beurre
3 oignons moyens émincés
350 g de champignons : cèpes de Bordeaux, bolets bais, morilles, girolles, lactaires délicieux, pleurotes en huître, rosés des prés, nettoyés et coupés en morceaux
1 branche de thym émiettée
Sel et poivre du moulin
1 pincée de noix de muscade
3 c. à soupe de lait entier
3 c. à soupe de crème fraîche
1 œuf entier et 2 jaunes

1 Préchauffez le four à 190 °C (therm. 5) et beurrez légèrement un moule à tarte de 20 cm de diamètre. Abaissez la pâte sur une planche farinée et foncez-en le moule. Faites reposer au réfrigérateur pendant 1 heure.

Le conseil du chef
Vous pouvez préparer la pâte et la farce à l'avance. Dans ce cas, reprenez la recette à l'étape n° 4.

2 Recouvrez la pâte de papier sulfurisé et placez dessus des légumes secs ou des pâtes pour qu'elle ne se déforme pas à la cuisson. Faites cuire 25 minutes. Retirez le papier et les légumes secs. Laissez refroidir.

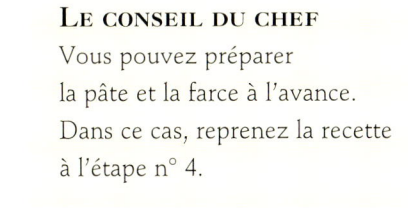

3 Mettez le beurre à fondre dans une poêle, ajoutez les oignons, couvrez et laissez étuver 20 minutes à feu doux. Incorporez les champignons et le thym, et laissez cuire encore 10 minutes. Assaisonnez de sel, de poivre et de muscade.

4 Mettez le lait et la crème dans un saladier, ajoutez les jaunes d'œuf et l'œuf entier, mélangez. Dressez les champignons sur la pâte et versez la préparation. Faites cuire au four 15 à 20 minutes, jusqu'à ce que le milieu de la tarte soit bien ferme.

POTAGES ET HORS-D'ŒUVRE

Rosés des prés farcis

POUR 4 PERSONNES

1 oignon moyen émincé

75 g de beurre

8 rosés des prés moyens

15 g de cèpes de Bordeaux, bolets bais ou lactaires délicieux secs, trempés 20 minutes dans de l'eau tiède

1 gousse d'ail écrasée

75 g de chapelure fraîche

1 œuf

5 c. à soupe de persil frais ciselé

1 c. à soupe de thym frais

Sel et poivre du moulin

115 g de jambon de Parme ou de San Daniele coupé en tranches fines

Persil frais pour la garniture

Le conseil du chef
On peut facilement préparer les rosés des prés farcis à l'avance et les enfourner au dernier moment.

1 Préchauffez le four à 190 °C (therm. 5). Faites revenir l'oignon à feu doux. Pendant ce temps, enlevez le pied des rosés des prés et réservez les chapeaux. Égouttez les champignons réhydratés et hachez-les avec les pieds des rosés des prés. Ajoutez l'ail et les champignons à l'oignon et laissez cuire 2 à 3 minutes.

2 Mettez le mélange dans un saladier, ajoutez la chapelure, l'œuf, les herbes, le sel et le poivre. Faites fondre le reste de beurre dans une petite casserole, arrosez-en les chapeaux des champignons. Disposez ceux-ci sur une plaque de four et remplissez-les avec la farce. Dorez au four pendant 20 à 25 minutes.

3 Garnissez chaque chapeau d'une tranche de jambon et de persil, servez.

Salade de champignons au jambon de Parme et aux crêpes

POUR 4 PERSONNES

40 g de beurre

500 g de champignons : girolles, cèpes de Bordeaux, bolets bais, amanites des Césars, pleurotes en huître, rosés des prés, champignons de Paris, nettoyés et coupés en lamelles

1/2 citron pressé

1/2 salade feuille de chêne

1/2 frisée

2 c. à soupe d'huile de noix

175 g de jambon de Parme

POUR LES CRÊPES

3 c. à soupe de farine

5 c. à soupe de lait

1 œuf

4 c. à soupe de parmesan râpé

4 c. à soupe de fines herbes : persil, thym, marjolaine, ciboulette

Sel et poivre du moulin

1 Pour faire les crêpes, mélangez la farine et le lait, ajoutez l'œuf battu, le fromage, les herbes, le sel et le poivre. Mélangez. Mettez à chauffer une poêle, graissez-la, versez une louche de pâte et faites dorer la crêpe des deux côtés. Recommencez jusqu'à ce qu'il n'y ait plus de pâte.

2 Laissez refroidir, puis roulez et coupez les crêpes en lanières de 1 cm. Coupez le jambon en lanières de la même taille et mélangez le tout.

3 Faites revenir les champignons dans le beurre pendant 6 à 8 minutes, jusqu'à ce qu'ils rendent leur eau. Ajoutez le jus de citron et assaisonnez.

4 Disposez les feuilles de salade assaisonnées d'huile de noix dans 4 assiettes. Dressez les crêpes et le jambon au milieu, entourez de champignons et servez.

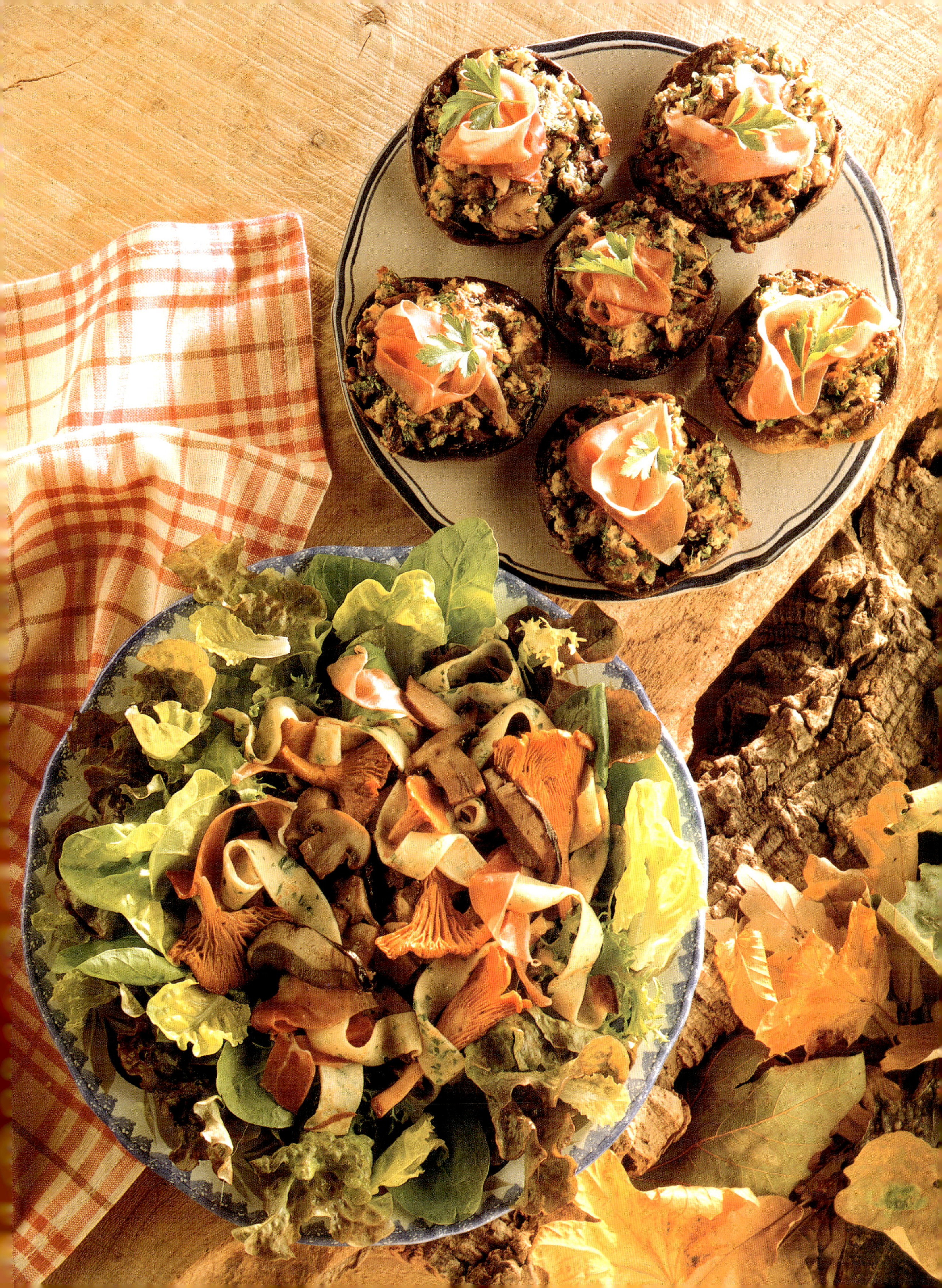

POTAGES ET HORS-D'ŒUVRE

CRUDITÉS À LA « SAUCE DES BOIS »

Cette recette permet d'utiliser des champignons qui ont tendance à se ramollir à la cuisson. On peut ajouter quelques espèces plus fermes.

POUR 4 PERSONNES

- 5 c. à soupe d'huile d'olive
- 1 oignon moyen émincé
- 1 gousse d'ail écrasée
- 500 g d'aubergines hachées
- 350 g de coprins chevelus, bolets orange terne, bolets jaunes, nettoyés et hachés
- 75 g de girolles, russules charbonnières, lactaires délicieux, nettoyés et hachés
- 3 c. à soupe de persil frais, cerfeuil et ciboulette hachés
- 1 c. à soupe de vinaigre balsamique
- Sel et poivre du moulin
- Carottes et céleri crus, épis de maïs bouillis ou grillés
- Gressins au sésame, tranches de pita

1 Mettez 1 cuillerée à soupe d'huile d'olive à chauffer dans une casserole et faites-y revenir l'oignon à feu doux.

2 Mettez le reste d'huile d'olive, l'ail et les aubergines, couvrez et faites mijoter 10 minutes. Incorporez les champignons et laissez cuire encore 15 minutes sans couvrir.

3 Ajoutez les herbes et le vinaigre ; rectifiez l'assaisonnement. Laissez refroidir et servez avec les légumes, les gressins et les tranches de pita (pain grec).

LE CONSEIL DU CHEF
Cette « sauce des bois » se conserve 10 jours au réfrigérateur dans un récipient fermé. Ne pas congeler.

POTAGE AUX ÉPINARDS ET AUX CHAMPIGNONS

POUR 4 PERSONNES

- 25 g de beurre
- 1 oignon moyen émincé
- 350 g de champignons : cèpes de Bordeaux, bolets bais, bolets orange terne, coprins chevelus, rosés des prés, pleurotes en huître, shiitake, nettoyés et hachés
- 1 gousse d'ail écrasée
- 2 c. à café de thym frais, ou 1 c. à café de thym sec
- 1 l de bouillon de poule
- 1 grosse pomme de terre coupée en dés
- 500 g d'épinards frais bien lavés, ou 250 g d'épinards surgelés, décongelés et égouttés
- Sel et poivre du moulin
- 1 pincée de noix muscade
- 4 c. à soupe de crème fraîche

LE CONSEIL DU CHEF
Si vous n'avez pas de champignons sauvages frais, prenez 225 g de champignons de Paris et 10 g de cèpes, bolets bais ou lactaires délicieux secs.

1 Faites fondre le beurre dans une casserole, ajoutez l'oignon émincé et faites-le revenir pendant 6 à 8 minutes. Mettez les champignons, l'ail et les herbes, couvrez et laissez étuver.

2 Ajoutez la moitié du bouillon, la pomme de terre et les épinards. Portez à ébullition et laissez mijoter 10 minutes.

3 Passez le potage au mixeur. Ajoutez le reste de bouillon. Assaisonnez de sel, poivre et muscade. Mettez la crème fraîche au moment de servir.

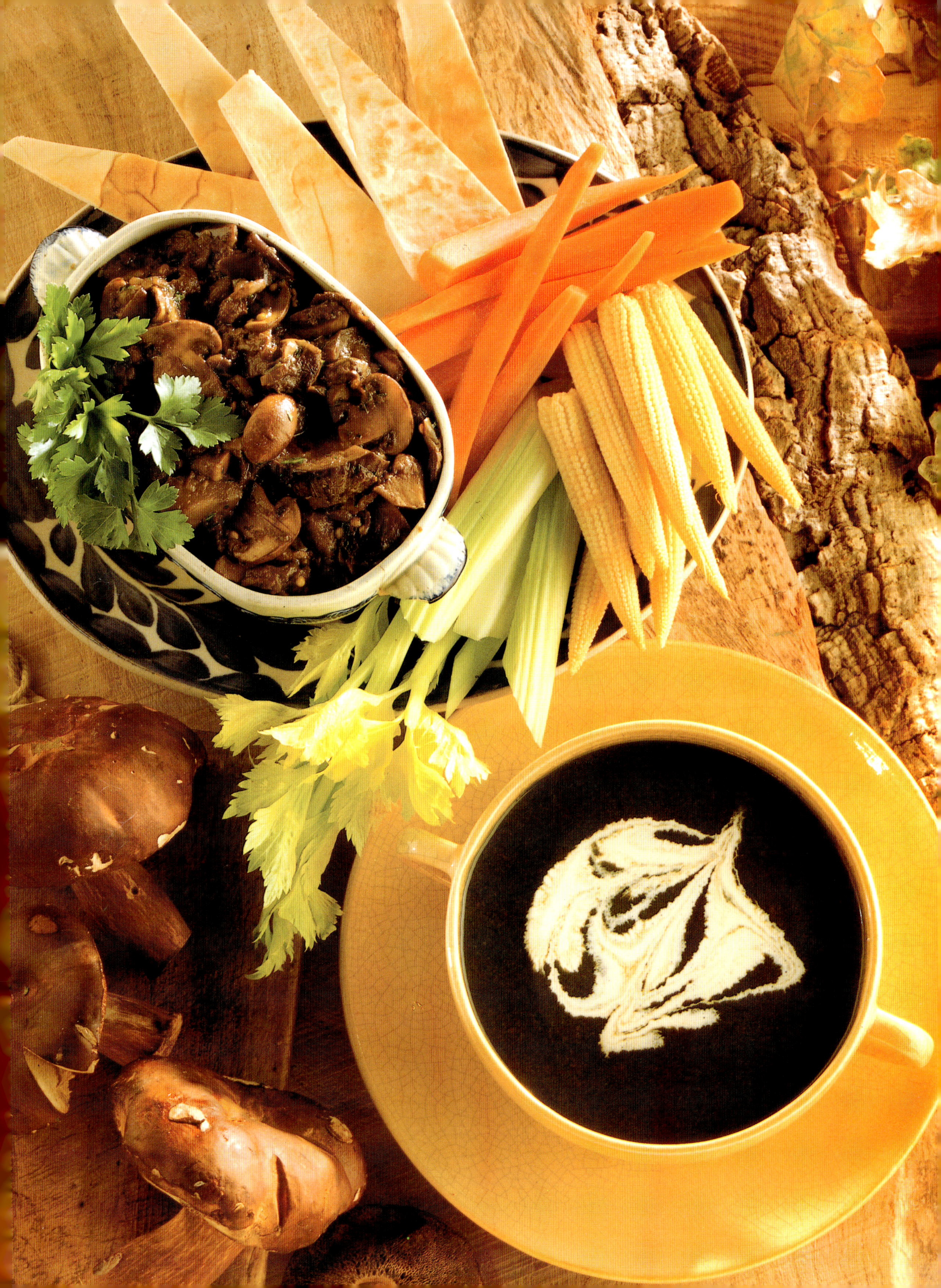

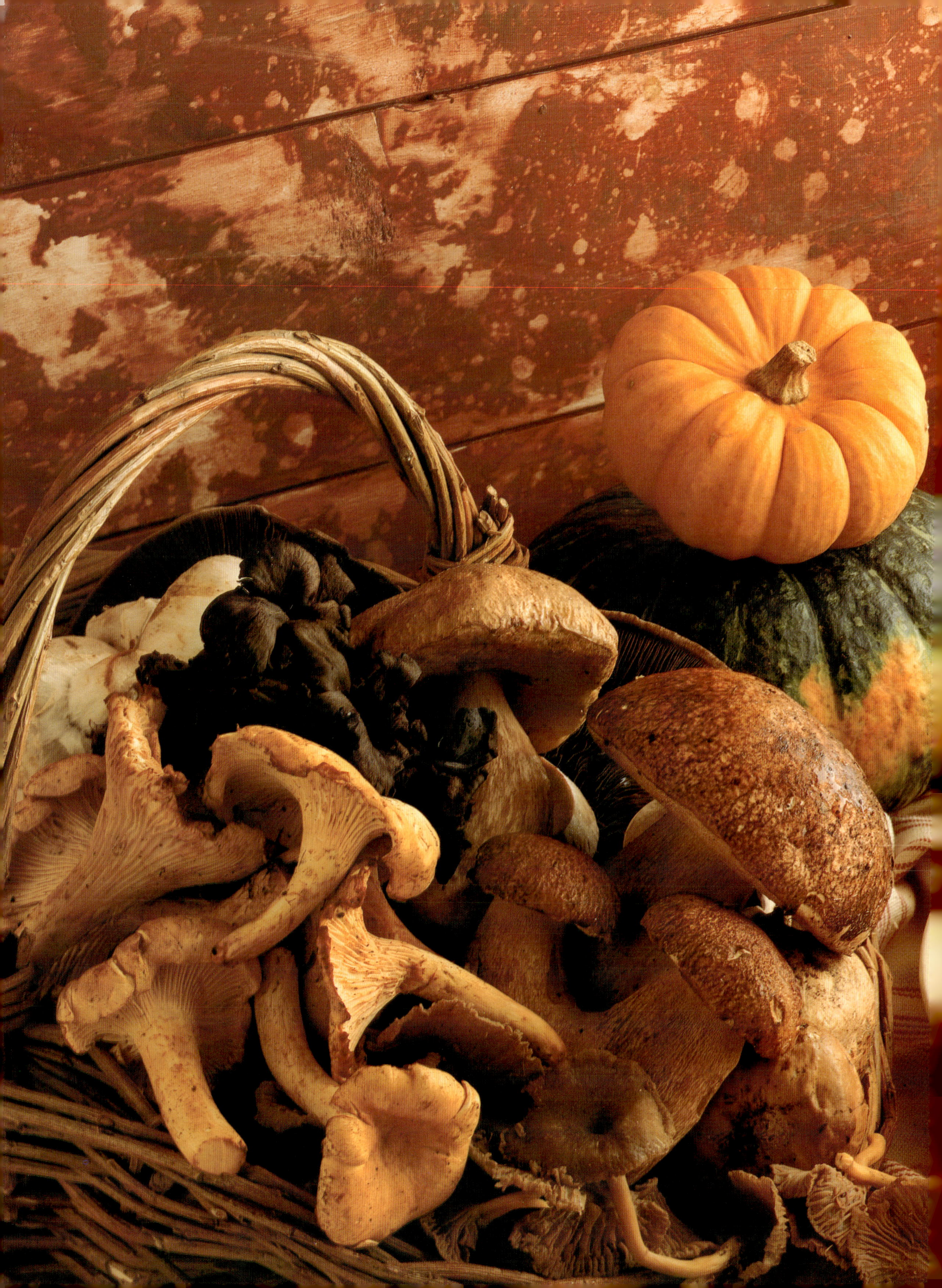

Volailles et gibier

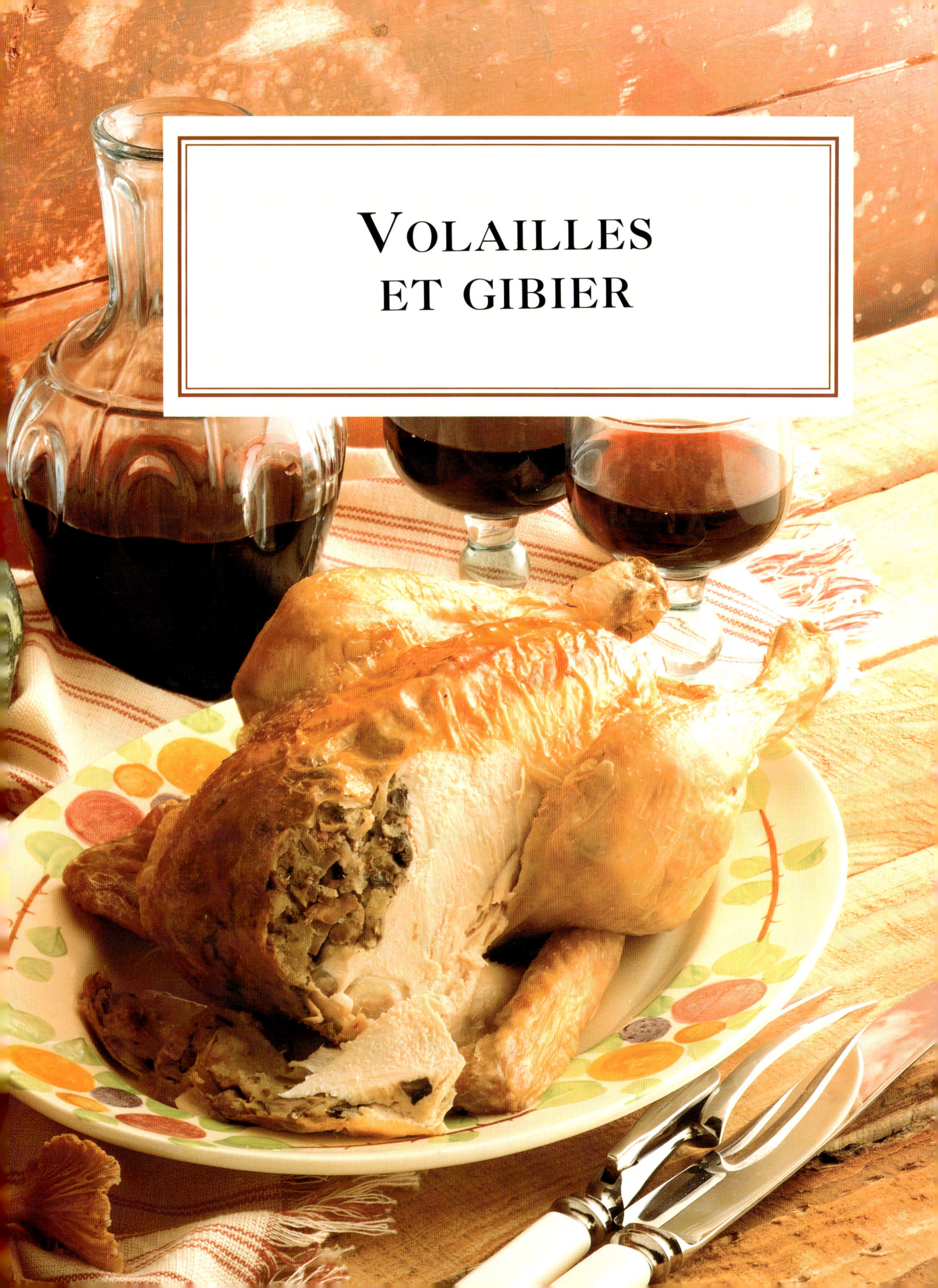

VOLAILLES ET GIBIER

Paella aux champignons

L'utilisation des champignons dans la paella permet de renouveler la recette de ce grand classique de la cuisine espagnole.

Pour 4 personnes

3 c. à soupe d'huile d'olive

1 oignon moyen émincé

1 petit bulbe de fenouil émincé

225 g de champignons : cèpes de Bordeaux, bolets bais, girolles, lactaires délicieux, pieds-de-mouton, mousserons de printemps, amanites des Césars et pleurotes en huître

1 gousse d'ail écrasée

3 cuisses de poulet fermier

350 g de riz

1 l de bouillon de poule

1 sachet de safran en poudre

1 branche de thym

500 g de haricots blancs en conserve, égouttés

75 g de petits pois surgelés

1 Chauffez l'huile d'olive dans un plat à paella (à défaut, dans une grande poêle). Ajoutez l'oignon et le fenouil, faites revenir 3 à 4 minutes à feu doux.

2 Mettez l'ail et les champignons, laissez cuire jusqu'à ce qu'ils rendent leur eau, puis faites évaporer à feu vif. Poussez l'oignon et les champignons sur un côté du plat, ajoutez les morceaux de poulet et faites-les dorer rapidement.

3 Incorporez le riz, le bouillon, le safran, le thym, les haricots blancs et les petits pois. Faites frémir, puis laissez mijoter 15 minutes à feu doux sans mélanger.

4 Retirez du feu et posez du papier sulfurisé sur la paella. Recouvrez le papier d'un torchon propre ; la paella doit finir de cuire dans sa propre chaleur pendant 5 minutes. Découvrez et servez aussitôt.

Le conseil du chef

Vous pouvez aussi faire une paella végétarienne aux champignons : dans ce cas, ne mettez pas de poulet et remplacez le bouillon de volaille par du bouillon de légumes.

VOLAILLES ET GIBIER

Polenta aux polypores soufrés et à la crème de sparassis crépus

Les végétariens aimeront bien sûr ce plat, mais les amateurs de volaille aussi, tant la saveur et la consistance des polypores soufrés rappellent celles du poulet.

Pour 4 personnes

500 g de petites pommes de terre nouvelles
1,3 l de bouillon de légumes
175 g de jeunes carottes
175 g de pois gourmands
50 g de beurre
75 g d'amanites des Césars ou de pieds-de-mouton, nettoyés et coupés en lamelles
5 trompettes-des-morts (fraîches ou sèches) hachées
2 sparassis crépus de la taille d'un poing, ou 15 g secs
115 g de polypores soufrés nettoyés et coupés en lamelles
250 g de polenta ou de farine de maïs précuite
2 échalotes ou 1 petit oignon émincés
15 cl de crème fraîche
3 jaunes d'œuf
2 c. à café de jus de citron
Sel de céleri et poivre de Cayenne

Le conseil du chef

Si vous préparez cette recette à l'avance, faites la polenta et la sauce aux légumes et aux champignons. Au moment de servir, réchauffez la polenta et la sauce ; liez celle-ci avec les jaunes d'œuf, assaisonnez et servez.

1 Huilez légèrement un moule à bords hauts et tapissez-le de papier sulfurisé. Réservez-le. Faites cuire les pommes de terre dans une casserole d'eau bouillante, ajoutez une pincée de sel et faites cuire 20 minutes. Portez le bouillon à ébullition, ajoutez les carottes et les pois gourmands, laissez cuire 3 à 4 minutes. Retirez les légumes cuits et gardez-les au chaud.

2 Ajoutez au bouillon 25 g de beurre, les amanites des Césars (ou les pieds-de-mouton) et les trompettes-des-morts, et laissez mijoter 5 minutes. Versez la polenta peu à peu et mélangez 2 à 3 minutes jusqu'à ce qu'elle épaississe. Mettez-la dans le moule que vous avez préparé, couvrez-la et laissez-la se raffermir.

3 Pour la sauce, faites revenir les échalotes ou l'oignon dans le reste du beurre. Ajoutez les sparassis crépus coupés en morceaux de la taille d'un pouce, ainsi que les polypores soufrés, et cuisez 2 à 3 minutes. Incorporez la crème fraîche et les légumes déjà cuits. Laissez réduire quelques minutes.

4 Retirez du feu, mettez les jaunes d'œuf un par un en mélangeant et en laissant légèrement épaissir sans remettre sur le feu, car la sauce ne doit pas bouillir. Ajoutez le jus de citron, le sel de céleri et un peu de poivre de Cayenne.

5 Mettez la polenta sur une planche en bois et coupez-la en tranches avec un couteau humide ; disposez les tranches dans 4 assiettes. Nappez de sauce aux légumes et aux champignons, servez.

VOLAILLES ET GIBIER

Mousserons de printemps à la mode anglaise

Ces champignons, également appelés tricholomes de la Saint-Georges car ils poussent à l'époque de la Saint-Georges (23 avril), sont associés au poulet dans cette recette traditionnelle anglaise. Ils peuvent être remplacés par un mélange de bolets bais, lactaires délicieux, coulemelles, russules charbonnières, pleurotes en huître et rosés des prés.

Pour 4 personnes

4 c. à soupe d'huile
1 oignon moyen émincé
1 branche de céleri émincée
1 petite carotte coupée en julienne
500 g de poulet, dépouillé de sa peau et désossé
500 g de mousserons de printemps ou du mélange de champignons conseillé, nettoyés et coupés en lamelles
6 c. à soupe de farine
50 cl de bouillon de poule
2 c. à café de moutarde de Dijon
2 c. à soupe de xérès
2 c. à soupe de vinaigre de vin
Sel et poivre du moulin

Pour la pâte

275 g de farine
2 c. à café de levure
Une pincée de sel de céleri
Une pincée de poivre de Cayenne
115 g de beurre ferme coupé en dés
50 g de cheddar râpé
1 œuf battu, pour dorer (facultatif)

1 Préchauffez le four à 200 °C (therm. 6). Chauffez l'huile dans une grande casserole, mettez l'oignon, le céleri, la carotte et faites revenir à feu doux. Coupez le poulet en morceaux, ajoutez-les aux légumes et laissez dorer quelques instants. Incorporez les champignons, qui doivent réduire, puis versez la farine en mélangeant.

2 Retirez la casserole du feu et versez peu à peu le bouillon, jusqu'à ce qu'il absorbe complètement la farine. Remettez la casserole sur le feu, laissez épaissir sans cesser de mélanger. Ajoutez la moutarde, le xérès, le vinaigre et assaisonnez. Couvrez et réservez au chaud.

Le conseil du chef
Avec la même garniture, vous pouvez réaliser une tourte aux mousserons en utilisant une pâte feuilletée ou brisée.

3 Pour faire la pâte, versez la farine, la levure, le sel de céleri et le poivre de Cayenne dans un mixeur. Ajoutez le beurre et la moitié du fromage, mélangez. Versez 15 cl d'eau et mélangez de nouveau.

4 Abaissez la pâte sur une planche farinée et formez des ronds de 1 cm d'épaisseur et de 5 cm de diamètre environ en vous servant d'un emporte-pièce.

5 Versez la préparation dans un moule et disposez les ronds de pâte tout autour. Badigeonnez-les de jaune d'œuf, parsemez avec le reste de fromage et faites cuire 25 à 30 minutes, jusqu'à ce que la pâte soit bien croustillante.

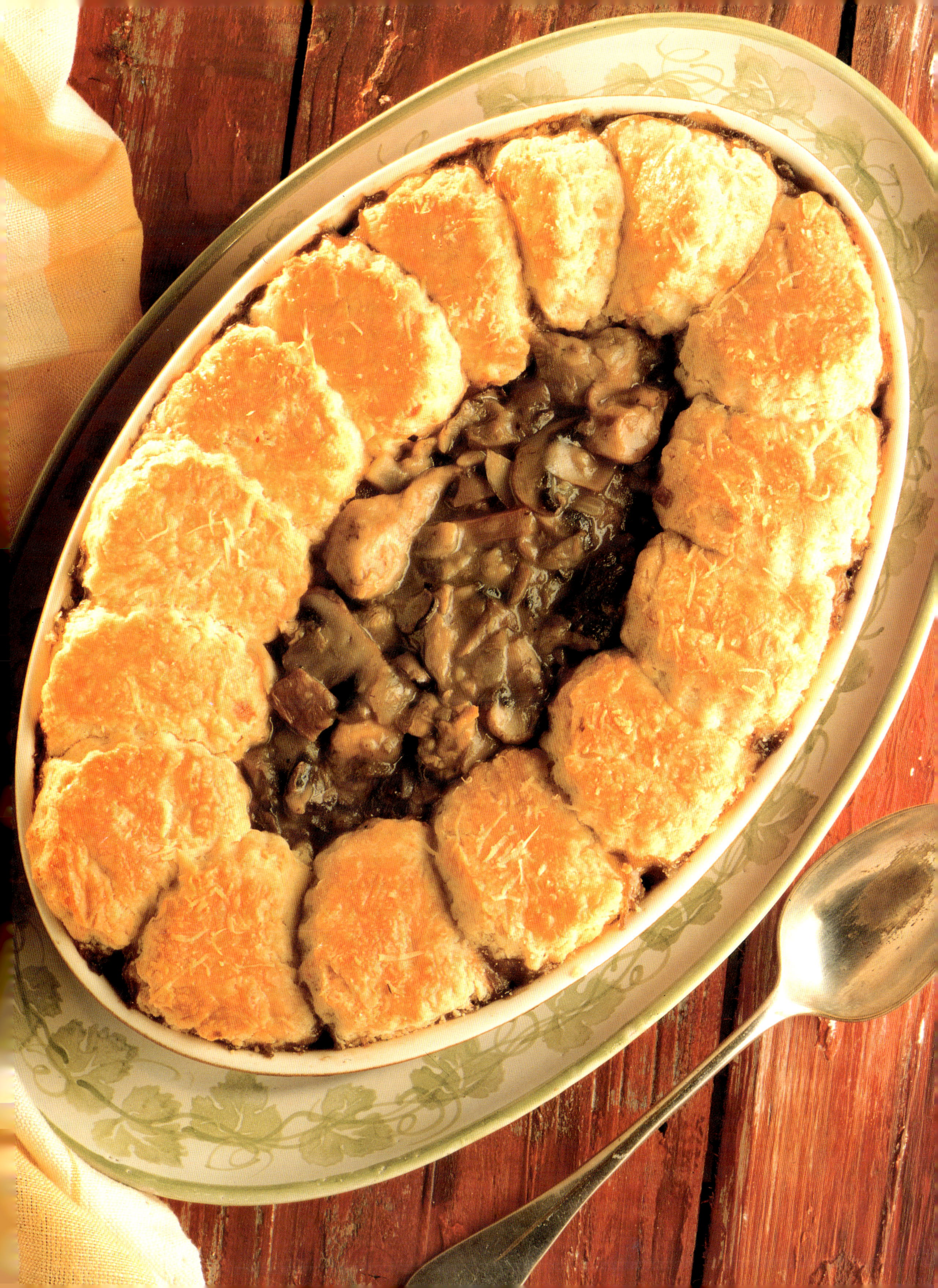

VOLAILLES ET GIBIER

Soupe au canard, aux betteraves et aux cèpes

Pour 4 personnes

50 g de beurre

2 oignons moyens émincés

2 cuisses ou 2 magrets de canard

1 l de bouillon de poule

175 g de chou blanc coupé en fines lanières

675 g de betteraves coupées en morceaux

15 g de cèpes de Bordeaux ou de bolets bais secs

1 branche de thym

500 g de haricots blancs en conserve

2 c. à soupe de vinaigre

Sel et poivre du moulin

Pour la garniture

15 cl de crème fraîche

2 c. à soupe de raifort

4 c. à soupe de persil frais

1 Mettez le beurre à fondre dans une casserole et faites blondir les oignons à feu doux. Ajoutez le canard, recouvrez de bouillon, puis incorporez le chou, les betteraves, les cèpes, le thym et les haricots blancs. Couvrez et laissez mijoter 1 h 15.

2 Dégraissez le plus possible. Sortez le canard, coupez-le en gros morceaux, puis remettez ceux-ci dans la casserole. Ajoutez le vinaigre et assaisonnez.

3 Mélangez le raifort et la crème. Versez la soupe dans les bols, ajoutez une cuillerée du mélange au raifort et du persil. Servez avec du pain de seigle.

Chausson roulé au poulet et aux girolles

Pour 4 personnes

1 oignon émincé

1 branche de céleri émincée

2 c. à café de thym frais

2 c. à soupe d'huile

300 g de poulet, dépouillé de sa peau et désossé

125 g de girolles fraîches nettoyées et émincées, ou 20 g de girolles sèches trempées dans de l'eau tiède pendant 20 minutes

40 g de farine

3 dl de bouillon de poule

1 c. à café de moutarde de Dijon

2 c. à soupe de vinaigre de vin

Sel et poivre du moulin

Pour la pâte

350 g de farine

1 sachet de levure

1 pincée de sel

150 g de beurre coupé en petits dés

5 c. à soupe d'eau froide

1 Mettez à revenir dans l'huile à feu doux l'oignon, le céleri et le thym. Coupez le poulet en gros morceaux, mettez-les dans la sauteuse avec les champignons. Faites rissoler rapidement, ajoutez la farine. Retirez la sauteuse du feu.

2 Versez peu à peu le bouillon en mélangeant. Remettez sur le feu jusqu'à épaississement ; ajoutez la moutarde et le vinaigre. Assaisonnez et laissez refroidir.

3 Pour faire la pâte, versez la farine, la levure et le sel dans un saladier. Ajoutez le beurre et travaillez avec les doigts pour obtenir un petit sablage. Versez l'eau en une seule fois et mélangez sans trop pétrir la pâte. Abaissez celle-ci en un rectangle de 25 cm sur 30. Passez sous l'eau un morceau de mousseline deux fois plus grand que la pâte. Posez la pâte sur la mousseline. Étalez la farce sur la pâte, que vous roulerez en vous aidant de la mousseline. Enfermez la pâte dans la mousseline et ficelez à chaque bout.

4 Plongez le chausson dans une casserole d'eau bouillante, couvrez et laissez cuire 1 h 30. Sortez-le, ouvrez le tissu, coupez en tranches et servez aussitôt.

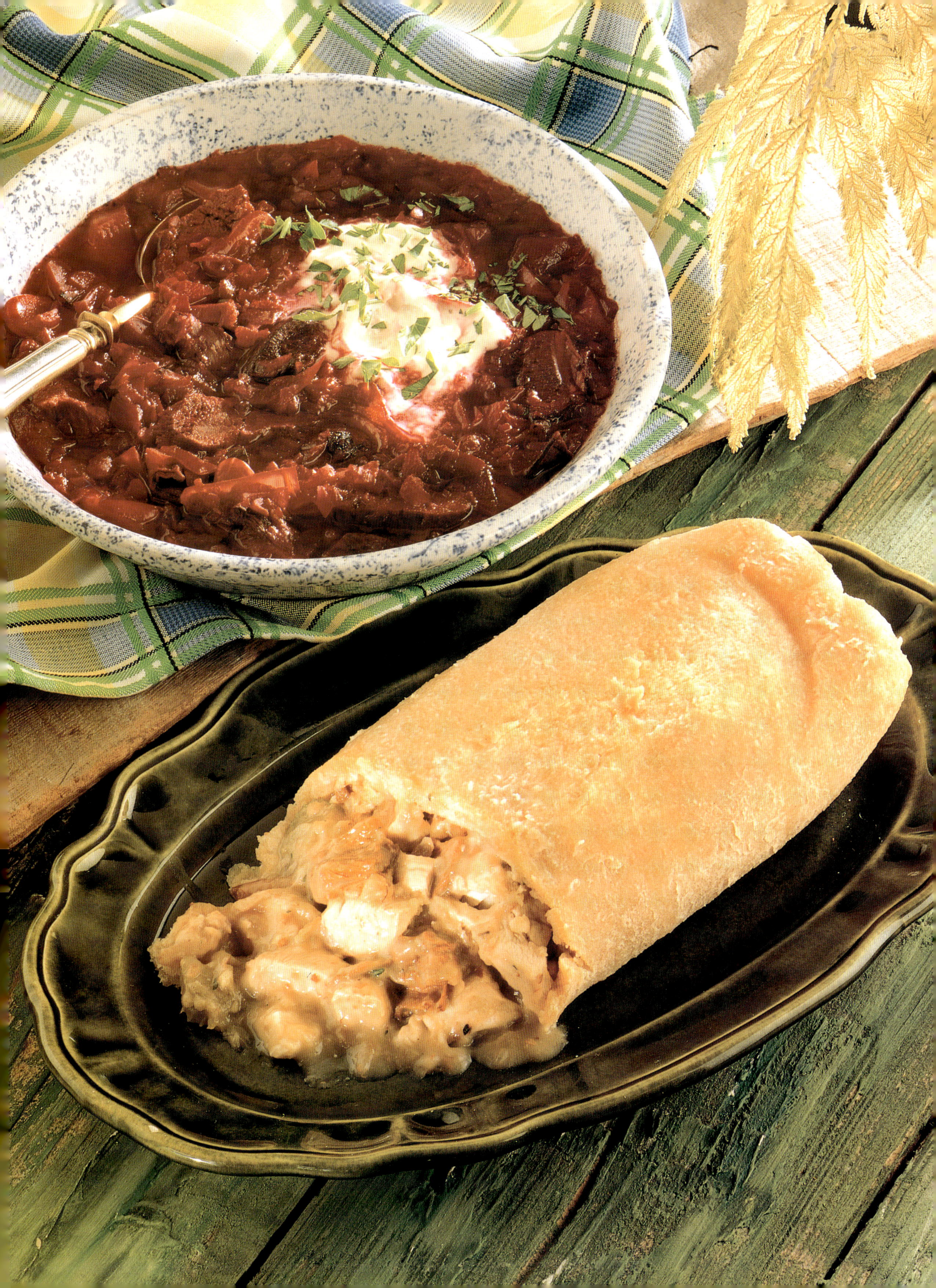

VOLAILLES ET GIBIER

Lapin de garenne aux champignons

La riche saveur du lapin de garenne rehausse le parfum des champignons des bois.

Pour 4 personnes
- 3 c. à soupe d'huile d'olive
- 12 petits oignons blancs pelés
- 1 branche de céleri coupée en julienne
- 1 carotte coupée en julienne
- 1 lapin de garenne de 1 kg, vidé
- Sel et poivre du moulin
- 2 c. à soupe de farine
- 115 g de topinambours pelés et émincés
- 1/2 l de bouillon de poule
- 75 g de trompettes-des-morts nettoyées
- 15 g de cèpes de Bordeaux ou de bolets bais secs
- 1 c. à soupe de crème d'olives vertes
- 8 olives vertes
- 1 c. à soupe de jus de citron

1 Chauffez l'huile d'olive dans une sauteuse et faites blondir les oignons, le céleri et les carottes pendant 6 à 8 minutes. Mettez-les de côté dans le récipient. Assaisonnez le lapin et faites-le rissoler dans la sauteuse. Saupoudrez de farine en mélangeant, puis ajoutez les topinambours et retirez du feu.

2 Versez peu à peu le bouillon de poule en tournant jusqu'à ce que la farine soit absorbée. Remettez sur le feu.

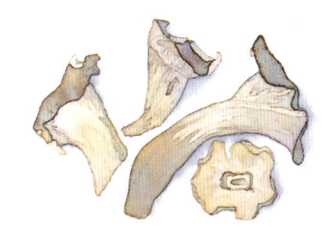

3 Incorporez les champignons et la crème d'olives, couvrez et laissez mijoter à feu doux pendant 1 heure. Ajoutez les olives vertes et le jus de citron, rectifiez l'assaisonnement. Servez avec des pommes de terre persillées.

Le conseil du chef
Essayez d'enlever du lapin le maximum de petits os.

Fenouil farci

Les bulbes de fenouil sont ici farcis d'un mélange onctueux de pleurotes en huître et de poulet.

Pour 4 personnes
- 2 ou 3 gros bulbes de fenouil
- 3 œufs
- 25 g de beurre
- 1 oignon moyen émincé
- 300 g de poulet, dépouillé de sa peau et désossé
- 225 g de pleurotes en huître, nettoyés et émincés
- 4 c. à soupe de farine
- 3 dl de bouillon de poule
- 1 c. à café de moutarde de Dijon
- Sel et poivre du moulin
- Brins de persil pour la décoration

1 Préchauffez le four à 190 °C (therm. 5). Nettoyez la base des fenouils. Coupez chaque bulbe en deux, retirez-en le cœur. Faites bouillir le fenouil 3 à 4 minutes dans de l'eau salée. Égouttez et laissez refroidir. Plongez les œufs 10 minutes dans de l'eau bouillante, passez-les sous l'eau froide, écalez-les.

2 Hachez finement les cœurs de fenouil, puis faites-les revenir dans le beurre avec un oignon 3 à 4 minutes, à feu doux.

3 Coupez le poulet en morceaux, que vous mettrez dans la casserole avec les champignons. Faites cuire à feu doux pendant 6 minutes, en mélangeant souvent. Incorporez la farine et retirez du feu.

4 Versez peu à peu le bouillon de poule en vous assurant qu'il ne se forme pas de grumeaux. Remettez sur le feu et laissez épaissir en mélangeant sans arrêt. Hachez un œuf, ajoutez-le à la farce, ainsi que la moutarde, puis assaisonnez.

5 Disposez les fenouils dans un plat à four, remplissez-les de farce, couvrez-les de papier aluminium et faites cuire 20 à 25 minutes. Servez sur du riz et décorez avec les œufs durs et le persil.

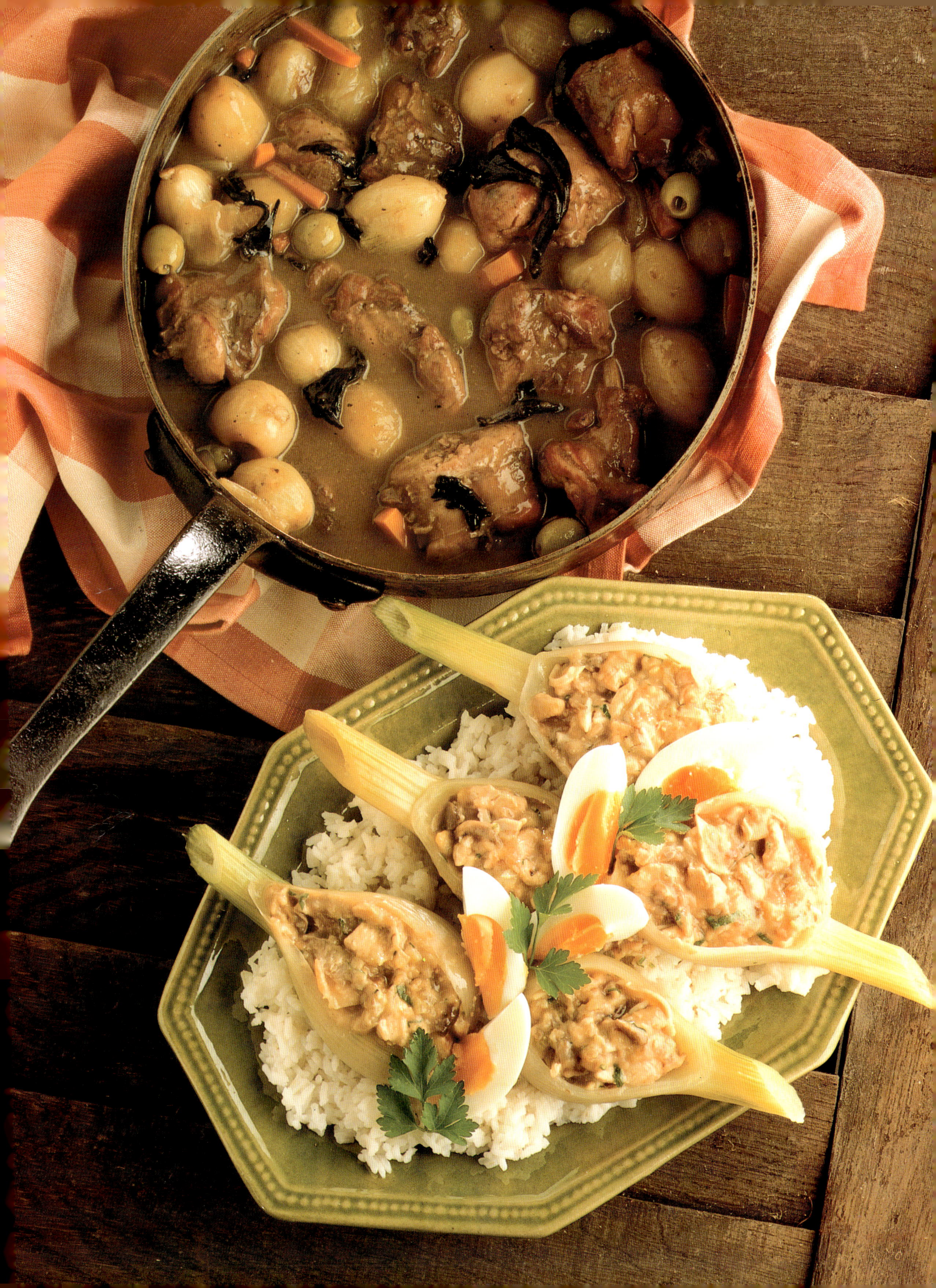

VOLAILLES ET GIBIER

Pintade braisée aux lactaires délicieux

Pour 4 personnes

2 jeunes pintades, ficelées
Sel et poivre du moulin
50 g de beurre
5 c. à soupe de cognac
2 oignons moyens émincés
1 petite carotte coupée en julienne
1/2 branche de céleri émincée
225 g de champignons : lactaires délicieux, girolles, pleurotes en huître, mousserons de printemps, coulemelles, rosés des prés, nettoyés et hachés
4,5 dl de bouillon de poule
1 branche de thym
1 feuille de laurier
1 c. à soupe de jus de citron

1 Préchauffez le four à 190 °C (therm. 5). Salez et poivrez les pintades. Faites fondre le beurre dans une cocotte, et dorez les pintades sur toutes les faces. Mettez-les dans un plat ; chauffez le jus, versez le cognac et portez à ébullition en mélangeant pour déglacer. Versez sur les pintades et réservez.

Le conseil du chef

Vous pouvez remplacez les champignons de cueillette par 15 g de cèpes de Bordeaux ou de lactaires délicieux secs et par 75 g de pleurotes en huître ou de rosés des prés du marché, par exemple.

2 Nettoyez la cocotte, puis faites fondre le reste de beurre. Jetez-y les oignons, la carotte et le céleri, remuez. Placez les pintades sur ce lit de légumes, couvrez et laissez cuire 40 minutes au four.

3 Ajoutez alors le bouillon de poule, le thym et la feuille de laurier. Enveloppez les champignons dans un carré de mousseline de 30 cm. Mettez-les dans la cocotte, couvrez et faites cuire encore 40 minutes au four.

4 Dressez les volailles sur un plat de service, retirez le thym et le laurier, réservez les champignons. Passez la sauce au tamis, remettez-la dans la cocotte et ajoutez les champignons (que vous aurez retirés de leur mousseline). Salez, poivrez, arrosez de jus de citron, puis faites chauffer jusqu'à frémissement. Nappez les pintades de sauce, ou servez celle-ci dans une saucière.

VOLAILLES ET GIBIER

Faisan braisé aux cèpes et aux marrons

À la fin de la saison, les faisans sont meilleurs quand ils sont cuits en cocotte. Pour cette délicieuse recette, il faut compter deux faisans pour quatre personnes.

Pour 4 personnes

2 faisans
Sel et poivre du moulin
50 g de beurre
5 c. à soupe de vin blanc sec
12 oignons grelots pelés
1 branche de céleri émincée
50 g de lard de poitrine non fumé, coupé en dés
3 c. à soupe de farine
50 cl de bouillon de poule
175 g de marrons épluchés
350 g de cèpes de Bordeaux ou de bolets bais frais, nettoyés et coupés en lamelles, ou 15 g de cèpes de Bordeaux ou de bolets secs, trempés 20 minutes dans de l'eau tiède
1 c. à soupe de jus de citron
Quelques feuilles de cresson bien lavé pour décorer

1 Préchauffez le four à 170 °C (therm. 4). Salez et poivrez les faisans. Mettez le beurre à fondre dans une grande cocotte et faites-y rissoler les faisans à feu doux. Posez-les ensuite dans un plat et jetez la graisse de cuisson. Remettez la cocotte sur le feu et ajoutez le vin blanc. Déglacez le fond de cuisson avec une cuillère en bois et versez-le sur les faisans.

2 Lavez la cocotte et mettez le reste du beurre à fondre. Faites dorer les oignons, le céleri et le lard. Ajoutez la farine et retirez du feu.

3 Versez peu à peu le bouillon en mélangeant, jusqu'à ce que la farine soit absorbée. Entourez les faisans des marrons et des champignons. Faites mijoter à feu doux, puis couvrez et laissez cuire au four pendant 1 h 30.

4 Dressez les faisans et les légumes sur un plat de service. Portez de nouveau la sauce à ébullition, ajoutez le jus de citron et rectifiez l'assaisonnement. Versez la sauce dans une saucière et décorez avec les feuilles de cresson.

Le conseil du chef
Si vous n'avez pas le temps d'éplucher ni de faire cuire les marrons, vous pouvez utiliser des marrons en conserve ou sous vide.

VOLAILLES ET GIBIER

Fricassée de poulet forestière

La fricassée est un ragoût de volaille ou de viande coupée en morceaux. Cette sauce d'accompagnement au lard et aux champignons ajoute une délicieuse note boisée au poulet.

Pour 4 personnes
500 g de poulet désossé
Sel et poivre du moulin
50 g de beurre
1 c. à soupe d'huile
120 g de lard de poitrine non fumé, coupé en dés
5 c. à soupe de vin blanc sec
1 oignon moyen émincé
350 g de champignons : girolles, cèpes de Bordeaux, bolets bais, trompettes-des-morts, polypores soufrés, pieds-de-mouton, lactaires délicieux, rosés des prés fermés, sparassis crépus, nettoyés et coupés en lamelles
3 c. à soupe de farine
50 cl de bouillon de poule
2 c. à café de jus de citron
4 c. à soupe de persil frais ciselé

1 Poivrez les morceaux de poulet. Mettez la moitié de l'huile et du beurre à fondre dans une sauteuse, puis faites dorer le lard et la volaille. Réservez ces deux ingrédients dans un plat ; jetez l'excédent de graisse de cuisson.

2 Remettez la sauteuse sur le feu et déglacez avec le vin blanc. Versez le jus sur le poulet et nettoyez la sauteuse.

Le conseil du chef
N'hésitez pas à acheter un poulet fermier. Non seulement il est moins gras que les autres poulets, mais sa chair est plus ferme et son goût nettement meilleur.

3 Dorez l'oignon dans le reste de beurre, ajoutez les champignons. Faites cuire 6 à 8 minutes en mélangeant souvent, jusqu'à ce que les champignons rendent leur eau. Incorporez la farine, puis retirez du feu. Versez peu à peu le bouillon de poule et mélangez bien pour éviter la formation de grumeaux.

4 Remettez le lard et le poulet avec la sauce au vin blanc dans la sauteuse ; laissez épaissir et faites mijoter pendant 10 à 15 minutes, puis ajoutez le jus de citron, le persil et l'assaisonnement. Servez avec du riz créole, des carottes et des épis de maïs.

VOLAILLES ET GIBIER

Polypores soufrés à l'estragon

Le goût et la consistance du polypore soufré rappellent dans ce plat ceux du vrai poulet : une recette qui comblera aussi bien les végétariens que les amateurs de viande.

Pour 4 personnes
50 g de beurre
2 échalotes ou 1 petit oignon
1 branche de céleri émincée
1/2 carotte coupée en julienne
350 g de polypores soufrés nettoyés et coupés en morceaux
5 c. à soupe de farine
50 cl de bouillon de poule ou de légumes
5 c. à soupe de vin blanc sec
2 c. à soupe d'estragon frais haché
5 c. à soupe de crème fraîche
2 c. à soupe de jus de citron
Sel de céleri et poivre de Cayenne

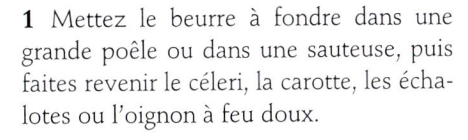

Le conseil du chef
Vous pouvez aussi vous servir de cette recette pour farcir une tourte. Recouvrez la farce d'une pâte feuilletée ou brisée et cuisez 45 à 50 minutes au four à 190 °C (therm. 5).

1 Mettez le beurre à fondre dans une grande poêle ou dans une sauteuse, puis faites revenir le céleri, la carotte, les échalotes ou l'oignon à feu doux.

2 Ajoutez les champignons et laissez cuire 3 à 4 minutes. Incorporez la farine et retirez du feu.

3 Versez peu à peu le bouillon, en mélangeant pour éviter la formation de grumeaux. Faites cuire à feu doux, en remuant sans arrêt, puis ajoutez le vin blanc et l'estragon. Laissez mijoter 6 à 8 minutes.

4 Au moment de servir, ajoutez la crème fraîche et le jus de citron, mélangez, assaisonnez de sel de céleri et de poivre de Cayenne. Servez sur un lit de tagliatelles.

VOLAILLES ET GIBIER

Canard sauvage aux morilles et à la sauce madère

La riche saveur du colvert et le parfum des morilles s'harmonisent dans ce plat qui sent déjà l'automne.

Pour 4 personnes
2 colverts de 1 kg chacun, parés et bardés
Sel et poivre du moulin
50 g de beurre
5 c. à soupe de madère
1 oignon moyen émincé
1/2 branche de céleri émincée
1 petite carotte coupée en rondelles
10 grandes morilles sèches
225 g de champignons : pieds-violets, pieds-bleus, coulemelles, rosés des prés, nettoyés et coupés en lamelles
50 cl de bouillon de poule
1 branche de thym
2 c. à café de vinaigre de vin

Le conseil du chef
Pour cette recette, il est tout à fait possible de remplacer les colverts par des perdreaux ou des pigeons, à raison d'une pièce par personne.

1 Préchauffez le four à 190 °C (therm. 5). Salez et poivrez les canards. Mettez le beurre à fondre dans une sauteuse et faites dorer les canards sur toutes les faces. Posez-les dans un plat ; chauffez le fond de cuisson et déglacez-le avec le madère. Versez sur les canards.

2 Faites chauffer le reste de beurre dans une grande sauteuse pour y faire revenir l'oignon, le céleri et la carotte. Ajoutez les canards en réservant le déglaçage et cuisez 40 minutes au four.

3 Enveloppez les champignons dans un carré de mousseline d'environ 50 cm de côté. Mettez le bouillon, le thym et la mousseline dans la sauteuse, faites de nouveau cuire au four 40 minutes.

4 Dressez les canards sur un plat de service, retirez le thym et réservez les champignons. Passez le jus de cuisson et versez-le dans la sauteuse avec le déglaçage au madère. Ouvrez la mousseline et incorporez les champignons à cette sauce. Ajoutez le vinaigre, rectifiez l'assaisonnement et faites mijoter doucement. Versez la sauce dans le plat, garnissez avec des brins de persil, des carottes et des brocolis avant de servir.

VOLAILLES ET GIBIER

Poulet farci aux champignons des bois

Pour cette recette de poulet rôti, l'idéal est d'acheter un poulet fermier, dont la saveur et la consistance se mêleront parfaitement à celles des champignons sauvages.

Pour 4 personnes

25 g de beurre, plus un petit morceau pour badigeonner la volaille et ajouter à la sauce
1 échalote émincée
225 g de champignons : girolles, cèpes de Bordeaux, bolets bais, pleurotes en huître, polypores soufrés, lactaires délicieux, pieds-de-mouton, nettoyés et grossièrement hachés
50 g de chapelure fraîche
Sel et poivre du moulin
2 jaunes d'œuf
1 poulet fermier d'environ 1,5 kg, préparé
1/2 branche de céleri émincée
1/2 carotte coupée en rondelles
75 g de pommes de terre épluchées et coupées en rondelles
20 cl de bouillon de poule
2 c. à café de vinaigre de vin
1 bouquet de persil pour la garniture

1 Préchauffez le four à 220 °C (therm. 7). Mettez le beurre à fondre dans une casserole et faites revenir l'échalote à feu doux. Ajoutez ensuite la moitié des champignons hachés et laissez cuire 2 à 3 minutes, jusqu'à ce qu'ils commencent à rendre leur eau. Retirez du feu, incorporez la chapelure et les jaunes d'œuf, assaisonnez et mélangez.

2 Introduisez cette farce dans le cou du poulet, recousez ou maintenez fermé avec une brochette.

3 Badigeonnez le poulet de beurre et assaisonnez-le. Mettez le céleri, la carotte, les pommes de terre et le reste de champignons dans un plat à four. Posez le poulet sur ce lit de légumes, ajoutez une tasse de bouillon de volaille et faites rôtir environ 1 h 15.

4 Dressez le poulet sur un plat de service. Passez les légumes et les champignons au mixeur. Remettez ce mélange dans le plat de cuisson et faites chauffer à feu doux, en ajoutant un peu de bouillon si nécessaire. Rectifiez l'assaisonnement, ajoutez le vinaigre et un petit morceau de beurre, mélangez énergiquement. Garnissez le poulet de quelques brins de persil, de pommes sautées et de carottes. Servez en présentant la sauce dans une saucière.

Le conseil du chef

Si vous ne trouvez pas de champignons frais, remplacez-les par 15 g de champignons secs, sans oublier de les faire tremper 20 minutes avant de les utiliser.

VOLAILLES ET GIBIER

Dinde rôtie parfumée aux champignons

Pour relever le goût de la dinde rôtie, n'hésitez pas à la farcir de champignons de saison. Vous pouvez également parfumer la sauce avec des champignons.

Pour 6 à 8 personnes
1 dinde fermière de 5 kg, parée
Un peu de beurre pour la badigeonner
Cresson bien lavé en garniture
Pour la farce aux champignons
50 g de beurre
1 oignon moyen émincé
225 g de champignons : girolles, cèpes de Bordeaux, bolets bais, polypores soufrés, lactaires délicieux, amanites des Césars, nettoyés et hachés
75 g de chapelure fraîche
115 g de chair à saucisse
1 petite truffe fraîche coupée en lamelles (facultatif)
5 gouttes d'essence de truffe (facultatif)
Sel et poivre du moulin
Pour la sauce
5 c. à soupe de vin blanc sec
40 cl de bouillon de poule
4 c. à café de Maïzena
1 c. à café de moutarde de Dijon
1 c. à café de vinaigre
Sel et poivre du moulin

1 Préchauffez le four à 220 °C (therm. 7). Pour la farce, faites doucement revenir l'oignon dans le beurre. Ajoutez les champignons et mélangez jusqu'à ce qu'ils rendent leur eau. Retirez du feu, incorporez la chapelure, la chair à saucisse, éventuellement la truffe et l'essence de truffe, assaisonnez et mélangez le tout.

2 Introduisez la farce dans la dinde, recousez ou maintenez fermé avec une brochette.

3 Badigeonnez la dinde de beurre, mettez-la dans un grand plat à four, enfournez et faites cuire 50 minutes. Baissez la température à 180 °C (therm. 4) et poursuivez la cuisson pendant encore 2 h 30.

4 Dressez la dinde sur une planche à découper ou un plat de service, couvrez-la d'une feuille d'aluminium et réservez-la au chaud. Pour faire la sauce, dégraissez le plat à four et faites réduire le fond de cuisson. Ajoutez le vin blanc, mélangez énergiquement avec une cuillère en bois, puis incorporez le bouillon de poule.

5 Mélangez la Maïzena et la moutarde dans un bol, délayez avec 2 cuillerées à café d'eau et le vinaigre. Incorporez au jus de cuisson déglacé et laissez épaissir. Salez, poivrez et ajoutez un petit morceau de beurre.

6 Garnissez la dinde de feuilles de cresson. Versez la sauce dans une saucière, et servez séparément.

Le conseil du chef
Pour cette variante de la traditionnelle dinde de Noël, comptez un peu plus de 500 g de volaille parée par personne, et 20 minutes de cuisson par livre.

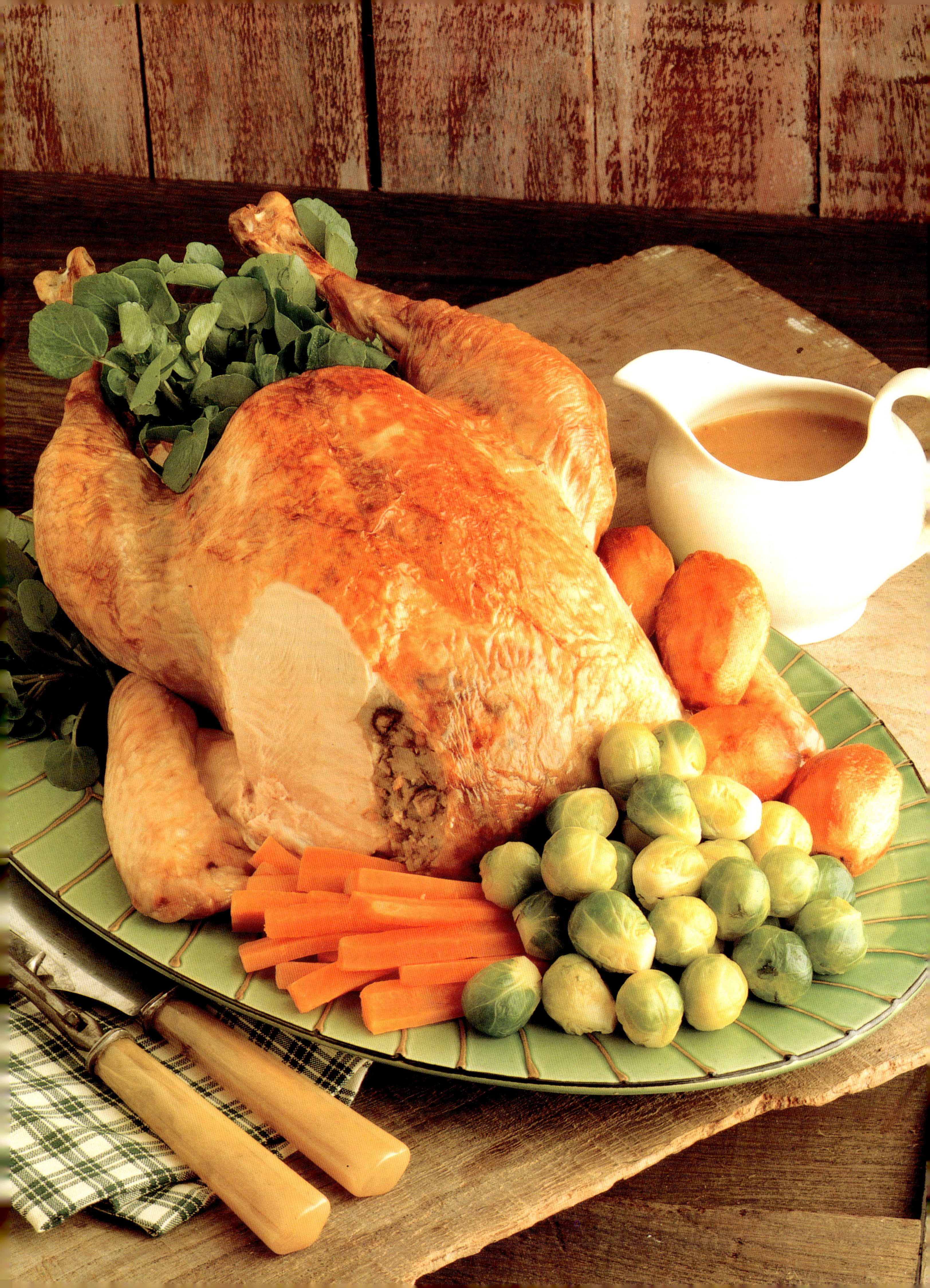

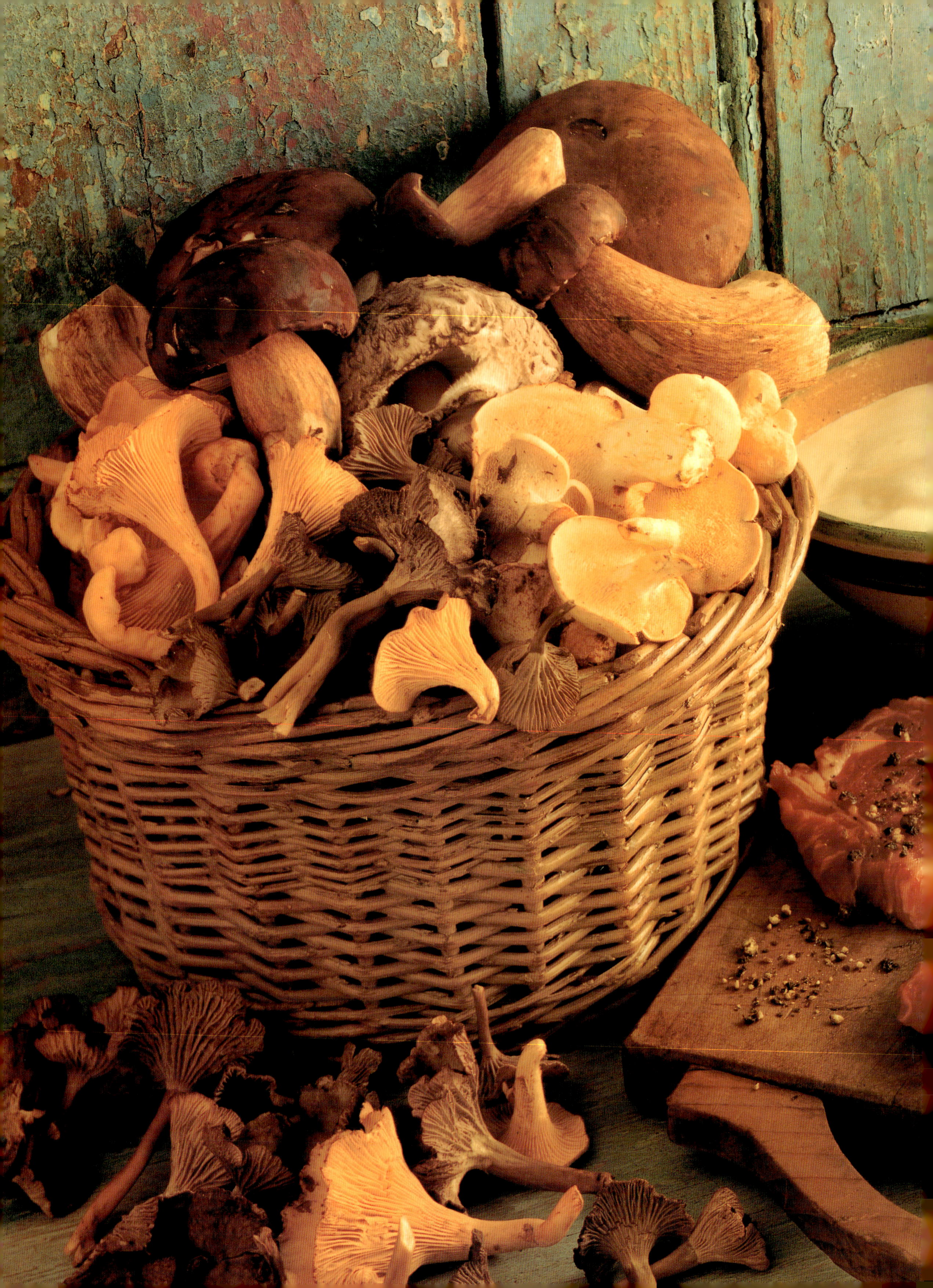

VIANDES

VIANDES

Sauté de veau Marengo

On dit que ce sauté de veau doit son nom à une recette qu'aurait inventée le cuisinier de Napoléon lors de la célèbre bataille de Marengo.

Pour 6 personnes

4 c. à soupe de farine

1,3 kg d'épaule de veau désossée, coupée en cubes de 5 cm de côté

3 c. à soupe d'huile d'olive

2 gousses d'ail très finement hachées

4 ou 5 échalotes finement hachées

30 cl de vin blanc

500 g de tomates pelées, épépinées et concassées

1 bouquet garni

1 c. à soupe de concentré de tomates

1 c. à soupe de beurre

350 g de champignons de Paris, coupés en quatre s'ils sont gros

Sel et poivre du moulin

3 c. à soupe de persil ciselé

1 Versez la farine salée et poivrée dans un sac plastique (ou sur un torchon de fil). Mettez-y les morceaux de viande et secouez pour bien répartir. Ôtez ensuite l'excès de farine.

2 Versez 2 cuillerées à soupe d'huile dans une cocotte. À feu moyen, faites rissoler la viande de tous côtés en ne prenant que quelques morceaux à la fois, de façon qu'ils soient bien dorés. Mettez-les de côté au fur et à mesure. N'hésitez pas à ajouter un peu d'huile dans la cocotte si nécessaire.

3 Dans le même récipient, faites revenir l'ail et les échalotes à feu moyen. Versez le vin et portez à ébullition. Remettez la viande dans la cocotte, ajoutez les tomates, le bouquet garni et le concentré de tomates. Portez à ébullition, puis baissez le feu, couvrez et laissez mijoter doucement pendant 1 heure.

4 Mettez le beurre à fondre dans une poêle, et faites-y dorer les champignons à feu moyen. Versez les champignons dans la cocotte, couvrez et faites cuire encore 20 à 30 minutes, jusqu'à ce que la viande soit bien tendre. Rectifiez l'assaisonnement et retirez le bouquet garni avant de servir. Parsemez de persil ciselé.

Le conseil du chef

Les girolles ou les cèpes peuvent avantageusement remplacer les champignons de Paris.

Goulache aux morilles

Ce plat hongrois doit sa saveur et son moelleux aux oignons et au paprika. Dans cette recette, les morilles, les rosés des prés, les coprins chevelus et les agarics des jachères ajouteront encore à l'onctuosité et au goût du goulache.

Pour 4 personnes

800 g de bœuf dans le paleron, coupé en dés
Sel et poivre du moulin
4 c. à soupe d'huile
15 cl de vin rouge
4 oignons moyens émincés
500 g de champignons : rosés des prés, agarics des jachères, jeunes coprins chevelus, nettoyés et hachés
3 c. à soupe de paprika doux
50 cl de bouillon de bœuf
2 c. à soupe de concentré de tomates
15 g de morilles séchées, trempées 20 minutes dans de l'eau tiède
1 c. à soupe de vinaigre de vin

1 Préchauffez le four à 170 °C (therm. 4) et poivrez le bœuf. Mettez à chauffer la moitié de l'huile dans une sauteuse et faites rissoler la viande à feu vif. Quand elle est bien rissolée et que le jus de cuisson est évaporé, disposez-la dans une cocotte et jetez la graisse de cuisson. Remettez la sauteuse sur le feu, ajoutez le vin et déglacez avec une cuillère en bois. Versez la sauce ainsi obtenue sur la viande et nettoyez la sauteuse.

2 Faites chauffer le reste d'huile dedans et mettez-y les oignons à blondir.

3 Versez-les dans la cocotte, puis ajoutez les champignons, le paprika, le bouillon, le concentré de tomates, les morilles et leur liquide. Faites frémir, puis couvrez et laissez cuire environ 1 h 30 au four.

Le conseil du chef

Le goulache peut aussi se faire avec du porc et du veau. Dans ce cas, remplacez le bouillon de bœuf par du bouillon de poule. Pour que ce plat garde une belle couleur, choisissez des coprins chevelus encore fermés.

4 Au moment de servir, ajoutez le vinaigre et rectifiez l'assaisonnement. Servez avec des pommes de terre cuites au four dans leur peau, du chou et des carottes.

VIANDES

BOULETTES AUX CÈPES, SAUCE ROQUEFORT

La richesse du roquefort, à la fois acide et salé, rehausse le goût du bœuf. Dans cette recette, les boulettes sont parfumées aux cèpes et accompagnées d'une sauce au roquefort et aux noix.

POUR 4 PERSONNES

15 g de cèpes de Bordeaux ou de bolets bais secs, trempés 20 minutes dans de l'eau tiède
500 g de bifteck haché
1 petit oignon émincé
2 jaunes d'œuf
2 c. à café de thym frais
Sel de céleri et poivre du moulin
2 c. à soupe d'huile d'olive

POUR LA SAUCE AU ROQUEFORT
20 cl de lait
50 g de noix grillées
3 tranches de pain blanc sans croûte
75 g de roquefort
4 c. à soupe de persil ciselé

1 Égouttez les champignons en réservant le liquide, puis émincez-les. Mettez dans un saladier la viande, l'oignon, les jaunes d'œuf, le thym, puis salez et poivrez ; ajoutez les champignons et mélangez bien. Mouillez vos mains, et formez de petites boulettes.

2 Pour la sauce, faites frémir le lait dans une petite casserole. Réduisez les noix en poudre dans un mixeur. Dans un saladier, versez le lait et l'eau dans laquelle ont trempé les champignons. Ajoutez les noix, le pain et remuez, puis le roquefort écrasé et le persil. Mélangez doucement, couvrez et laissez reposer au chaud.

3 Chauffez l'huile d'olive dans une grande poêle et mettez à cuire les boulettes 6 à 8 minutes. Disposez-les sur un plat de service maintenu au chaud. Faites chauffer la sauce à feu doux dans la poêle, sans la laisser bouillir, puis versez-la sur les boulettes. Accompagnez de tagliatelles.

PUDDING AU BŒUF ET AUX CHAMPIGNONS

Il faut 5 heures de préparation et de cuisson pour ce plat traditionnel anglais ! Mais il en vaut la peine.

POUR 4 PERSONNES

500 g de bœuf dans le paleron, coupé en cubes
250 g de champignons : girolles, cèpes de Bordeaux, bolets orange terne, coprins chevelus, trompettes-des-morts, lactaires délicieux, pieds-bleus, pieds-violets, pleurotes en huître, rosés des prés, mousserons de printemps, nettoyés et coupés en lamelles, plus 3 morilles sèches
1 oignon moyen émincé
3 c. à soupe de farine
Sel de céleri et poivre du moulin
3 c. à café de sauce Worcestershire
12 cl de bouillon de bœuf

POUR LA PÂTE
225 g de farine
1 c. à café de levure
1 c. à café de sel
75 g de beurre en petits morceaux

1 Pour faire la pâte, mettez la farine, la levure et le sel dans un saladier, puis ajoutez le beurre. Versez 15 cl d'eau et mélangez. Étendez la pâte sur un plan fariné et pétrissez-la légèrement.

2 Beurrez un moule à bords hauts et farinez-le. Mettez de côté un quart de la pâte et garnissez le moule avec le reste. Laissez largement déborder la pâte pour pouvoir la refermer plus tard.

3 Mélangez la viande, les champignons, l'oignon et la farine dans un saladier, assaisonnez. Versez cette farce sur la pâte, ajoutez la sauce Worcestershire et le bouillon. Refermez le pudding en posant le quart restant de la pâte par-dessus et en rabattant les bords après les avoir humidifiés avec un peu d'eau pour les souder.

4 Placez un cercle de papier sulfurisé sur le pudding, puis enveloppez le moule dans une grande feuille d'aluminium. Faites cuire 2 h 30 au bain-marie.

5 Au moment de servir, disposez sur un plat de service, entouré de pommes de terre en robe des champs, de carottes et de persil.

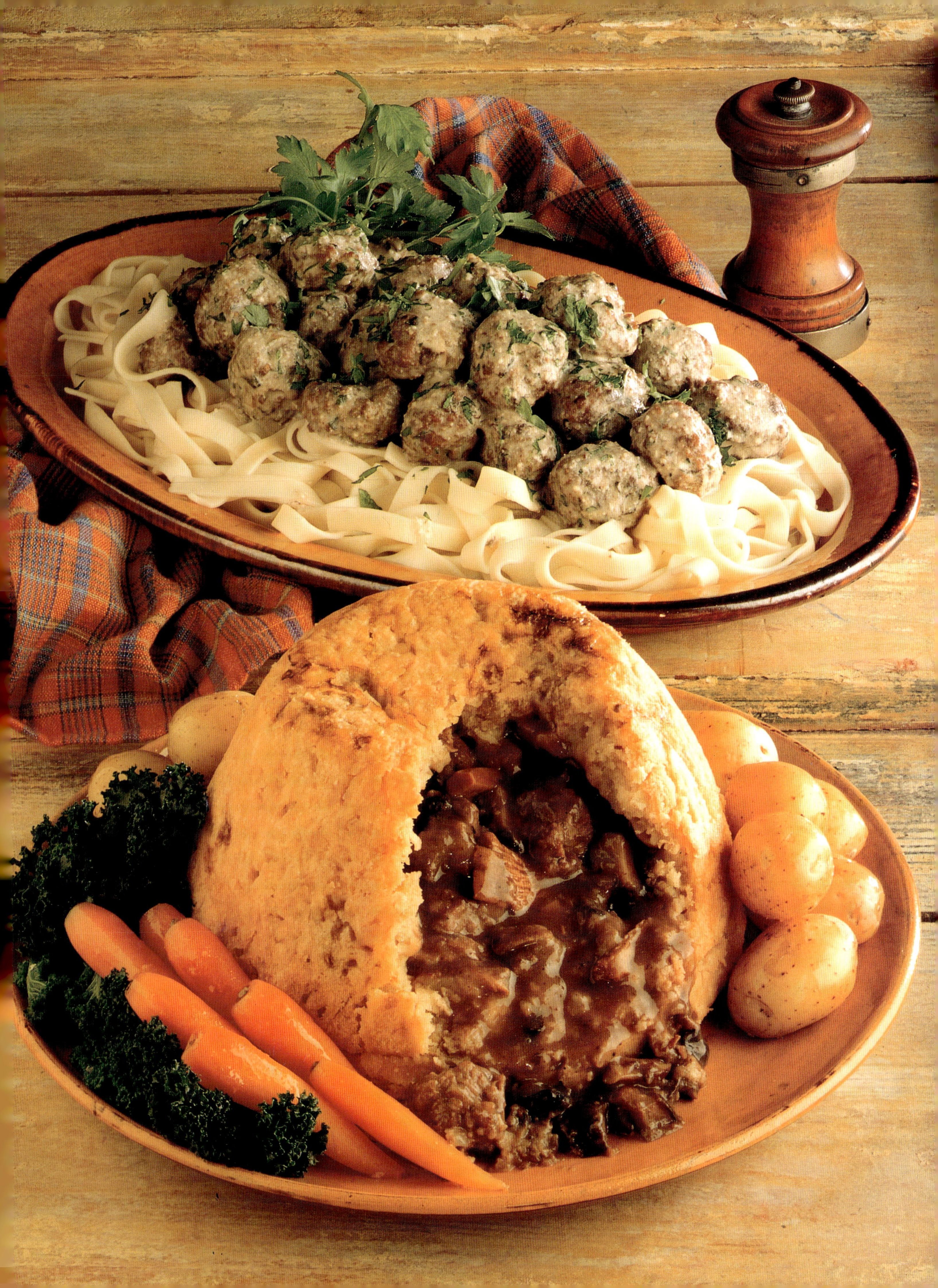

VIANDES

RAGOÛT DE BŒUF ET BOULETTES DE CÈPES

Enrichissez votre ragoût de bœuf en l'accompagnant de boulettes de cèpes.

POUR 4 PERSONNES

4 c. à soupe d'huile
1 kg de bœuf dans le paleron ou l'aiguillette, coupé en cubes
15 cl de vin rouge
2 oignons moyens émincés
1/2 branche de céleri émincée
500 g de rosés des prés à chapeau ouvert ou de champignons de Paris, coupés en lamelles
1/2 gousse d'ail écrasée
50 cl de bouillon de bœuf
2 c. à soupe de concentré de tomates
2 c. à café de tapenade
1 c. à soupe de vinaigre
1 c. à café de crème d'anchois
1 branche de thym
Sel et poivre du moulin

POUR LES BOULETTES DE CÈPES

275 g de farine
1/2 sachet de levure
1 c. à café de sel
120 g de beurre en petits morceaux
3 c. à soupe de persil ciselé
1 c. à café de thym frais
15 g de cèpes de Bordeaux secs, trempés 20 minutes dans de l'eau tiède
25 cl de lait

1 Préchauffez le four à 170 °C (therm. 4). Poivrez le bœuf et faites chauffer la moitié de l'huile dans une poêle. Saisissez la viande à feu vif.

2 Quand celle-ci est bien dorée, mettez-la dans une sauteuse et jetez la graisse de cuisson. Ajoutez le vin rouge au fond de cuisson et déglacez. Versez la sauce obtenue sur la viande.

3 Nettoyez la poêle, puis faites chauffer le reste d'huile pour y faire dorer les oignons et le céleri. Ajoutez-les à la viande dans la sauteuse, avec les rosés des prés, l'ail, le bouillon, le concentré de tomates, la tapenade, la crème d'anchois, le vinaigre et le thym. Faites frémir, couvrez, et mettez au four pendant 1 h 30 à 2 h.

4 Pour faire les boulettes, mélangez la farine, la levure et le sel, ajoutez le beurre, le thym et le persil. Égouttez les cèpes et hachez-les. Ajoutez-les au mélange, puis incorporez le lait et remuez pour obtenir une pâte molle. Ne malaxez pas trop longtemps.

5 Farinez vos mains et formez de petites boulettes que vous plongerez dans une casserole d'eau frémissante. Laissez cuire à découvert 10 à 12 minutes. Quand les boulettes sont cuites, sortez-les de l'eau et disposez-les sur le plat de viande.

BŒUF BRAISÉ SAUCE CHAMPIGNONS

Une sauce réussie fait tout le succès d'un plat mijoté.

POUR 4 PERSONNES

1 kg de bœuf à braiser
Sel et poivre du moulin
4 c. à soupe d'huile
15 cl de vin rouge
2 oignons moyens émincés
1/2 branche de céleri émincée
500 g de rosés des prés à chapeau ouvert, nettoyés et coupés en lamelles
1/2 gousse d'ail écrasée
50 cl de bouillon de bœuf
2 c. à soupe de concentré de tomates
2 c. à café de tapenade
1 c. à café de crème d'anchois
1 branche de thym
1 c. à soupe de vinaigre de vin

1 Préchauffez le four à 170 °C (therm. 4). Poivrez le bœuf. Faites chauffer la moitié de l'huile dans une grande poêle et saisissez la viande à feu vif.

2 Placez la viande dans une sauteuse, puis jetez la graisse de cuisson et remettez la poêle sur le feu ; ajoutez le vin et déglacez le fond de cuisson. Versez ce jus sur la viande et nettoyez la poêle.

3 Faites chauffer le reste d'huile dans la poêle, mettez à dorer les oignons et le céleri. Ajoutez-les à la viande dans la sauteuse avec les champignons, l'ail, le bouillon, le concentré de tomates, la tapenade, la crème d'anchois et le thym. Faites frémir, couvrez et laissez mijoter environ 2 heures, jusqu'à ce que la viande soit tendre. Ajoutez le vinaigre et rectifiez l'assaisonnement. Servez avec de la purée, des rutabagas, des carottes et du chou.

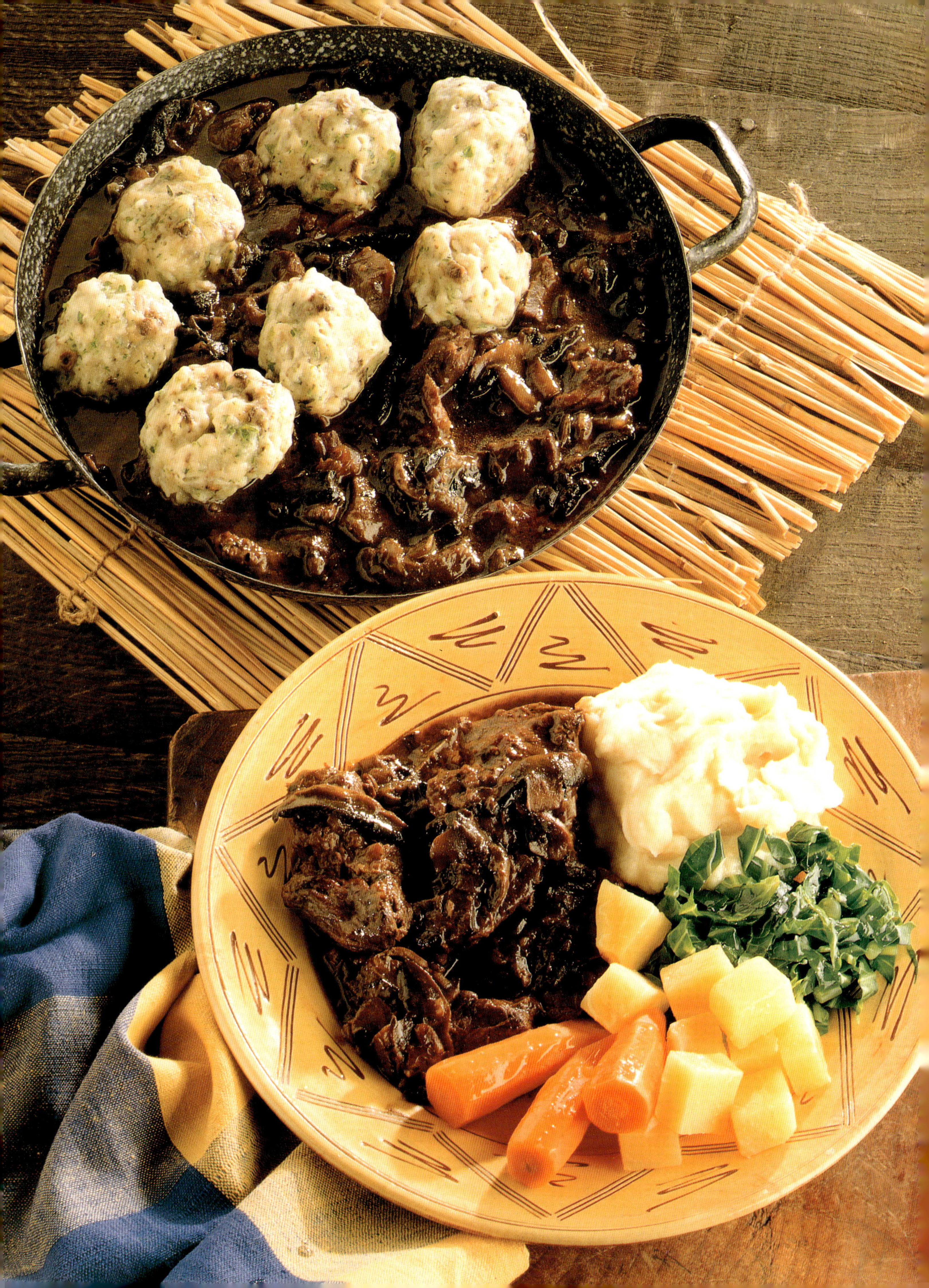

VIANDES

Côtes d'agneau aux champignons des bois

Pour 4 personnes

4 côtes d'agneau de 175 g chacune
Sel et poivre du moulin
2 c. à soupe d'huile d'olive
7,5 cl de vin rouge
250 g de champignons : girolles, cèpes de Bordeaux, bolets bais, trompettes-des-morts, lactaires délicieux, coulemelles, pleurotes en huître, amanites des Césars, mousserons de printemps, rosés des prés, nettoyés et coupés en lamelles
20 cl de bouillon de poule
2 c. à café de Maïzena
1 c. à café de moutarde de Dijon
1 c. à café de tapenade
1 c. à soupe de vinaigre de vin
25 g de beurre

1 Poivrez les côtes d'agneau, badigeonnez-les d'huile. Faites-les cuire à feu moyen de 3 à 6 minutes sur chaque face, selon votre goût.

Le conseil du chef
Ne salez pas la viande avant de la faire cuire. Vous risqueriez de la durcir et de la dessécher. Assaisonnez-la avant de servir.

2 Dressez la viande sur un plat, couvrez et gardez au chaud. Jetez l'excédent de graisse resté dans la poêle, faites chauffer le fond de cuisson et déglacez avec le vin rouge. Ajoutez les champignons, mélangez rapidement, versez le bouillon de poule et laissez mijoter 3 à 4 minutes.

3 Mettez la Maïzena, la moutarde et la tapenade dans un bol, délayez avec 1 cuillerée à soupe d'eau froide. Ajoutez aux champignons et laissez épaissir. Versez le vinaigre, incorporez le beurre et rectifiez l'assaisonnement. Salez les côtes d'agneau, nappez-les de sauce et servez avec des pommes de terre sautées, des haricots verts et des carottes.

Romstecks au poivre noir, sauce champignons

Pour 4 personnes

4 romstecks dans l'aloyau de 200 g chacun
1 c. à soupe de poivre concassé
1 c. à soupe d'huile d'olive
12 cl de vin rouge
250 g de champignons : cèpes de Bordeaux, bolets bais, girolles, trompettes-des-morts, lactaires délicieux, pieds-bleus, pieds-violets, morilles, champignons de Paris, rosés des prés, pleurotes en huître, amanites des Césars, mousserons de printemps, sparassis crépus, nettoyés et coupés en lamelles
1/2 gousse d'ail écrasée
30 cl de bouillon de bœuf
1 c. à soupe de Maïzena
1 c. à café de moutarde de Dijon
1 c. à soupe de vinaigre de vin
5 c. à soupe de crème fraîche
3 c. à soupe de persil ciselé

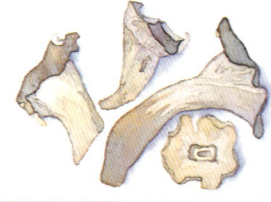

1 Faites chauffer une grande poêle à feu vif. Assaisonnez la viande avec le poivre concassé et badigeonnez-la d'huile.

Le conseil du chef
La viande qui convient le mieux à cette préparation est le romsteck, mais vous pouvez, si vous le souhaitez, le remplacer par de l'entrecôte ou de la côte de bœuf.

2 Faites cuire les romstecks de 3 à 5 minutes sur chaque face, selon votre goût. Disposez-les sur un plat de service en les gardant au chaud.

3 Jetez l'excédent de graisse de cuisson, remettez la poêle sur le feu et déglacez le fond de cuisson avec le vin rouge. Ajoutez les champignons, l'ail, et faites mijoter 6 à 8 minutes. Incorporez le bouillon.

4 Mélangez la Maïzena et la moutarde dans un bol, délayez avec 1 cuillerée à soupe d'eau froide. Versez le tout dans la poêle aux champignons et laissez épaissir. Ajoutez le vinaigre et la crème fraîche. Nappez les romstecks de sauce et parsemez de persil.

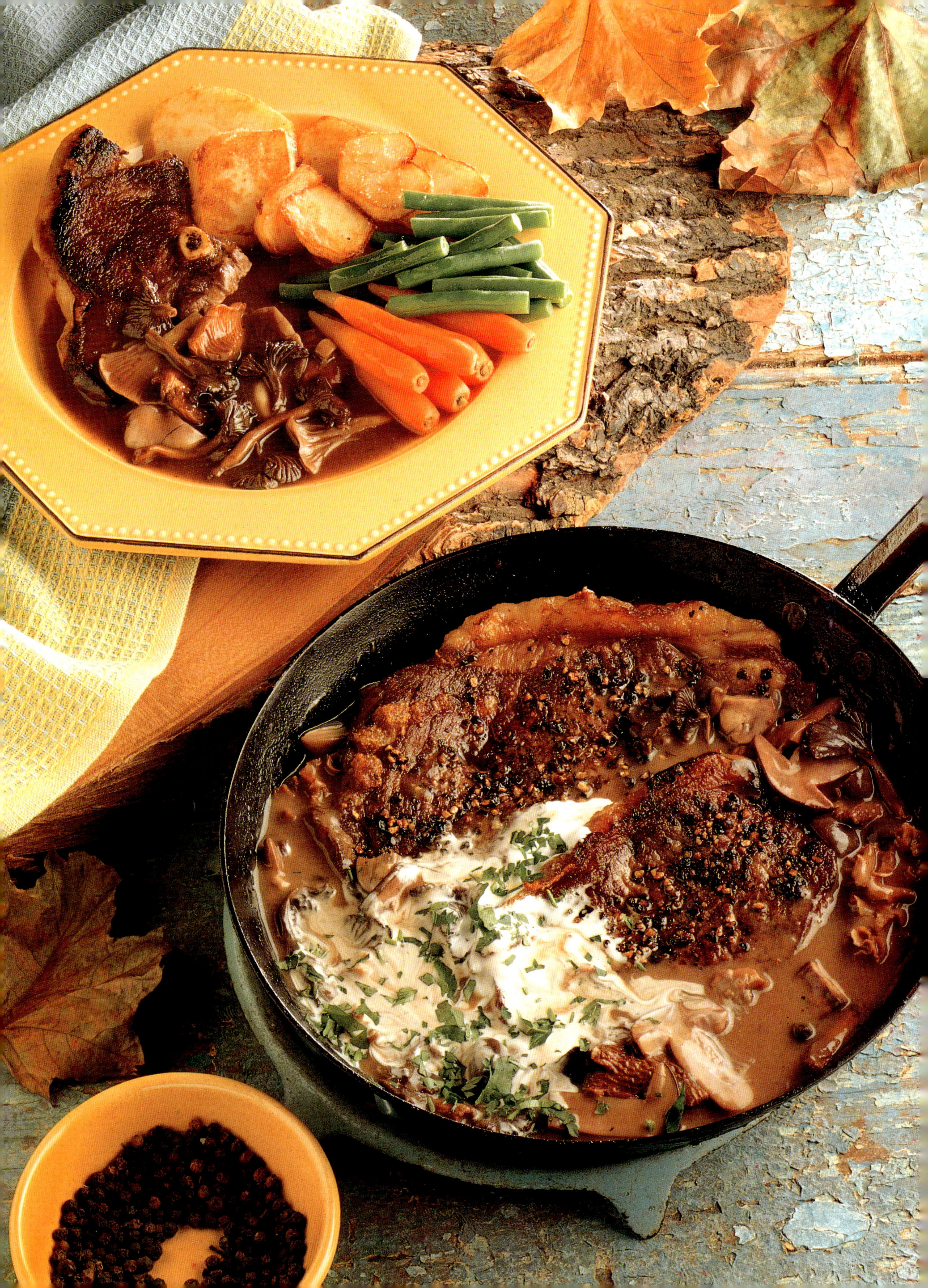

VIANDES

Bœuf Stroganov
aux girolles

On attribue le nom de ce plat à un diplomate russe du XIXe siècle, le comte Paul Stroganov. À l'origine, on le faisait avec du filet de bœuf, des champignons sauvages et de la crème fraîche, mais c'est une recette qui a connu de nombreuses variantes. Nous essayons ici de revenir à la recette originale.

Pour 4 personnes
500 g de filet de bœuf, coupé en lanières
Sel et poivre du moulin
2 c. à soupe d'huile d'olive
3 c. à soupe de cognac
2 échalotes émincées
250 g de girolles, nettoyées et coupées en deux
15 cl de bouillon de bœuf
5 c. à soupe de crème fraîche
1 c. à café de moutarde de Dijon
1/2 cornichon doux en rondelles
3 c. à soupe de persil ciselé

1 Faites chauffer la moitié de l'huile dans une poêle, poivrez la viande et saisissez-la pendant 2 minutes. Disposez-la ensuite dans un plat.

Le conseil du chef
Vous pouvez aussi réaliser cette recette avec du romsteck.

2 Remettez la poêle sur le feu et faites chauffer le fond de cuisson à feu doux. Éloignez-vous un peu, versez le cognac et faites-le flamber en orientant la poêle vers le feu (ou en présentant une allumette si vous cuisinez sur une plaque électrique). Versez le jus sur la viande, couvrez et réservez au chaud.

3 Nettoyez la poêle, faites chauffer le reste d'huile et mettez à dorer les échalotes. Ajoutez les champignons et laissez revenir 3 à 4 minutes à feu doux.

4 Versez le bouillon sur les champignons et faites mijoter quelques minutes, puis incorporez la crème fraîche, la moutarde et le cornichon, ainsi que la viande et son jus. Laissez mijoter quelques instants, assaisonnez et parsemez de persil. Accompagnez cette préparation de pâtes aux graines de pavot.

VIANDES

Sauté de porc aux trompettes-des-morts et aux topinambours

La saveur et la consistance des topinambours se marient particulièrement bien avec celles des trompettes-des-morts.

Pour 4 personnes
3 c. à soupe d'huile végétale
1 oignon moyen émincé
1 branche de céleri émincée
1 carotte moyenne coupée en rondelles
675 g de porc maigre, dans le filet ou le filet mignon
3 c. à soupe de farine
50 cl de bouillon de poule
75 g de topinambours émincés
120 g de trompettes-des-morts ou de chanterelles en tube, nettoyées
1 c. à soupe de crème d'olives vertes
1 c. à soupe de jus de citron
Sel et poivre du moulin

1 Chauffez l'huile dans une sauteuse, faites revenir l'oignon, le céleri et la carotte à feu doux pendant 6 à 8 minutes.

2 Mettez les légumes de côté dans la sauteuse et faites revenir la viande. Ajoutez la farine et retirez du feu.

3 Versez peu à peu le bouillon en mélangeant jusqu'à ce que la farine soit complètement absorbée.

Le conseil du chef
Les topinambours, dont la saveur rappelle celle de l'artichaut, apportent une touche originale à cette préparation.

4 Ajoutez les topinambours, les champignons, la crème d'olives vertes, et laissez frémir. Couvrez avec une feuille d'aluminium et faites mijoter à feu très doux pendant 1 heure. Ajoutez le jus de citron, rectifiez l'assaisonnement, servez avec du riz long et des petits pois.

VIANDES

Feuilleté de porc aux champignons sauvages

Dans cette recette, la chair des saucisses et les champignons sont enveloppés dans une pâte feuilletée. La saveur des saucisses de Toulouse, de Montbéliard ou de Morteau se marie parfaitement à celle des champignons de cueillette.

Pour 4 personnes
50 g de beurre
1/2 gousse d'ail écrasée
1 c. à soupe de thym frais
500 g de champignons : cèpes de Bordeaux, bolets bais, girolles, lactaires délicieux, pieds-bleus, pieds-violets, polypores soufrés, pleurotes en huître, rosés des prés, amanites des Césars, mousserons de printemps, nettoyés et coupés en lamelles
50 g de chapelure
5 c. à soupe de persil ciselé
Sel et poivre du moulin
350 g de pâte feuilletée (décongelée si vous l'achetez surgelée)
675 g de saucisses de Toulouse, de Montbéliard ou de Morteau
1 œuf battu pour dorer la pâte

1 Préchauffez le four à 180 °C (therm. 4). Faites fondre le beurre dans une grande poêle ; mettez à revenir l'ail, le thym et les champignons. Laissez mijoter 5 à 6 minutes à feu doux. Quand les champignons commencent à rendre leur eau, augmentez le feu pour que celle-ci s'évapore. Incorporez la chapelure et le persil ciselé, assaisonnez.

2 Abaissez la pâte sur un plan fariné et formez un rectangle de 35 x 25 cm environ. Étendez-la sur une plaque de four.

3 Plongez les saucisses dans un saladier plein d'eau chaude et retirez leur peau. Étalez la moitié de la chair à saucisse au milieu de la pâte, recouvrez de champignons, puis mettez l'autre moitié de chair à saucisse.

4 Faites une série d'entailles dans la pâte, de chaque côté de la farce, pour former des bandelettes d'environ 2,5 cm de large. Rabattez-les de façon qu'elles se chevauchent et badigeonnez d'œuf battu. Laissez reposer 40 minutes, badigeonnez encore d'œuf battu puis faites cuire 1 heure au four.

Le conseil du chef
Ajoutez une pincée de sel dans l'œuf battu et votre pâte sera d'une belle couleur dorée.

VIANDES

BROCHETTES D'AGNEAU AUX GIROLLES

Le goût délicat de l'agneau se marie avec les girolles, dont la saveur abricotée se mêle à son tour à celle des amandes pour donner une sauce délicieuse.

POUR 4 PERSONNES

8 côtelettes d'agneau
25 g de beurre
250 g de girolles nettoyées
25 g d'amandes entières grillées
50 g de pain blanc sans croûte
25 cl de lait
3 c. à soupe d'huile d'olive
1 c. à café de sucre en poudre
2 c. à café de jus de citron
Sel et poivre de Cayenne

POUR LA MARINADE

3 c. à soupe d'huile d'olive
1 c. à soupe de jus de citron
2 c. à café de coriandre écrasée
1/2 gousse d'ail écrasée
2 c. à café de miel liquide

1 Mélangez tous les ingrédients de la marinade, versez celle-ci sur les côtelettes. Laissez macérer au moins 30 minutes.

2 Faites revenir doucement les girolles dans le beurre pendant 3 à 4 minutes. Réservez.

3 Passez les amandes au mixeur pour obtenir une poudre. Ajoutez la moitié des girolles, la mie de pain, le lait, l'huile, le sucre, le jus de citron, et redonnez un tour de mixeur.

4 Préchauffez le gril à température moyenne. Enfilez les côtelettes sur 4 brochettes en métal et faites-les griller 6 à 8 minutes de chaque côté. Assaisonnez la sauce et nappez-en la viande. Ajoutez le reste de girolles, servez avec des pommes de terre en robe des champs et une salade.

LE CONSEIL DU CHEF

La sauce aux girolles et aux amandes est excellente avec des pâtes. Servez avec des girolles sautées dans le beurre.

VIANDES

Bœuf Wellington

Le bœuf Wellington est un rôti en croûte. Traditionnellement, on recouvre la viande d'une couche de foie gras, mais on peut avantageusement remplacer ce dernier par un hachis de champignons des bois.

Pour 4 personnes
675 g de filet de bœuf ficelé
Poivre du moulin
1 c. à soupe d'huile
350 g de pâte feuilletée (décongelée si vous l'achetez surgelée)
1 œuf battu pour dorer la pâte

Pour les crêpes persillées
5 c. à soupe de farine
1 pincée de sel
15 cl de lait
1 œuf
2 c. à soupe de persil haché

Pour le hachis de champignons
25 g de beurre
2 échalotes ou 1 petit oignon émincés
500 g de champignons : pleurotes en huître, cèpes de Bordeaux, bolets bais, bolets orange terne, coprins chevelus, girolles, lactaires délicieux, coulemelles, pieds-bleus, pieds-violets, rosés des prés fermés, mousserons de printemps, nettoyés et hachés
50 g de chapelure
8 c. à soupe de crème fraîche
2 jaunes d'œuf

1 Préchauffez le four à 220 °C (therm. 7). Poivrez le filet de bœuf. Faites chauffer l'huile sur un gril et saisissez la viande rapidement. Mettez-la au four et laissez rôtir 15 minutes. Sortez-la et laissez-la refroidir. Réduisez la température du four à 190 °C (therm. 5).

2 Pour faire les crêpes, mélangez la farine, le sel, la moitié du lait, l'œuf et le persil, jusqu'à ce que la pâte soit bien lisse, puis ajoutez le reste de lait. Laissez reposer. Faites chauffer une poêle et versez une louche de pâte. Retournez la crêpe et laissez-la cuire jusqu'à ce qu'elle soit dorée. Faites 4 crêpes.

3 Pour le hachis de champignons, faites revenir les échalotes ou l'oignon dans le beurre. Ajoutez les champignons et laissez-les cuire jusqu'à ce qu'ils rendent leur eau. Augmentez le feu pour la faire évaporer. Mélangez la chapelure, la crème et les jaunes d'œuf. Ajoutez ce mélange aux champignons et remuez pour obtenir un ensemble homogène. Laissez refroidir.

Le conseil du chef
Pour vérifier la cuisson de la viande à l'intérieur de la croûte, prenez une brochette en métal. Enfoncez-la dans le rôti : si le métal est froid, c'est que la viande n'est pas assez cuite ; s'il est chaud, la viande est saignante ; et s'il est très chaud, la viande est à point. Vous pouvez aussi utiliser un thermomètre à viande.

4 Étendez la pâte et coupez-la en un rectangle de 35 x 30 cm. Placez 2 crêpes sur la pâte et tartinez-les du hachis de champignons. Posez le rôti par-dessus et nappez-le du reste des champignons. Couvrez avec les 2 autres crêpes. Découpez un carré à chaque coin de la pâte, puis rabattez celle-ci sur la viande en la soudant à l'œuf battu.

5 Avec les petits carrés de pâte, réalisez des fleurons que vous collerez à l'œuf battu pour décorer. Posez la préparation sur une plaque de four et laissez-la reposer au frais jusqu'au moment de cuire.

6 Badigeonnez d'œuf battu. Faites cuire le bœuf Wellington environ 40 minutes, jusqu'à ce que la pâte soit bien dorée.

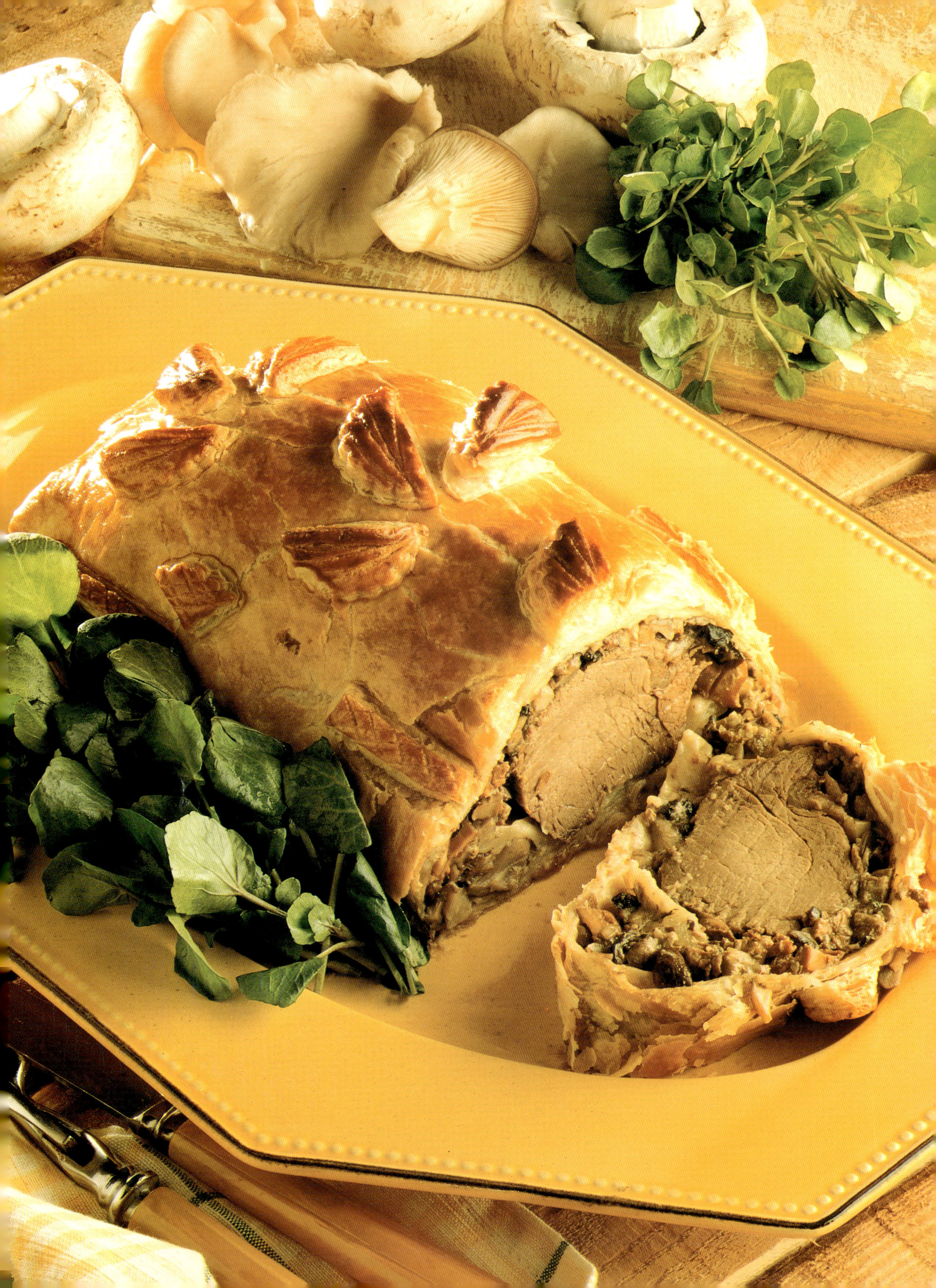

VIANDES

Gigot d'agneau farci aux champignons

Un gigot désossé est plus facile à découper et à farcir. Pour le hachis, utilisez un assortiment de champignons ou une seule espèce, en fonction des résultats de votre cueillette.

Pour 4 personnes
1,8 kg de gigot désossé
Sel et poivre du moulin

Pour la farce aux champignons
25 g de beurre
1 échalote ou 1 petit oignon
250 g de champignons : girolles, cèpes de Bordeaux, bolets bais, trompettes-des-morts, pieds-bleus, pieds-violets, pleurotes en huître, mousserons de printemps, rosés des prés, amanites des Césars, nettoyés et hachés
1/2 gousse d'ail écrasée
1 branche de thym
25 g de pain blanc sans croûte, coupé en dés
2 jaunes d'œuf
Sel et poivre du moulin

Pour la sauce aux champignons
3 c. à soupe de vin rouge
40 cl de bouillon de poule
2 c. à soupe de cèpes de Bordeaux, de bolets bais ou de lactaires délicieux secs, trempés 20 minutes dans de l'eau tiède
4 c. à café de Maïzena
1 c. à café de moutarde de Dijon
1 c. à café de vinaigre de vin
1 petit morceau de beurre
1 botte de cresson bien lavé pour décorer

1 Préchauffez le four à 200 °C (therm. 6). Pour préparer la farce, faites fondre le beurre dans une poêle et mettez à revenir à feux doux l'oignon ou l'échalote hachés. Ajoutez les champignons, l'ail et le thym, puis mélangez jusqu'à ce que les champignons rendent leur eau. Augmentez alors le feu pour que celle-ci s'évapore.

2 Versez cette préparation dans un saladier, ajoutez-y la mie de pain et les jaunes d'œuf, assaisonnez et mélangez. Laissez tiédir.

3 Assaisonnez l'intérieur du gigot et farcissez-le en vous aidant d'une cuillère ou de vos doigts. Entourez-le ensuite de ficelle fine pour le maintenir fermé.

4 Disposez le gigot dans un plat à four et faites-le cuire 15 minutes par livre si vous désirez qu'il soit rosé, ou 20 minutes si vous le voulez à point. Avec un gigot de 1,8 kg, comptez environ 1 h 20 pour une cuisson à point.

5 Dressez le gigot sur un plat de service préchauffé, couvrez et gardez au chaud. Pour la sauce, jetez l'excédent de graisse resté dans le plat à four et faites chauffer doucement le fond de cuisson. Déglacez-le avec le vin en remuant avec une cuillère en bois ; ajoutez le bouillon de poule porté à ébullition, les champignons secs et l'eau dans laquelle ils ont trempé.

6 Mélangez la Maïzena et la moutarde dans un bol, délayez avec 1 cuillerée à soupe d'eau. Incorporez au bouillon et laissez épaissir. Ajoutez le vinaigre, le beurre et assaisonnez. Garnissez le plat d'un petit bouquet de cresson, accompagnez de pommes de terre au four, de carottes et de brocolis.

> **Le conseil du chef**
> Au moment de l'achat, n'oubliez pas de demander au boucher de désosser le gigot.

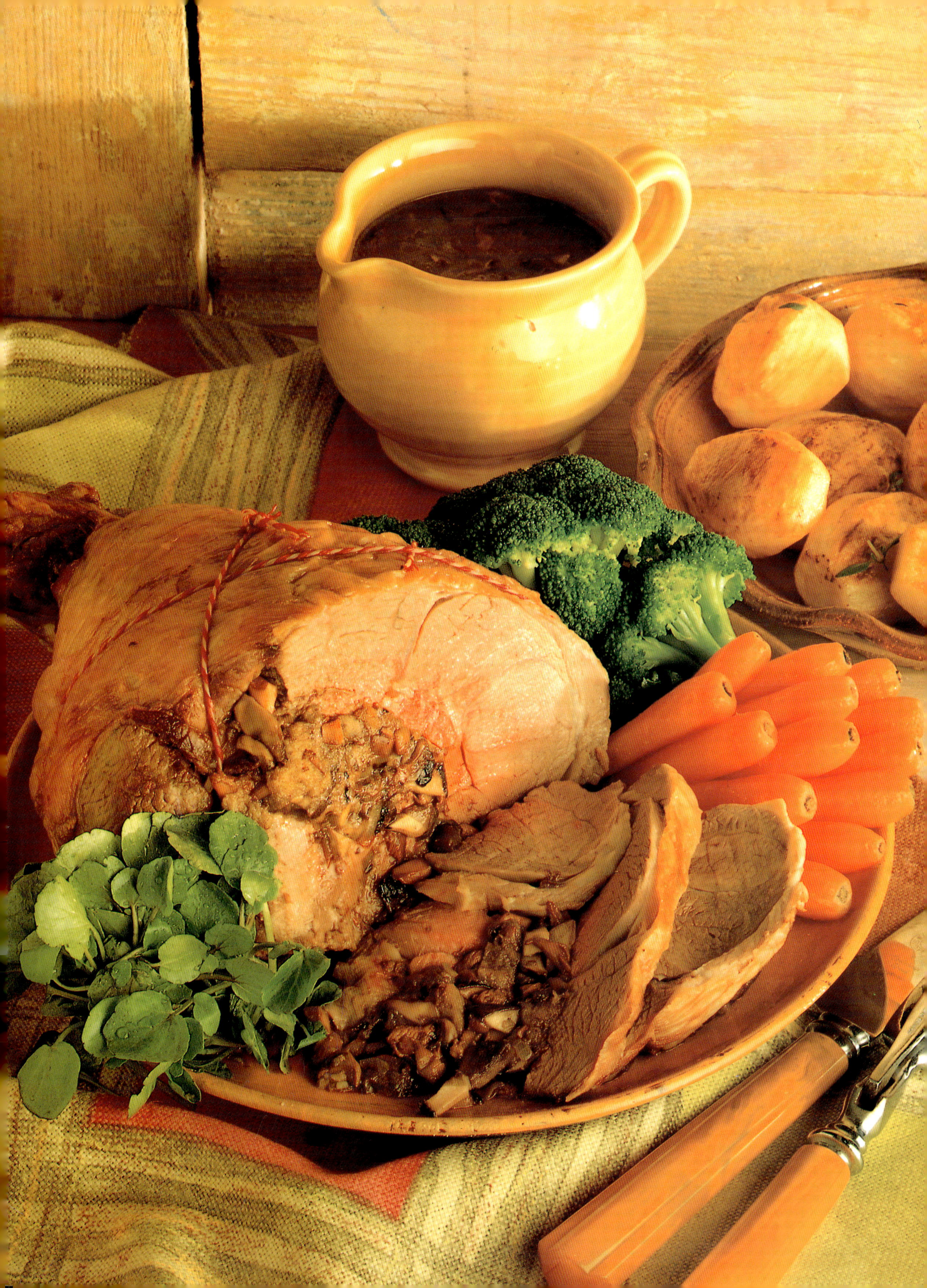

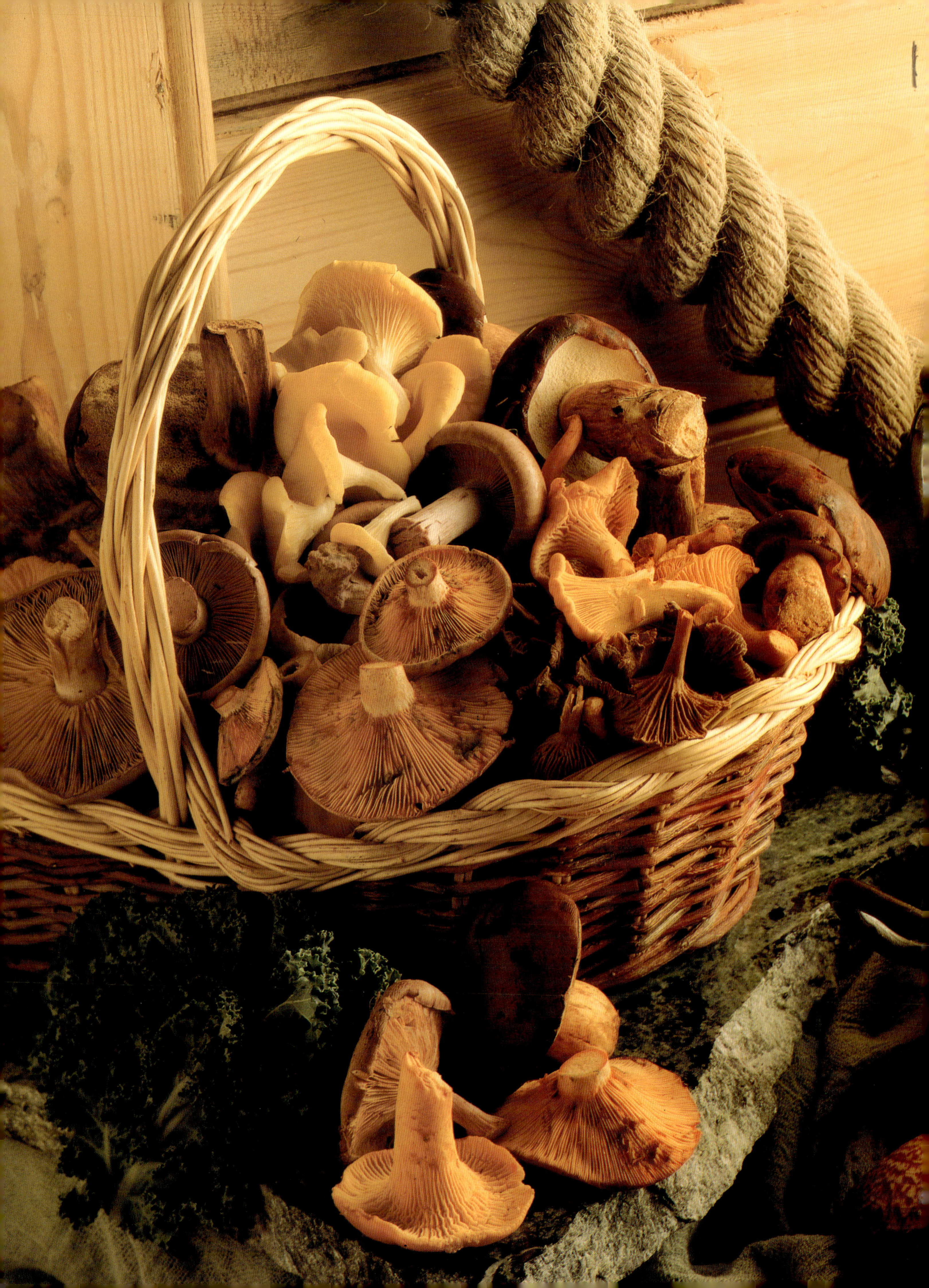

Poissons
et fruits de mer

POISSONS ET FRUITS DE MER

Risotto aux fruits de mer

Le moelleux du riz rond, cuisiné avec des oignons et un simple bouillon, constitue la base de ce délicieux mélange de coquillages et de champignons.

POUR 4 PERSONNES

3 c. à soupe d'huile d'olive

1 oignon moyen émincé

225 g de champignons : cèpes de Bordeaux, bolets bais, girolles, polypores soufrés, lactaires délicieux, trompettes-des-morts, pieds-bleus, pieds-violets, pleurotes en huître, mousserons de printemps, amanites des Césars, nettoyés et émincés

500 g de riz rond

1,2 l de bouillon de poule

15 cl de vin blanc

120 g de crevettes crues, épluchées

200 g de moules

200 g de praires ou de palourdes

1 calmar moyen, vidé, nettoyé et coupé en lanières

3 gouttes d'essence de truffe (facultatif)

5 c. à soupe de persil et de cerfeuil ciselés

Sel de céleri et poivre de Cayenne

Le conseil du chef

Avant la cuisson, brossez les moules et les palourdes. Si certains coquillages ne sont pas fermés, jetez-les. Après la cuisson (étape 3), jetez également ceux qui ne se sont pas ouverts.

1 Faites chauffer l'huile dans une grande sauteuse, et mettez à revenir doucement l'oignon 6 à 8 minutes.

2 Ajoutez les champignons et laissez-les cuire jusqu'à ce qu'ils rendent leur eau. Versez alors le riz et augmentez le feu. Incorporez le bouillon porté à ébullition et le vin.

3 Ajoutez les crevettes, les moules, les praires ou les palourdes et le calmar. Mélangez et laissez mijoter 15 minutes.

4 Ajoutez 3 gouttes d'essence de truffe et les fines herbes ; couvrez et laissez reposer 5 à 10 minutes. Assaisonnez avec le sel de céleri et une pincée de poivre de Cayenne.

POISSONS ET FRUITS DE MER

Coquilles Saint-Jacques aux champignons des bois

Saveurs de la mer et de la forêt se confondent admirablement dans une sauce à la crème.

Pour 4 personnes

- 350 g de pâte feuilletée (décongelée si vous l'achetez surgelée)
- 1 œuf battu pour dorer la pâte
- 75 g de beurre
- 12 noix de coquille Saint-Jacques escalopées
- Sel et poivre du moulin
- 2 échalotes émincées
- 1/2 branche de céleri coupée en julienne
- 1 carotte coupée en julienne
- 225 g de champignons : girolles, polypores soufrés, sparassis crépus, pleurotes en huître, amanites des Césars, mousserons de printemps, nettoyés et coupés en lamelles
- 4 c. à soupe de vermouth sec
- 15 cl de crème fraîche
- 4 jaunes d'œuf
- 1 c. à soupe de jus de citron
- Sel de céleri et poivre de Cayenne

1 Étendez la pâte sur un plan fariné, coupez-la en 4 ronds de 10 cm de diamètre environ, auxquels vous donnerez une forme de coquille Saint-Jacques. Badigeonnez-les d'œuf battu et dessinez les stries des coquilles avec un couteau. Disposez les coquilles en pâte sur une plaque de four et laissez reposer au frais pendant 1 heure. Préchauffez le four à 200 °C (therm. 6).

2 Mettez à fondre 25 g de beurre dans une poêle, assaisonnez les noix de saint-jacques, faites-les revenir 30 secondes à feu vif. Disposez-les dans un plat.

3 Mettez les coquilles en pâte au four 20 à 25 minutes, jusqu'à ce qu'elles soient bien cuites à l'intérieur et dorées. Faites revenir les échalotes, le céleri et la carotte dans le reste du beurre. Ajoutez les champignons, et laissez-les cuire à feu doux jusqu'à ce qu'ils rendent leur eau. Versez alors le vermouth et faites évaporer le jus de cuisson à feu vif.

4 Ajoutez la crème fraîche et les noix de saint-jacques. Portez à frémissement, mais ne laissez pas bouillir. Retirez la poêle du feu et incorporez les jaunes d'œuf. Remettez la poêle sur le feu et laissez épaissir tout doucement, jusqu'à ce que la sauce soit bien onctueuse. Assaisonnez hors du feu et ajoutez le jus de citron.

5 Fendez les coquilles en pâte. Placez les bases sur 4 assiettes. Disposez la préparation puis recouvrez avec le dessus. Servez avec de la salade.

Le conseil du chef
N'utilisez pas de champignons qui noircissent à la cuisson.

POISSONS ET FRUITS DE MER

Soupe aux palourdes, aux champignons et aux pommes de terre

Pour 4 personnes
48 palourdes, lavées et brossées
50 g de beurre
1 gros oignon émincé
1 branche de céleri émincée
1 carotte moyenne coupée en rondelles
225 g de champignons : girolles, lactaires délicieux, polypores soufrés, mousserons de printemps, nettoyés et coupés en lamelles
250 g de pommes de terre coupées en grosses rondelles
1,2 l de bouillon de poule clair ou de bouillon de légumes
1 branche de thym
3 c. à soupe de persil ciselé, et quatre brins de persil entiers
Sel et poivre du moulin

1 Mettez les palourdes dans une grande casserole avec un peu d'eau (1 ou 2 cm) ; couvrez et faites chauffer 6 à 8 minutes à feu moyen pour ouvrir les coquillages.

2 Quand les palourdes sont ouvertes, sortez-les de leur coquille et hachez-les. Recueillez leur jus et réservez-le.

3 Faites revenir l'oignon, le céleri et la carotte dans le beurre. Ajoutez les champignons et laissez cuire 3 à 4 minutes, jusqu'à ce qu'ils rendent leur eau. Incorporez alors les pommes de terre, les palourdes et leur jus, le bouillon, le thym et les brins de persil. Portez à ébullition et laissez mijoter 25 minutes, ou jusqu'à ce que les pommes de terre se défassent. Assaisonnez, versez dans des assiettes à soupe, parsemez de persil et servez.

Le conseil du chef
Vous pouvez remplacer les palourdes par des moules.

Escargots aux cèpes

Pour 4 personnes
350 g de pâte feuilletée (décongelée si vous l'achetez surgelée)
1 œuf battu pour dorer la pâte
25 g de parmesan râpé
50 g de beurre
2 échalotes émincées
50 g de fenouil émincé
50 g de haricots verts fins coupés en trois
120 g de cèpes de Bordeaux frais, coupés en lamelles, ou 15 g de cèpes de Bordeaux secs, trempés 20 minutes dans de l'eau tiède et hachés
1 gousse d'ail écrasée
5 c. à soupe de vin blanc sec
15 cl de bouillon de bœuf
2 c. à café de Maïzena
1 c. à café de moutarde de Dijon
400 g d'escargots cuits et sortis de leur coquille
1 c. à café de tapenade
1 c. à café de vinaigre balsamique ou de vinaigre de vin
Sel et poivre du moulin
3 c. à soupe de persil ciselé

1 Étendez la pâte sur un plan fariné en un rectangle de 40 x 30 cm. Avec des emporte-pièces, découpez 8 anneaux cannelés et 4 disques d'environ 10 cm de diamètre. Placez les disques sur une plaque de four et superposez 2 anneaux de pâte sur chacun. Badigeonnez d'œuf battu.

2 Mélangez les chutes de pâte au parmesan, étendez cette pâte et coupez-la en bandelettes de 2 cm que vous enroulerez en forme de cornet. Laissez reposer toute la pâtisserie au frais pendant 1 heure.

3 Préchauffez le four à 200 °C (therm. 6). Faites fondre le beurre dans une poêle, mettez à revenir à feu doux les échalotes, le fenouil et les haricots verts. Ajoutez les cèpes et l'ail et laissez cuire 6 minutes. Versez le vin blanc et le bouillon porté à ébullition, faites mijoter quelques instants. Cuisez les cornets et les disques de pâte 25 minutes au four, jusqu'à ce qu'ils soient croustillants.

4 Mélangez la Maïzena et la moutarde dans un bol, délayez avec 1 cuillerée à soupe d'eau froide. Ajoutez ce mélange aux champignons et faites épaissir à feu doux. Incorporez les escargots et la tapenade, laissez mijoter puis versez le vinaigre et assaisonnez.

5 Garnissez les bouchées de farce, décorez avec les cornets et parsemez de persil. Servez avec de la purée de pommes de terre et du chou.

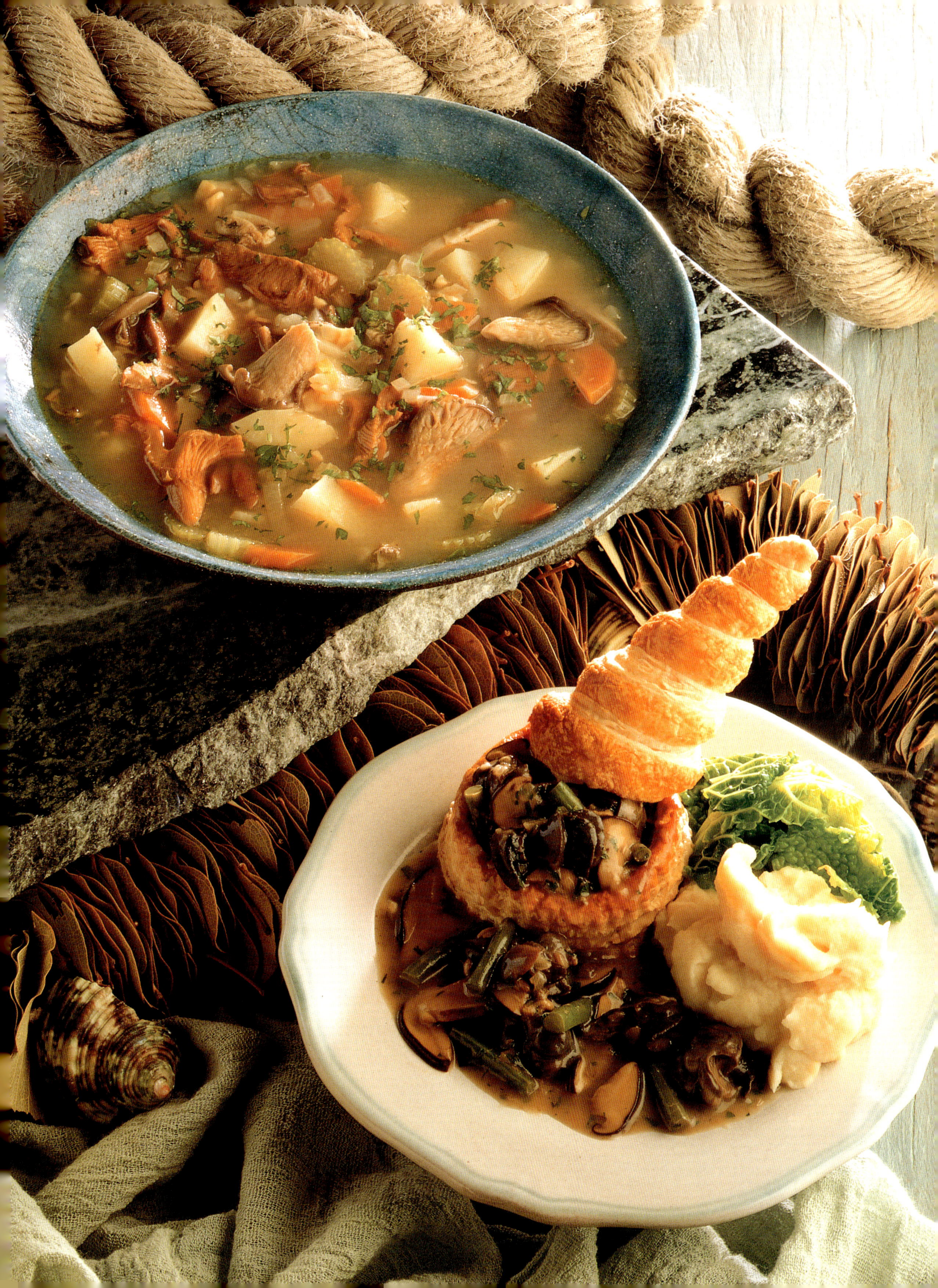

POISSONS ET FRUITS DE MER

Filets de truite aux rosés des prés

Les filets de truite ont l'avantage de ne pas présenter d'arêtes. Ils sont succulents dans une sauce aux épinards et aux champignons.

Pour 4 personnes
8 filets levés sur 4 truites arc-en-ciel
Pour la sauce aux épinards et aux champignons
75 g de beurre
1 petit oignon émincé
225 g de rosés des prés fermés ou d'agarics des jachères hachés
30 cl de bouillon de poule
225 g d'épinards hachés surgelés
2 c. à café de Maïzena
15 cl de crème fraîche
Sel et poivre du moulin
Noix muscade râpée

1 Pour la sauce, faites fondre 50 g de beurre dans une grande poêle et mettez à revenir l'oignon à feu doux. Ajoutez les champignons et laissez-les cuire jusqu'à ce qu'ils rendent leur eau. Incorporez le bouillon, les épinards, faites chauffer jusqu'à ce que les épinards soient complètement décongelés.

2 Délayez la Maïzena avec 1 cuillerée à soupe d'eau froide et versez dans le mélange épinards-champignons. Laissez épaissir à feu doux.

3 Passez la sauce au mixeur ; ajoutez la crème fraîche, salez, poivrez et ajoutez une pincée de noix muscade. Versez dans une saucière et gardez au chaud.

4 Mettez à fondre le reste du beurre dans une grande poêle. Assaisonnez les filets de truite et faites-les cuire 3 minutes de chaque côté. Servez avec des pommes de terre nouvelles, des carottes et des épis de maïs. Vous pouvez napper le poisson de sauce ou la servir séparément.

Le conseil du chef
Cette sauce accompagne tout aussi bien les filets de cabillaud, de sole et de haddock.

POISSONS ET FRUITS DE MER

Feuilleté de saumon à la crème de girolles

Dans cette recette, la saveur du saumon est affinée par une crème aux girolles.

Pour 6 personnes

- 2 x 350 g de pâte feuilletée (décongelée si vous l'achetez surgelée)
- 1 œuf battu pour dorer la pâte
- 2 grands filets de saumon (environ 1 kg au total), dépouillés et débarrassés de leurs arêtes
- 40 cl de vin blanc sec
- 1 petite carotte
- 1 petit oignon coupé en deux
- 1/2 branche de céleri émincée
- 1 branche de thym

Pour la crème de girolles

- 25 g de beurre
- 2 échalotes émincées
- 225 g de girolles ou de lactaires délicieux, nettoyés et émincés
- 5 c. à soupe de vin blanc
- 15 cl de crème fraîche
- 3 c. à soupe de cerfeuil frais ciselé
- 2 c. à soupe de ciboulette hachée

Pour la sauce hollandaise

- 175 g de beurre
- 2 jaunes d'œuf
- 2 c. à café de jus de citron
- Sel et poivre du moulin

1 Préchauffez le four à 200 °C (therm. 6). Abaissez la pâte sur un plan fariné pour former un rectangle qui soit plus long de 10 cm et plus large de 5 cm que les filets de saumon. Donnez à la pâte la forme d'un poisson, décorez-la et badigeonnez-la de jaune d'œuf. Laissez reposer au frais pendant 1 heure puis faites cuire 30 à 35 minutes au four. Sortez du four et fendez le poisson feuilleté en deux, à l'horizontale. Baissez la température du four à 170 °C (therm. 4).

2 Pour la crème de girolles, faites revenir doucement les échalotes dans le beurre. Ajoutez les champignons et faites-les cuire jusqu'à ce qu'ils rendent leur eau. Versez le vin, augmentez le feu et faites évaporer. Ajoutez ensuite la crème et les fines herbes, laissez mijoter. Assaisonnez, versez dans un bol et gardez au chaud.

3 Pour pocher les filets de saumon, placez-les dans un grand plat. Ajoutez le vin blanc, la carotte, l'oignon, le céleri, le thym et assez d'eau pour couvrir le poisson. Portez lentement à ébullition. Au premier frémissement, retirez du feu, couvrez et laissez le poisson cuire à la seule chaleur de l'eau, pendant 30 minutes.

4 Pour faire la sauce hollandaise, faites fondre le beurre, écumez la surface pour le clarifier, et versez-le dans une saucière sans prendre l'écume. Mettez les jaunes d'œuf et 1 cuillerée à soupe d'eau dans un récipient en verre et placez-le au bain-marie. Mélangez les jaunes jusqu'à ce qu'ils épaississent et soient mousseux. Retirez du feu et versez très doucement le beurre dedans, en remuant sans arrêt. Ajoutez le jus de citron et assaisonnez.

5 Placez un filet de saumon sur une moitié de poisson en pâte feuilletée, nappez de crème de girolles et couvrez avec le second filet. Fermez avec la seconde moitié de pâte feuilletée et réchauffez à four doux (170 °C, therm. 4) pendant 10 à 15 minutes. Servez avec la sauce hollandaise.

POISSONS ET FRUITS DE MER

BOUILLON DE COQUES, CÈPES ET PLEUROTES EN HUÎTRE

Les pleurotes en huître, les cèpes et les coques sont servis dans un bouillon aux herbes couvert de pâte feuilletée. Quand il est chaud, ce bouillon produit de la vapeur qui fait gonfler la pâte comme un dôme sur la soupière.

POUR 4 PERSONNES

350 g de pâte feuilletée (décongelée si vous l'achetez surgelée)
1 œuf battu pour dorer la pâte
3 c. à soupe de graines de sésame

POUR LA SOUPE

25 g de beurre
4 petits oignons blancs pelés et émincés
1 branche de céleri émincée
1 petite carotte coupée en rondelles
120 g de jeunes cèpes de Bordeaux ou de bolets bais frais, nettoyés et coupés en lamelles
175 g de pleurotes en huître, nettoyés
50 cl de lait entier
275 g de coques fraîches cuites
50 g de salicorne, lavée (facultatif)
2 pommes de terre moyennes bouillies et coupées en dés
4 branches de thym

1 Abaissez la pâte sur un plan fariné et coupez-la en 4 disques de 20 cm de diamètre. Laissez reposer au frais 1 heure. Préchauffez le four à 190 °C (therm. 5).

2 Faites revenir les oignons, le céleri et la carotte dans le beurre pendant 2 à 3 minutes. Ajoutez les champignons et laissez-les cuire jusqu'à ce qu'ils rendent leur eau. Mettez le tout dans une grande casserole.

3 Versez le lait sur les champignons et faites frémir. Ajoutez les coques et les dés de pommes de terre.

4 Faites chauffer le contenu de la casserole, puis versez-le dans 4 bols pouvant aller au four. Ajoutez un peu de thym dans chacun d'eux.

5 Badigeonnez les bords des bols avec l'œuf battu, couvrez-les avec la pâte en appuyant sur les bords pour souder. Badigeonnez le dessus d'œuf battu, parsemez de graines de sésame et faites cuire au four 35 à 40 minutes (190 °C, therm. 5), pour que la pâte soit gonflée et bien dorée.

LE CONSEIL DU CHEF
Vous pouvez remplacer les cèpes par des champignons de Paris.

Thon frais aux shiitake

Ce plat de thon frais aux shiitake est assaisonné d'une marinade de soja – le teriyaki – généralement utilisée pour la viande, mais qui fait merveille avec le thon.

Pour 4 personnes
4 tranches de thon frais de 175 g chacune
Sel
15 cl de sauce teriyaki
175 g de shiitake émincés
225 g de radis noir
2 carottes

1 Salez les tranches de thon, puis laissez pénétrer le sel pendant 20 minutes. Versez la sauce teriyaki sur le poisson et les champignons, laissez mariner 20 à 30 minutes ou plus si vous avez le temps.

Le conseil du chef
Vous trouverez la sauce teriyaki dans les épiceries japonaises et chez certains marchands de produits macrobiotiques.

2 Préchauffez un gril ou un barbecue. Sortez le thon de la marinade et réservez celle-ci. Faites cuire les tranches de poisson 4 minutes de chaque côté.

3 Laissez mijoter 3 à 4 minutes les champignons ainsi que la marinade dans une casserole.

4 Râpez le radis et les carottes, et disposez-les en petits tas sur 4 assiettes. Ajoutez ensuite le poisson nappé de champignons et de sauce. Servez avec du riz blanc.

POISSONS ET FRUITS DE MER

SOLES AUX CHAMPIGNONS DE PARIS

La légère saveur boisée des champignons de Paris relève à merveille les soles au citron.

POUR 4 PERSONNES
500 g de filets de sole
5 c. à soupe de vin blanc sec
3 c. à soupe de crème fraîche
2 c. à café de Maïzena
2 c. à café de jus de citron
Sel de céleri et poivre de Cayenne

POUR LA FARCE AUX CHAMPIGNONS
50 g de beurre
1 échalote émincée
175 g de champignons de Paris ou de pleurotes en huître, finement émincés
1 c. à soupe de thym frais émietté
Sel et poivre du moulin

1 Préchauffez le four à 190 °C (therm. 5). Beurrez un plat à four. Faites fondre le beurre dans une poêle, pour y mettre à revenir les échalotes à feu doux.

2 Ajoutez les champignons et le thym, faites cuire jusqu'à évaporation de l'eau. Assaisonnez et versez dans un saladier.

3 Laissez refroidir la farce aux champignons puis étalez-la sur les filets de sole. Roulez-les et mettez-les dans le plat à four beurré.

4 Arrosez avec le vin et 12 cl d'eau, couvrez avec du papier sulfurisé beurré et laissez cuire 20 minutes au four.

5 Sortez les filets de sole et disposez-les sur un plat de service. Versez le jus de cuisson dans une petite casserole, avec la crème fraîche, et faites frémir.

6 Délayez la Maïzena avec 1 cuillerée à soupe d'eau, versez dans la casserole et laissez épaissir en tournant. Ajoutez le jus de citron, assaisonnez de sel de céleri et d'une pincée de poivre de Cayenne. Versez la sauce autour du poisson et servez avec des pommes de terre nouvelles, des haricots verts et des carottes.

LE CONSEIL DU CHEF
Si vous préférez un plat moins relevé, remplacez le poivre par de la noix de muscade.

Risotto aux truffes et au homard

La truffe fraîche s'allie à la chair exquise du homard pour un risotto d'exception. Au dernier moment, on ajoutera quelques gouttes d'essence de truffe à la truffe émincée pour accentuer son arôme.

<u>Pour 4 personnes</u>
50 g de beurre
1 oignon moyen émincé
500 g de riz
1 branche de thym
1 l de bouillon de poule
15 cl de vin blanc sec
1 homard cuit juste avant la préparation du plat
3 c. à soupe de persil et de cerfeuil ciselés
3 à 4 gouttes d'essence de truffe
2 œufs durs coupés en rondelles
1 truffe fraîche

1 Faites fondre le beurre dans une grande casserole, et mettez à revenir l'oignon à feu doux. Ajoutez le riz et le thym, mélangez jusqu'à ce que le riz soit translucide. Versez le bouillon de poule et le vin, mélangez et laissez cuire 15 minutes à découvert.

2 Détachez la queue du homard et sortez la chair en découpant le dessous avec des ciseaux. Coupez en morceaux la moitié de la chair, hachez grossièrement le reste. Cassez les pinces avec un petit marteau et essayez d'en sortir la chair en un seul morceau.

3 Retirez le riz du feu, puis incorporez le homard haché, les herbes et l'essence de truffe. Couvrez ensuite et laissez reposer 5 minutes.

Le conseil du chef
Pour accentuer la saveur de la truffe dans le risotto, conservez-la en bocal quelques jours avec le riz ou quelques heures avec les œufs, à température ambiante.

4 Versez le risotto dans des assiettes chaudes, garnissez-le des morceaux de homard, des rondelles d'œuf dur et de la truffe fraîche émincée.

POISSONS ET FRUITS DE MER

Tourte au poisson et aux champignons

La tourte au poisson est un plat nourrissant, qui contentera les appétits les plus aiguisés. La saveur des champignons met en valeur celle du haddock.

Pour 4 personnes

225 g de champignons : pleurotes en huître, champignons de Paris, girolles, mousserons de printemps, nettoyés et coupés en quartiers

675 g de filets de haddock coupés en dés

60 cl de lait

Pour la garniture

1 kg de pommes de terre coupées en quatre

25 g de beurre

15 cl de lait

Sel et poivre du moulin

Noix muscade râpée

Pour la sauce

50 g de beurre

1 oignon moyen émincé

1/2 branche de céleri émincée

50 g de farine

2 c. à café de jus de citron

3 c. à soupe de persil haché

1 Préchauffez le four à 200 °C (therm. 6). Beurrez un plat à four, répartissez les champignons au fond, ajoutez le poisson, salez et poivrez. Arrosez de lait bouillant, couvrez et faites cuire 20 minutes au four. À l'aide d'une écumoire, sortez le poisson et les champignons et mettez-les dans un autre grand plat à four. Versez le liquide de cuisson dans un bol et réservez-le.

2 Recouvrez les pommes de terre épluchées d'eau froide, salez et faites bouillir 20 minutes. Égouttez-les, passez-les au presse-purée, ajoutez un peu de lait et un morceau de beurre. Assaisonnez.

3 Pour la sauce, mettez à fondre le beurre dans une casserole pour y faire revenir l'oignon et le céleri. Ajoutez la farine, puis retirez du feu.

4 Incorporez peu à peu le liquide de cuisson, en mélangeant pour éviter les grumeaux. Remettez sur le feu et laissez épaissir en remuant. Ajoutez le jus de citron et le persil, assaisonnez.

5 Versez la sauce dans le plat à four, recouvrez avec la purée et remettez au four jusqu'à ce que le dessus soit doré.

Saumon à l'estragon et aux champignons

L'estragon a un goût particulier qui s'accorde bien avec le poisson, la crème et les champignons. Ce sont les pleurotes en huître qui, par leur goût et leur consistance, conviennent le mieux à cette recette.

Pour 4 personnes

50 g de beurre

Sel et poivre de Cayenne

4 tranches de saumon de 175 g chacune

1 échalote finement émincée

175 g de champignons : pleurotes en huître, lactaires délicieux, bolets bais ou sparassis crépus, nettoyés et émincés

20 cl de bouillon de poule ou de légumes

2 c. à café de Maïzena

1/2 c. à café de moutarde

3 c. à soupe de crème fraîche

3 c. à soupe d'estragon frais haché

1 c. à café de vinaigre de vin

1 Faites fondre la moitié du beurre dans une poêle, assaisonnez les tranches de saumon et mettez-les à cuire à feu moyen 4 minutes de chaque côté. Disposez-les dans un plat, couvrez et gardez au chaud.

2 Chauffez le reste de beurre dans la poêle et mettez à revenir l'échalote à feu doux. Ajoutez les champignons et laissez cuire jusqu'à ce qu'ils rendent leur eau. Versez ensuite le bouillon et faites mijoter 2 à 3 minutes.

3 Mélangez la Maïzena et la moutarde dans un bol, délayez avec 1 cuillerée à soupe d'eau. Incorporez ce mélange aux champignons, faites épaissir en remuant. Ajoutez la crème, l'estragon, le vinaigre, le sel et le poivre de Cayenne.

4 Nappez les tranches de saumon de sauce aux champignons et à l'estragon. Servez ce plat avec des pommes de terre nouvelles en robe des champs et une salade verte.

Le conseil du chef

L'estragon frais se flétrit et noircit très vite une fois qu'il est haché. Il est donc conseillé de le préparer au dernier moment.

POISSONS ET FRUITS DE MER

Filets de sole bonne femme

Pour savourer le goût délicat des poissons plats, il convient de les cuisiner simplement, avec du vin et quelques bons champignons.

Pour 4 personnes
120 g de beurre
1 échalote finement émincée
150 g de girolles ou de champignons de Paris, nettoyés et émincés
500 g de filets de sole
Sel et poivre de Cayenne
5 c. à soupe de vin blanc sec
20 cl de bouillon de poisson ou de poule
1 c. à café de jus de citron
1 kg de pommes de terre en purée
1 c. à soupe de persil ciselé

1 Préchauffez le four à 170 °C (therm. 4). Faites revenir l'échalote dans 25 g de beurre, puis disposez-la dans un plat en terre pouvant aller au four, ajoutez les champignons. Rangez les filets de poisson par-dessus et assaisonnez légèrement.

2 Versez le vin et le bouillon ; couvrez le plat d'une feuille de papier sulfurisé beurré. Faites cuire 25 minutes au four.

3 Disposez les filets de poisson dans un plat de service pouvant aller au four et gardez au chaud. Versez le liquide de cuisson dans une poêle, en réservant les champignons et l'échalote. Faites réduire la sauce à feu vif, jusqu'à ce qu'elle devienne sirupeuse. Retirez du feu, incorporez le reste de beurre coupé en dés et mélangez rapidement (la sauce ne doit pas bouillir). Ajoutez les champignons et le jus de citron ; assaisonnez.

4 Faites chauffer le gril à feu moyen. Garnissez le pourtour du plat de service de purée et versez la sauce aux champignons sur les filets de poisson. Faites dorer sous le gril. Parsemez de persil.

Brochettes de crevettes aux champignons

Le goût des crevettes grillées se marie particulièrement bien avec celui des girolles, des polypores soufrés et des lactaires délicieux. Si vous faites griller vos brochettes sur un barbecue, n'oubliez pas de blanchir les champignons puis de les passer dans l'huile pour qu'ils ne brûlent pas sur les braises.

Pour 4 personnes
175 g de champignons : girolles, polypores soufrés, lactaires délicieux, nettoyés et coupés en morceaux
3 c. à soupe d'huile d'olive
12 grandes crevettes roses crues
1 bulbe de fenouil, coupé en lanières
8 tomates cerises
Sel de céleri et poivre de Cayenne

1 Préchauffez le gril (ou un barbecue) à température moyenne. Faites blanchir les champignons 30 secondes à l'eau bouillante. Retirez-les à l'écumoire, mettez-les dans un saladier et arrosez-les d'huile.

Le conseil du chef
Les queues de crevettes roses sont les plus parfumées. On les trouve congelées dans la plupart des grandes surfaces.

2 Badigeonnez les crevettes d'huile, puis enfilez-les sur quatre brochettes en métal avec le fenouil, les tomates cerises et les champignons.

3 Assaisonnez légèrement, puis faites griller 3 à 4 minutes de chaque côté. Servez les brochettes sur du riz long à la créole, avec une salade verte.

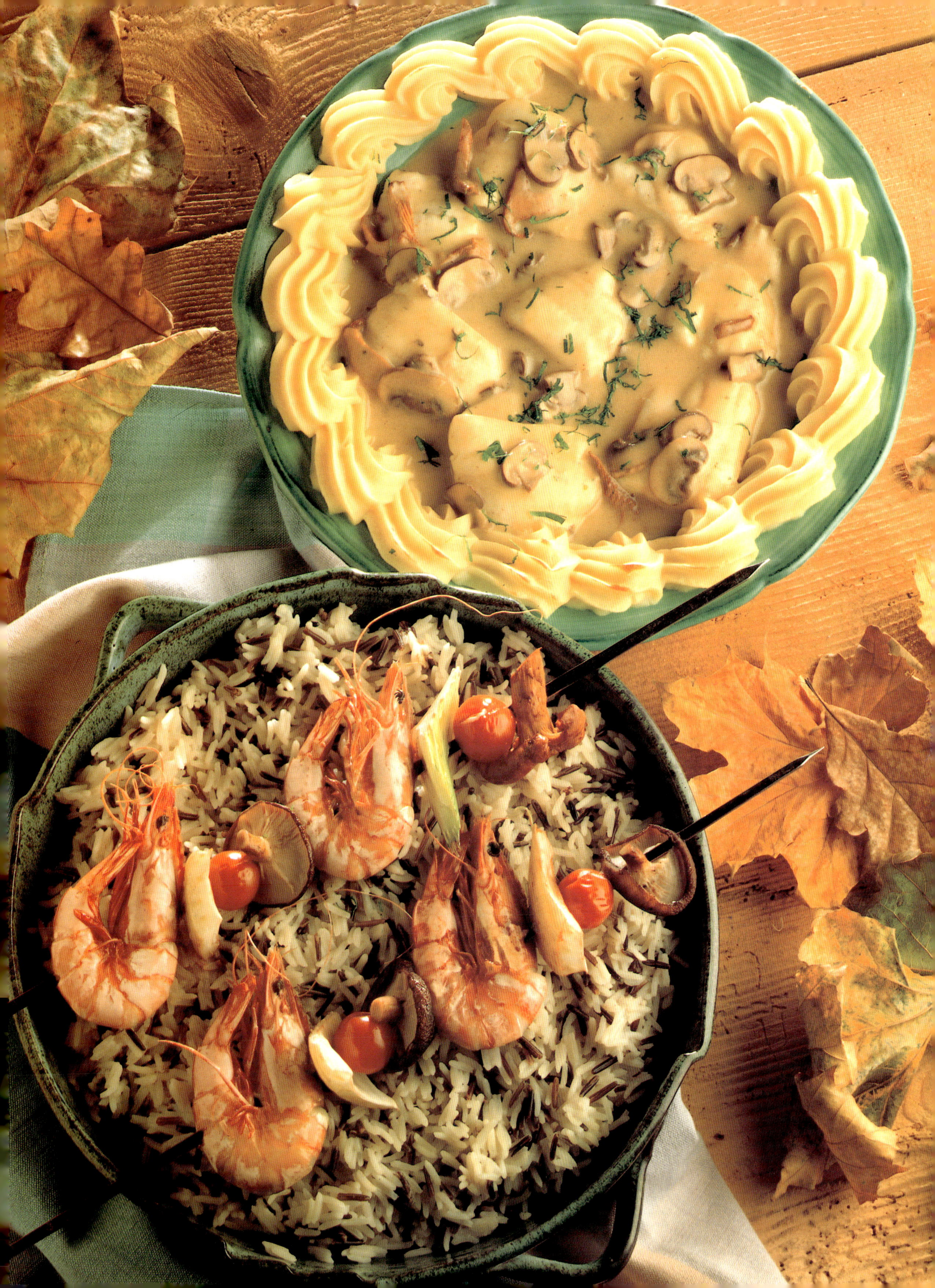

POISSONS ET FRUITS DE MER

Croûte aux poissons, aux fruits de mer et aux champignons

Les poissons les plus délicats et les champignons les plus fins se fondent dans une délicieuse sauce à la crème. La belle couronne en pâte feuilletée qui les entoure est moins difficile à réaliser qu'il n'y paraît.

Pour 4 personnes

350 g de pâte feuilletée (décongelée si vous l'achetez surgelée)
1 œuf battu pour dorer la pâte
20 cl de vin blanc sec
20 cl de bouillon de poule ou de légumes
350 g de champignons : pleurotes en huître, girolles, shiitake, pieds-de-mouton, sparassis crépus, lactaires délicieux, mousserons de printemps, nettoyés et coupés en morceaux
1 calmar moyen
120 g de lotte, désossée et coupée en gros morceaux
12 moules vivantes, lavées et grattées
225 g de filet de saumon, dépouillé et coupé en gros morceaux
12 crevettes roses décortiquées
6 coquilles Saint-Jacques coupées en deux
50 g de beurre
2 échalotes finement émincées
4 c. à soupe de farine
5 c. à soupe de crème fraîche
2 c. à café de jus de citron
Sel et poivre de Cayenne

Le conseil du chef
Faites attention aux champignons que vous choisissez pour cette recette. Les espèces foncées peuvent noircir la sauce.

1 Abaissez la pâte sur un plan fariné pour former un rectangle de 30 x 40 cm. Découpez un disque d'environ 20 cm de diamètre et mettez-le sur une plaque de four. Piquez la surface avec une fourchette et badigeonnez d'œuf battu. Découpez 20 petits disques de 4 cm de diamètre avec un emporte-pièce. Posez-les tout autour de la grande abaisse de pâte, badigeonnez à nouveau d'œuf battu et mettez 1 heure au réfrigérateur. Préchauffez le four à 200 °C (therm. 6).

2 Faites frémir le vin et le bouillon, ajoutez les champignons et laissez mijoter 3 à 4 minutes à feu doux. Sortez les champignons de la casserole à l'aide d'une écumoire, mettez-les dans un grand saladier et réservez.

3 Retirez la tête et les tentacules du calmar, hachez grossièrement les tentacules. Videz soigneusement l'intérieur. Passez le corps sous l'eau, enlevez la peau fine qui le recouvre et fendez-le dans le sens de la longueur. Ouvrez-le, tracez des croisillons avec un couteau pointu sur la surface interne et coupez en larges lanières.

4 Donnez un petit coup sec sur chaque moule et jetez celles qui ne se referment pas.

5 Faites frémir le vin et le bouillon, ajoutez le calmar, la lotte, les moules, le saumon, les crevettes et les coquilles Saint-Jacques. Laissez cuire 6 minutes. Sortez les poissons et fruits de mer avec une écumoire et mettez-les dans le saladier avec les champignons. Jetez les moules qui ne se sont pas ouvertes. Filtrez le liquide de cuisson et allongez-le avec 30 cl d'eau si nécessaire. Faites cuire la pâte entre 25 et 30 minutes au four, jusqu'à ce qu'elle soit bien dorée.

6 Mettez à fondre le beurre dans une poêle, pour y faire revenir les échalotes à feu doux. Incorporez la farine et retirez du feu. Versez peu à peu le bouillon pour obtenir une sauce lisse, puis remettez sur le feu et laissez épaissir en remuant.

7 Ajoutez la crème fraîche, puis les champignons, poissons et fruits de mer. Versez le jus de citron et rectifiez l'assaisonnement. Étalez le mélange au milieu de la pâte et servez avec des pommes de terre au beurre persillé et des légumes verts. La préparation ne tiendra sans doute pas en entier dans la croûte. Réservez au chaud ce qui reste, afin de le resservir à la demande.

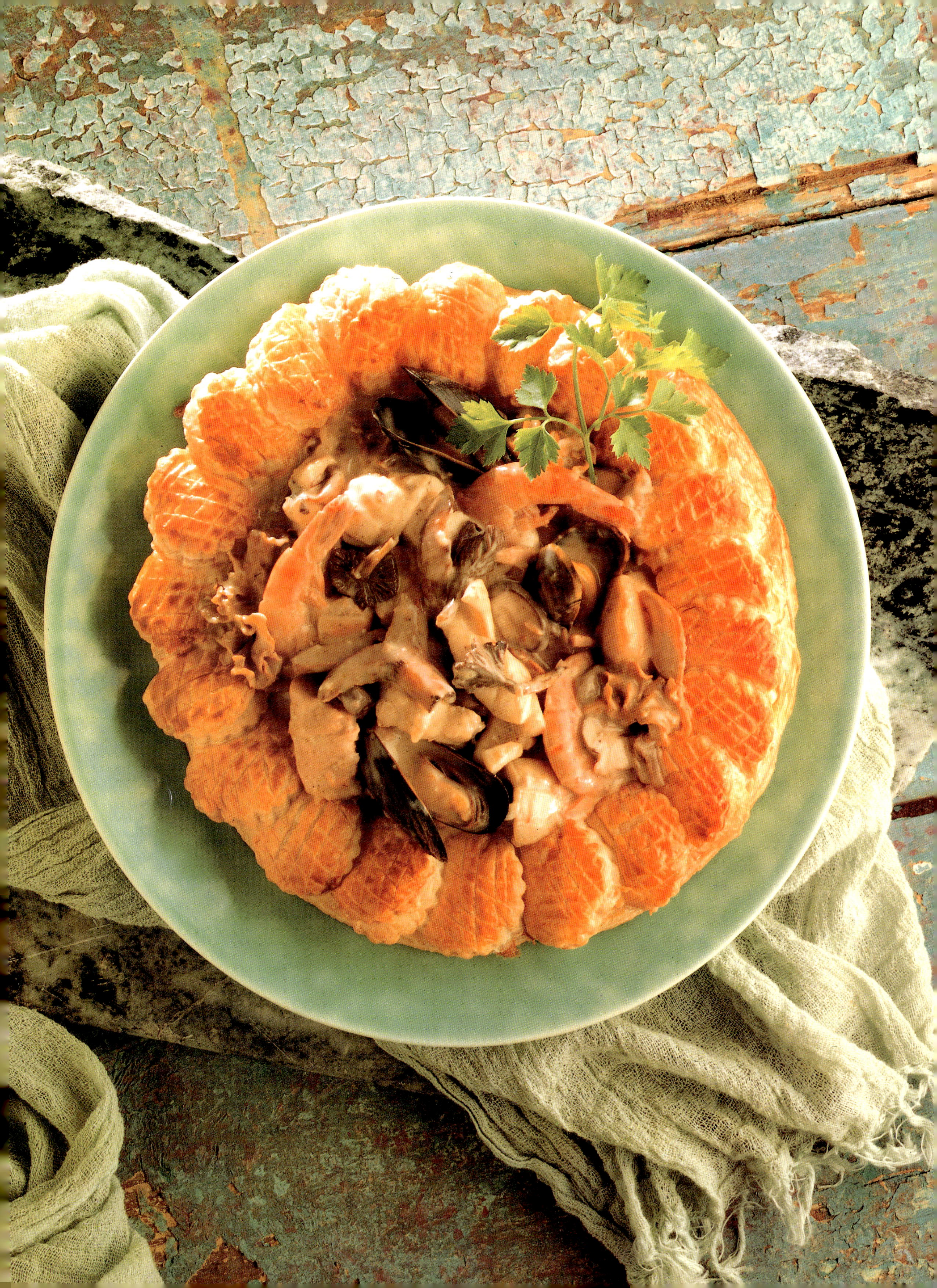

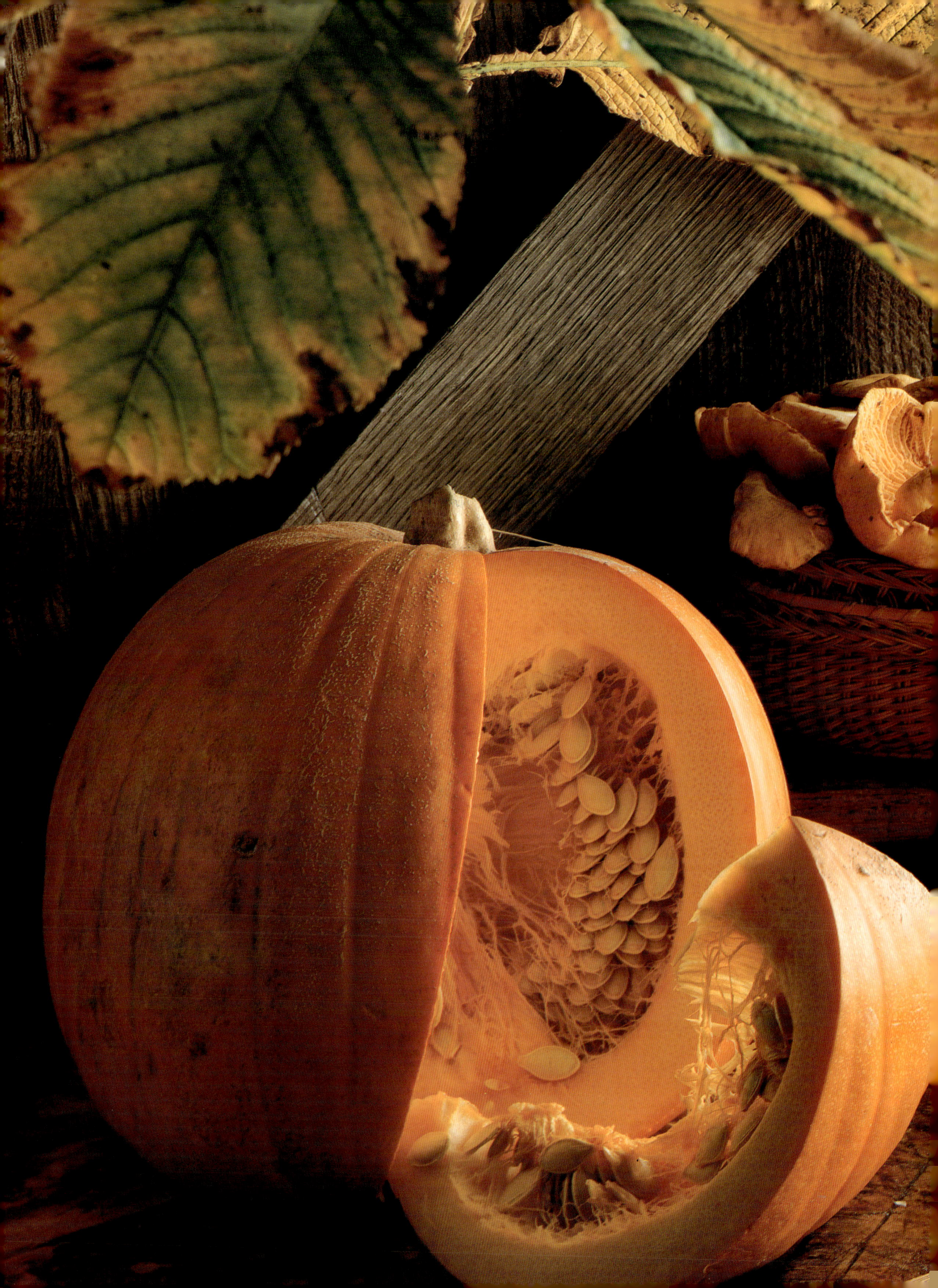

Cuisine végétarienne

CUISINE VÉGÉTARIENNE

PAIN BRIOCHÉ AUX CHAMPIGNONS

Ce pain brioché farci aux champignons et accompagné d'une sauce à l'orange fera merveille servi avec une simple salade verte.

POUR 4 PERSONNES

1 c. à café de levure de boulanger
3 c. à soupe de lait
400 g de farine de froment
1 c. à café de sel
1 c. à soupe de sucre en poudre
3 œufs
Zeste râpé de 1/2 citron
200 g de beurre à température ambiante

POUR LA FARCE

50 g de beurre
2 échalotes émincées
350 g de champignons : cèpes de Bordeaux, bolets bais, girolles, chanterelles en tube, lactaires délicieux, pleurotes en huître, trompettes-des-morts, nettoyés, émincés et grossièrement hachés
1/2 gousse d'ail écrasée
5 c. à soupe de persil ciselé
Sel et poivre du moulin

POUR LA SAUCE À L'ORANGE

2 c. à soupe de jus d'orange pressée
175 g de beurre coupé en petits dés
Sel et poivre de Cayenne

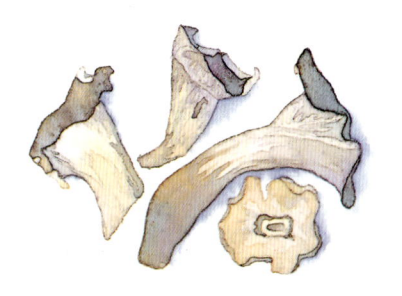

1 Faites dissoudre la levure dans le lait, ajoutez 110 g de farine et mélangez pour obtenir une pâte. Remplissez un saladier d'eau chaude, puis mettez la pâte dans l'eau. Laissez reposer 30 minutes.

2 Versez le reste de la farine dans un mixeur, ajoutez la pâte, le sel, le sucre, les œufs, le zeste de citron et mélangez rapidement. Incorporez le beurre coupé en petits morceaux et malaxez jusqu'à obtenir une pâte lisse et souple. Enveloppez alors la pâte dans un torchon fin. Mettez-la 2 heures au réfrigérateur, jusqu'à ce qu'elle soit bien ferme. Préchauffez le four à 190 °C (therm. 5).

3 Mettez à revenir les échalotes dans le beurre. Ajoutez l'ail et les champignons, faites cuire à feu plus vif quand ces derniers commencent à rendre leur eau. Laissez réduire, puis versez dans un saladier, assaisonnez et parsemez de persil.

4 Beurrez un moule à cake et tapissez-le de papier sulfurisé. Étendez la pâte sur un plan fariné en formant un rectangle de 15 x 30 cm. Étalez les champignons au milieu de la pâte et roulez-la. Mettez cette préparation dans le moule, couvrez avec une serviette humide et laissez lever dans un endroit frais pendant 50 minutes. Quand la pâte sera plus haute que le bord du moule, faites-la cuire environ 40 minutes, dans le four préchauffé à 190 °C (therm. 5).

5 Pour la sauce, faites chauffer le jus d'orange. Retirez la casserole du feu, ajoutez peu à peu le beurre jusqu'à ce que le mélange soit crémeux. Assaisonnez, couvrez et gardez au chaud. Quand le pain est cuit, démoulez-le, coupez-le en tranches et servez-le avec la sauce à l'orange et une simple salade verte.

LE CONSEIL DU CHEF

La préparation est assez longue. Vous pouvez confectionner la pâte et la farce à l'avance et les conserver au réfrigérateur.

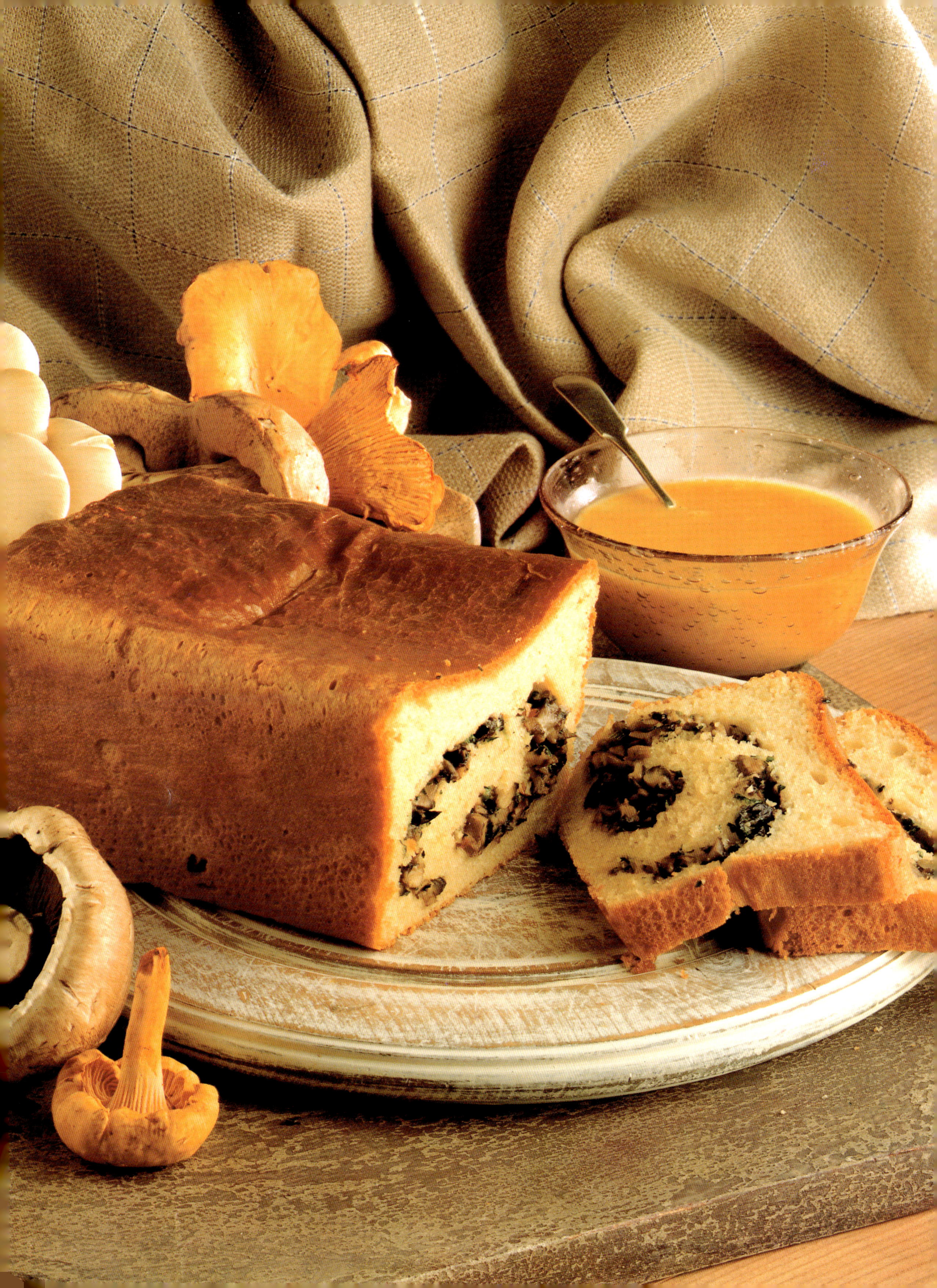

CUISINE VÉGÉTARIENNE

L'omelette de l'amateur de champignons

Il arrive que les ramasseurs de champignons les plus enthousiastes emportent avec eux un réchaud, une poêle et quelques œufs pour se préparer un succulent casse-croûte sur place !

POUR 1 PERSONNE

25 g de beurre et un peu plus pour la cuisson
120 g de champignons : cèpes de Bordeaux, bolets bais, girolles, lactaires délicieux, rosés des prés fermés, pleurotes en huître, pieds-de-mouton, mousserons de printemps, nettoyés et émincés
3 œufs
Sel et poivre du moulin

1 Faites fondre le beurre dans une petite poêle, ajoutez les champignons et laissez-les cuire jusqu'à ce qu'ils rendent leur eau. Assaisonnez-les, retirez-les de la poêle et réservez-les. Nettoyez la poêle.

2 Cassez les œufs dans un saladier, assaisonnez et battez à la fourchette. Faites chauffer la poêle à feu vif, ajoutez un morceau de beurre et laissez-le fondre. Versez les œufs battus et mélangez énergiquement à la fourchette.

Le conseil du chef
Cette omelette doit être faite en moins d'une minute. Choisissez des œufs de ferme conservés à température ambiante, le résultat n'en sera que meilleur.

3 Quand les œufs seront cuits aux deux tiers, ajoutez les champignons et laissez cuire encore 10 à 15 secondes.

4 Donnez un coup sec sur le manche de la poêle pour détacher l'omelette et mettez-la dans une assiette. Servez avec du pain frais ou grillé et une salade verte.

CUISINE VÉGÉTARIENNE

Rosés des prés farcis à la purée de pois chiches

Les grands chapeaux des rosés des prés forment un réceptacle idéal pour cette farce préparée avec des pois chiches en conserve.

POUR 4 PERSONNES
12 rosés des prés moyens à chapeau ouvert
4 c. à soupe d'huile d'olive
2 c. à soupe de jus de citron
POUR LA PURÉE
2 x 500 g de pois chiches en conserve, égouttés
2 c. à soupe de pâte tahini ou d'huile de sésame
2 gousses d'ail écrasées
5 c. à soupe d'huile d'olive
Sel de céleri et poivre de Cayenne
6 c. à soupe de persil haché
2 c. à soupe de paprika doux
POUR LA GARNITURE
12 olives farcies
Piments doux
Tranches de pain

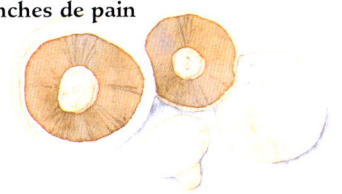

1 Préchauffez le four à 190 °C (therm. 5). Détachez délicatement les pieds des champignons et réservez-les pour une autre recette.

2 Mélangez l'huile d'olive à 2 cuillerées à soupe de jus de citron et badigeonnez copieusement l'intérieur du chapeau des champignons avec ce mélange. Disposez ceux-ci sur une plaque et faites-les cuire 25 minutes au four. Laissez refroidir.

3 Réduisez les pois chiches en purée dans un mixeur, ajoutez la pâte tahini (ou l'huile de sésame), l'ail et l'huile d'olive. Redonnez un tour de mixeur, puis assaisonnez avec le sel de céleri et le poivre de Cayenne.

4 Remplissez le chapeau des champignons avec cette purée en formant des petits cônes, que vous recouvrirez de persil haché d'un côté et de paprika de l'autre. Garnissez d'olives farcies, de piments doux et de tranches de pain ; servez à température ambiante.

LE CONSEIL DU CHEF
Le tahini est une pâte épaisse faite à partir de graines de sésame. Vous pouvez en trouver dans les magasins de produits diététiques.

CUISINE VÉGÉTARIENNE

Crème de betteraves aux champignons

Cette recette d'origine polonaise réunit deux saveurs automnales, celle des champignons et celle des betteraves, pour composer un plat original, bon marché et nourrissant.

Pour 4 personnes
2 c. à soupe d'huile
1 oignon moyen haché
3 c. à soupe de farine
30 cl de bouillon de légumes
700 g de betteraves cuites, pelées et coupées
5 c. à soupe de crème fraîche
2 c. à soupe de raifort
1 c. à café de moutarde forte
1 c. à soupe de vinaigre de vin
1 c. à café de graines de cumin
25 g de beurre
1 échalote émincée
250 g de champignons : cèpes de Bordeaux, bolets bais, girolles, jeunes polypores soufrés, pieds-violets, pieds-bleus, marasmes des oréades, coulemelles, pleurotes en huître, rosés des prés, mousserons de printemps, amanites des Césars, nettoyés et émincés
3 c. à soupe de persil haché

Pour la purée
1 kg de pommes de terre
15 cl de lait
1 c. à soupe d'aneth haché (facultatif)
Sel et poivre du moulin

1 Préchauffez le four à 190 °C (therm. 5). Huilez légèrement un plat à four rond. Mettez l'huile à chauffer dans une grande casserole, ajoutez l'oignon et faites-le revenir. Incorporez la farine, retirez du feu et versez peu à peu le bouillon, en mélangeant pour éviter les grumeaux.

2 Remettez la casserole sur le feu, laissez épaissir en mélangeant, puis ajoutez les betteraves, la crème, le raifort, la moutarde, le vinaigre et le cumin.

3 Faites bouillir les pommes de terre dans l'eau salée pendant 20 minutes, égouttez-les et écrasez-les en les mouillant avec le lait. Ajoutez l'aneth, si vous en utilisez, salez et poivrez.

4 Disposez la purée de pommes de terre tout autour du plat que vous avez huilé et formez un creux au milieu. Remplissez ce creux avec le mélange de betteraves et réservez.

5 Faites fondre le beurre dans une grande poêle et mettez à revenir l'échalote. Ajoutez les champignons et laissez cuire à feu moyen jusqu'à ce qu'ils rendent leur eau, puis faites réduire à feu plus vif. Assaisonnez et incorporez le persil haché. Étalez les champignons sur les betteraves, couvrez et cuisez 30 minutes au four.

Le conseil du chef
Vous pouvez préparez ce plat à l'avance et le faire cuire au dernier moment. Dans ce cas, comptez 50 minutes de cuisson.

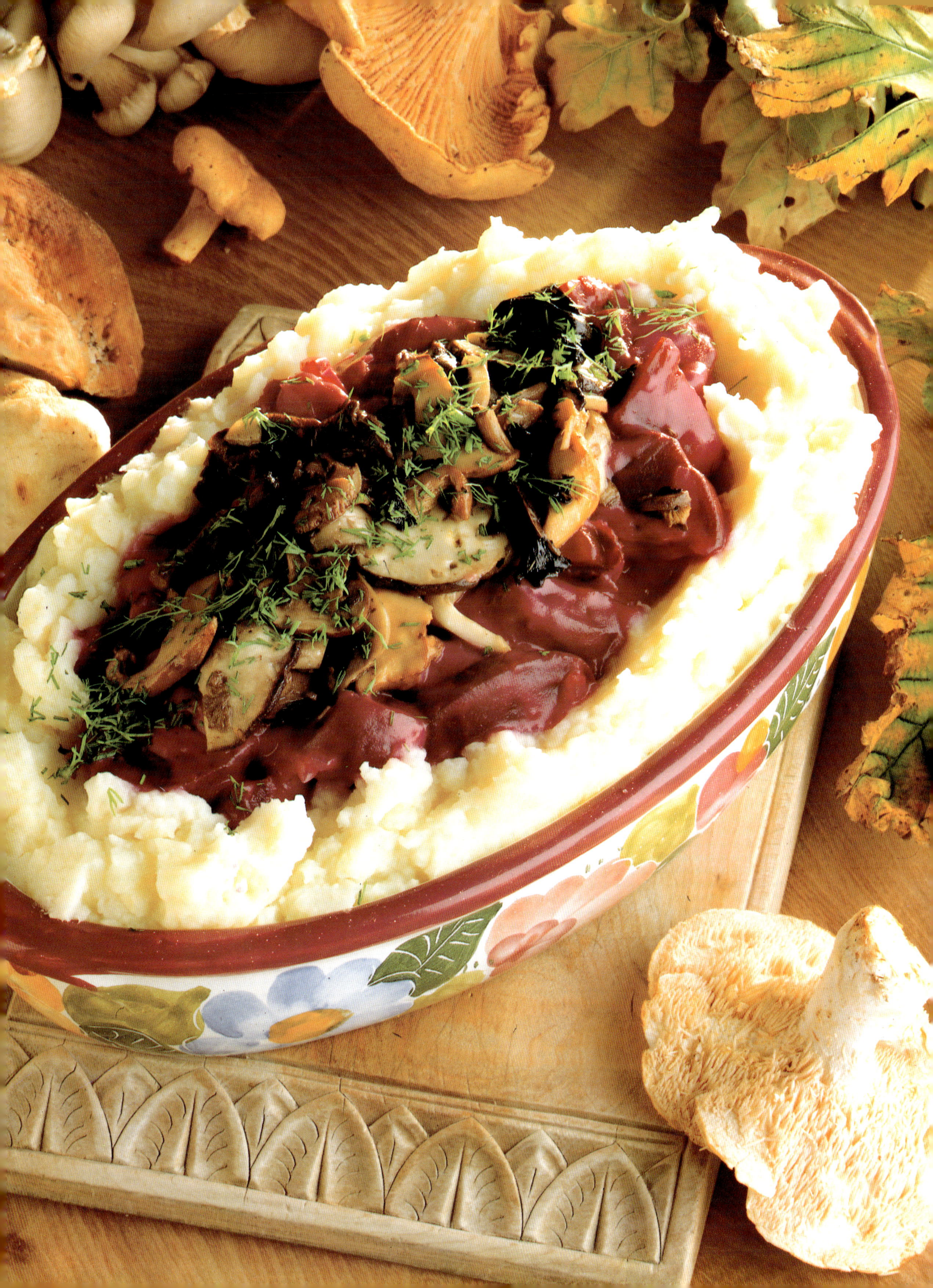

CUISINE VÉGÉTARIENNE

Polypores soufrés sauce aux noisettes

Pour apprécier la saveur et la consistance des polypores soufrés, faites-les mariner dans une sauce aux noisettes.

Pour 4 personnes
350 g de jeunes polypores soufrés, nettoyés et coupés en dés
75 g de noisettes grillées
1 échalote coupée en quatre
50 g de pain blanc sans croûte
2 c. à soupe d'huile de noisette ou d'huile d'olive
50 cl de bouillon de légumes
1/2 c. à café de cannelle en poudre
1 c. à café de miel
Zeste râpé et jus de 1/2 orange
1 c. à café de sel de céleri
1/4 c. à café de poivre de Cayenne

1 Recouvrez les champignons d'eau bouillante et laissez-les ramollir pendant 2 à 3 minutes. Égouttez-les et enfilez-les sur des brochettes en bambou. Réservez.

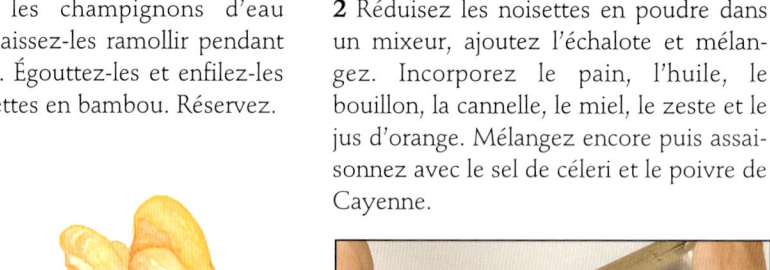

2 Réduisez les noisettes en poudre dans un mixeur, ajoutez l'échalote et mélangez. Incorporez le pain, l'huile, le bouillon, la cannelle, le miel, le zeste et le jus d'orange. Mélangez encore puis assaisonnez avec le sel de céleri et le poivre de Cayenne.

3 Étalez la moitié de cette sauce sur les champignons et laissez reposer à température ambiante pendant 30 à 40 minutes. Préchauffez le gril à température moyenne et faites cuire les brochettes 4 minutes de chaque côté.

4 Servez avec du couscous ou du riz, une salade verte et le reste de sauce chaude.

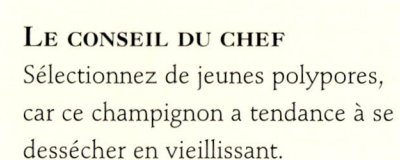

Le conseil du chef
Sélectionnez de jeunes polypores, car ce champignon a tendance à se dessécher en vieillissant.

CUISINE VÉGÉTARIENNE

Chou farci à l'orge et aux champignons

Les feuilles nervurées du chou frisé enveloppent bien cette farce, qui marie la saveur de l'orge à celle des champignons.

Pour 4 personnes
50 g de beurre
2 oignons moyens hachés
1 branche de céleri émincée
250 g de champignons : jeunes cèpes de Bordeaux, bolets bais, coprins chevelus fermés, polypores soufrés, lactaires délicieux, laccaires améthystes, pleurotes en huître, rosés des prés fermés, pieds-bleus, pieds-violets, nettoyés et grossièrement hachés, ou 5 g de cèpes de Bordeaux, de bolets bais ou de lactaires délicieux secs, trempés 20 minutes dans de l'eau tiède, et 200 g de champignons de Paris grossièrement hachés
175 g d'orge perlé
1 branche de thym frais
2 c. à soupe de purée d'amandes ou de purée de noix de cajou
1/2 cube de bouillon de légumes
Sel et poivre du moulin
1 chou frisé

Le conseil du chef
On trouve la purée d'amandes ou de noix de cajou dans les magasins de produits diététiques.

1 Faites fondre le beurre dans une grande sauteuse, mettez à revenir les oignons et le céleri 6 à 8 minutes. Ajoutez les champignons et cuisez-les jusqu'à ce qu'ils rendent toute leur eau, puis ajoutez l'orge, le thym, 75 cl d'eau et la purée d'amandes. Portez à ébullition, couvrez et laissez mijoter 30 minutes. Ajoutez le demi-cube de bouillon et faites mijoter encore 20 minutes. Assaisonnez.

2 Ôtez les feuilles de chou les plus dures et écartez celles du cœur. Blanchissez-les en les plongeant 3 à 4 minutes dans l'eau bouillante salée. Égouttez et passez sous l'eau froide. Égouttez une seconde fois.

3 Tapissez un panier de cuisson à la vapeur d'un carré de mousseline de 45 cm de côté. Reconstituez le chou en couvrant la mousseline de grandes feuilles. Étalez une couche de farce sur les feuilles.

4 Ajoutez une deuxième couche de feuilles, puis de la farce. Continuez jusqu'à ce que le chou soit rempli. Nouez alors fermement les coins opposés de la mousseline. Posez le panier dans une casserole contenant environ 3 cm d'eau frémissante. Couvrez et faites cuire 30 minutes à la vapeur. Pour servir, placez la mousseline sur un plat chaud, dénouez-la et enlevez-la en la faisant doucement glisser sous le chou.

Le conseil du chef
Vous pouvez préparer le chou farci à l'avance et le cuire au dernier moment. Pour que ce plat soit bien parfumé, mettez une bonne proportion de cèpes et de rosés des prés.

CUISINE VÉGÉTARIENNE

Pâté de champignons

Un pâté aux champignons et aux légumes peut être aussi moelleux et aussi riche qu'un pâté de viande à l'ancienne.

Pour 4 personnes

- 3 c. à soupe d'huile
- 1 oignon moyen émincé
- 1/2 branche de céleri émincée
- 350 g de champignons : rosés des prés fermés, marasmes des oréades, pleurotes en huître, shiitake, bolets bais, trompettes-des-morts, nettoyés et émincés
- 150 g de lentilles corail
- 50 cl de bouillon de légumes ou d'eau
- 1 branche de thym
- 4 c. à soupe de purée d'amandes ou de purée de noix de cajou
- 1 gousse d'ail écrasée
- 25 g de mie de pain
- 5 c. à soupe de lait
- 1 c. à soupe de jus de citron
- 4 jaunes d'œuf
- Sel de céleri et poivre du moulin

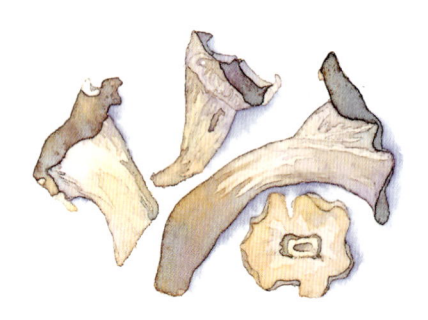

1 Préchauffez le four à 190 °C (therm. 5). Faites chauffer l'huile dans une grande casserole, mettez à dorer l'oignon et le céleri. Ajoutez ensuite les champignons et laissez-les revenir 3 à 4 minutes. Prélevez une bonne cuillerée de champignons et réservez-la.

2 Ajoutez les lentilles, le bouillon et le thym, portez à ébullition à découvert et laissez mijoter 20 minutes, jusqu'à ce que les lentilles se désagrègent.

3 Passez au mixeur la purée d'amandes, l'ail, le pain et le lait de façon à obtenir un mélange homogène.

4 Incorporez le jus de citron et les jaunes d'œuf, mélangez. Ajoutez la préparation champignons-lentilles, redonnez un tour de mixeur et assaisonnez. Ajoutez les champignons que vous aviez mis de côté.

5 Versez le tout dans une terrine d'environ 1 l de contenance, et placez-la au bain-marie dans un plat à four. Couvrez et laissez cuire 50 minutes. Laissez refroidir avant de servir.

Le conseil du chef

Si vous n'utilisez que des champignons de culture, relevez-en le goût avec 3 cuillerées à soupe de champignons secs (cèpes de Bordeaux, bolets bais, girolles…) trempés 20 minutes dans de l'eau tiède. Vous pouvez vous procurer la purée d'amandes ou de noix de cajou dans les magasins de produits diététiques.

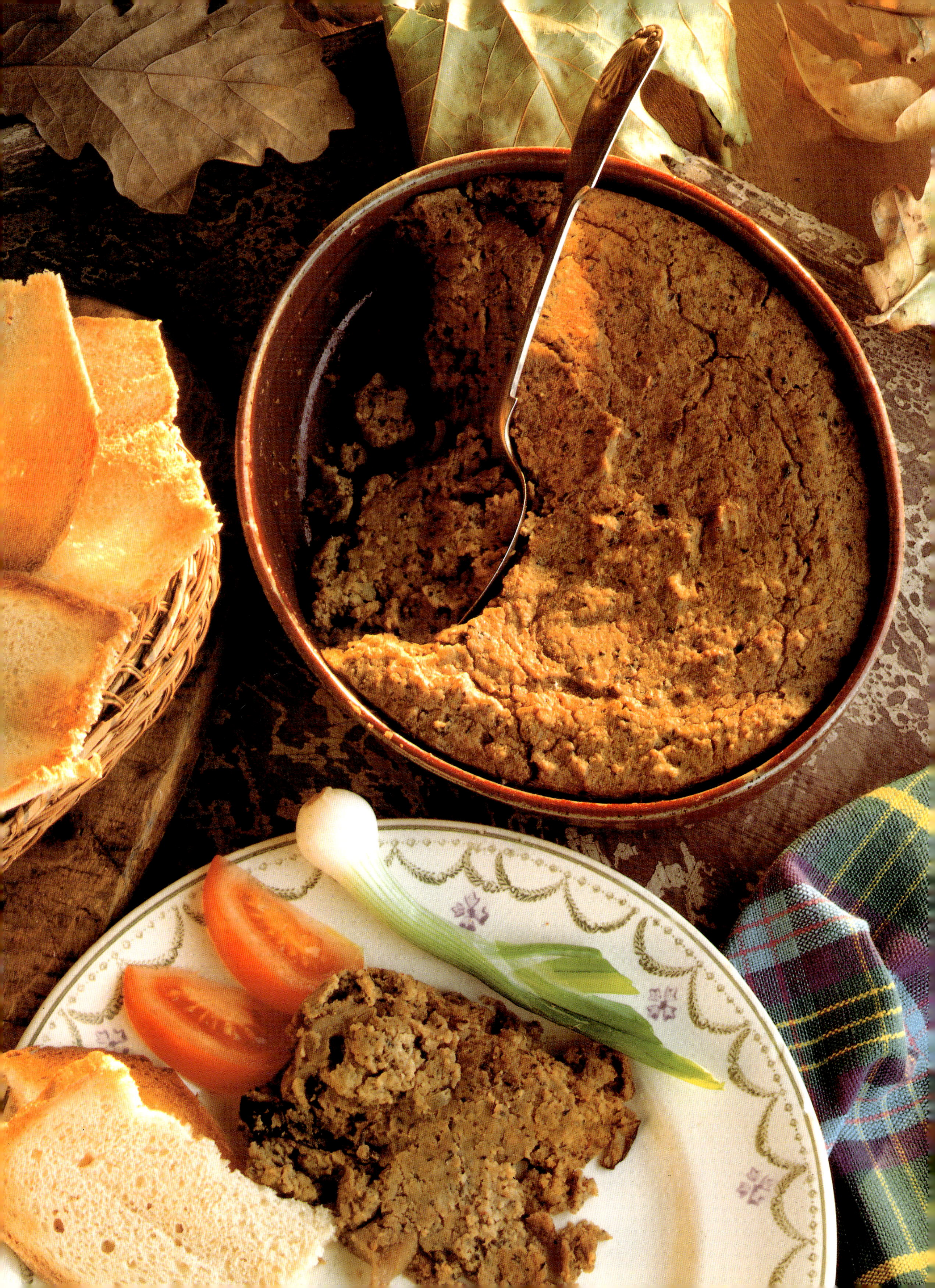

CUISINE VÉGÉTARIENNE

Champignons japonais au bouillon

Les champignons japonais enokitake sont aussi agréables à manger qu'à regarder. Un bouillon léger servi avec des nouilles à l'huile de noix mettra en valeur leur saveur à la fois douce et poivrée.

Pour 4 personnes
- 75 g de nouilles japonaises ou de vermicelles
- 1 carotte râpée
- 50 cl de bouillon d'algues kombu-dashi ou de bouillon de légumes léger
- 15 g d'algues hijiki séchées
- 50 g de champignons enokitake
- 1 c. à café de jus de citron
- 2 c. à café d'huile de noix
- Tige verte d'un petit oignon frais, émincée

1 Plongez les nouilles et la carotte râpée 3 à 4 minutes dans l'eau bouillante. Égouttez, faites refroidir sous l'eau froide et réservez.

Le conseil du chef
On trouve les champignons enokitake dans les boutiques de produits japonais. Les algues et les nouilles sont disponibles dans la plupart des magasins de produits macrobiotiques.

2 Portez le bouillon à ébullition, ajoutez les algues hijiki et faites frémir 2 minutes. Incorporez les nouilles, les carottes, les champignons, le jus de citron, l'huile, et chauffez pendant quelques instants.

3 Versez la préparation dans 4 bols japonais, parsemez de rondelles de la tige du petit oignon et servez.

Champignons et légumes aux noisettes

La saveur des champignons de fin d'été ou d'automne ressort bien dans ce plat de légumes agrémenté de noisettes.

Pour 4 personnes
- 2 c. à soupe d'huile
- 1 échalote émincée
- 1 branche de céleri émincée
- 250 g de champignons : jeunes cèpes de Bordeaux, bolets bais, girolles, laccaires améthystes, trompettes-des-morts, pleurotes en huître, shiitake, mousserons de printemps, amanites des Césars, nettoyés, émincés ou coupés en deux s'ils sont petits
- Sel et poivre du moulin
- 3 c. à soupe d'huile de noisette
- 1 c. à soupe d'huile d'arachide
- 1 c. à soupe de jus de citron
- 1 c. à café de thym frais
- 50 g de noisettes grillées et hachées

Légumes
- 200 g de pommes de terre nouvelles brossées ou grattées
- 150 g de haricots verts, lavés, effilés et coupés en deux
- 150 g de petites carottes grattées et pelées
- 120 g de fèves
- Pois gourmands, petits épis de maïs et pointes d'asperge (facultatif)

1 Mettez à revenir l'échalote et le céleri dans l'huile. Ajoutez les champignons et faites-les cuire à feu moyen jusqu'à ce qu'ils rendent leur eau, puis laissez réduire à feu vif. Assaisonnez et réservez.

2 Dans des casseroles séparées, faites bouillir les pommes de terre pendant 20 minutes, les haricots et les carottes 6 minutes, les fèves 3 minutes. Égouttez et laissez refroidir sous l'eau, puis épluchez les fèves.

3 Mélangez les légumes aux champignons, puis arrosez d'huile de noisette et d'huile d'arachide. Ajoutez le jus de citron et le thym, salez, poivrez et parsemez de noisettes hachées.

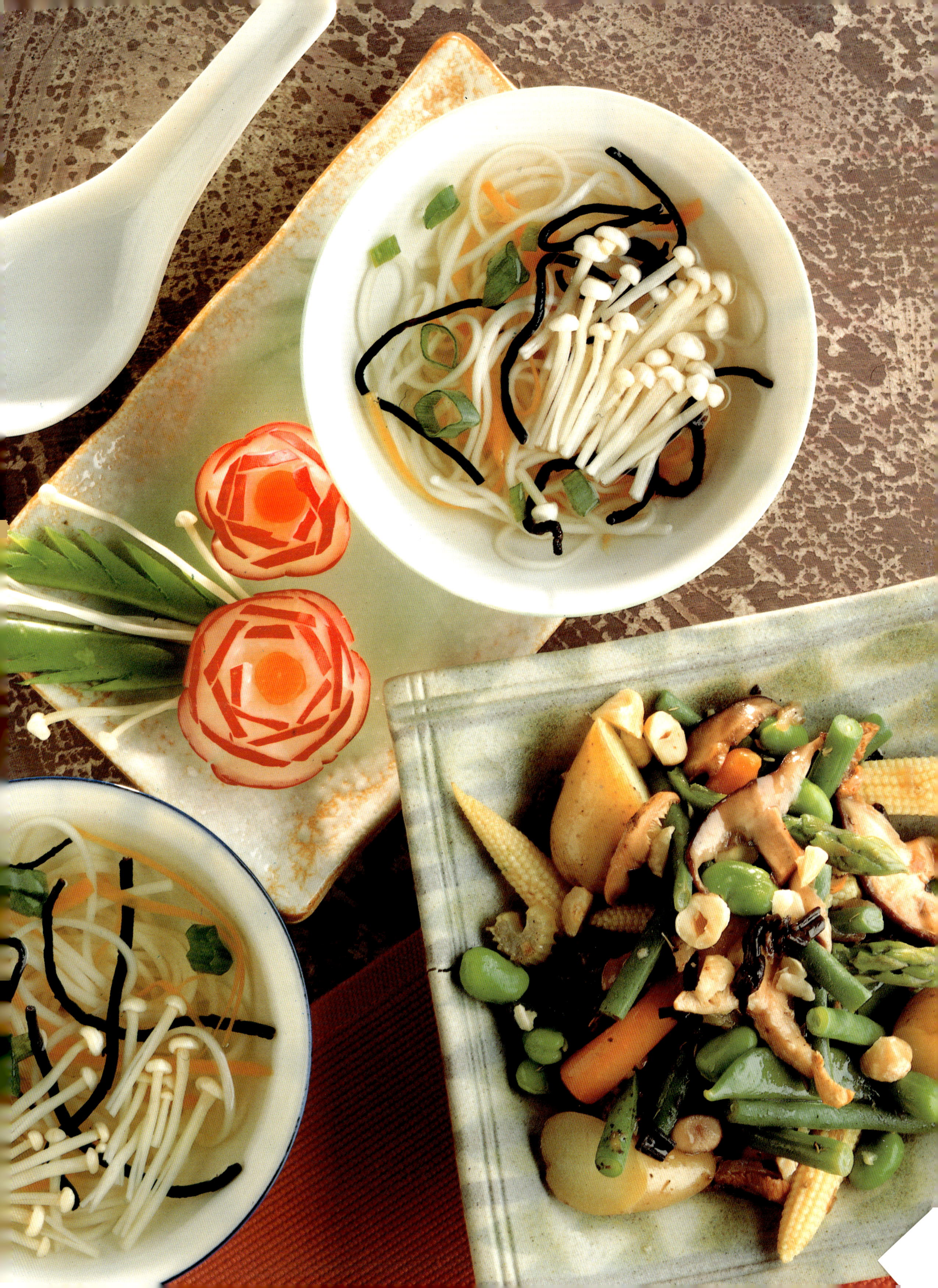

CUISINE VÉGÉTARIENNE

Champignons gratinés au beaufort

Le gratin est l'une des façons les plus simples et les plus savoureuses de cuisiner les champignons. Ce plat s'inspire d'une recette suisse ou savoyarde qui marie des fromages des Alpes avec des pommes de terre nouvelles et des petits cornichons.

Pour 4 personnes
- 1 kg de pommes de terre nouvelles brossées ou grattées
- 50 g de beurre ou 4 c. à soupe d'huile d'olive
- 350 g de champignons : pleurotes en huître, shiitake, rosés des prés fermés, cèpes de Bordeaux, bolets bais, girolles, chanterelles en tube, pieds-de-mouton, mousserons de printemps, lactaires délicieux
- Sel et poivre du moulin
- 175 g de beaufort
- 50 g de cerneaux de noix grillés
- 12 cornichons moyens

1 Mettez les pommes de terre dans une casserole d'eau salée, portez à ébullition et laissez cuire 20 minutes. Égouttez, ajoutez un morceau de beurre et couvrez.

2 Nettoyez les champignons, puis émincez-les finement.

3 Faites-les revenir dans le reste de beurre ou d'huile. Quand ils commencent à rendre leur eau, laissez réduire à feu vif.

4 Préchauffez le gril à feu moyen. Coupez le fromage en lamelles, recouvrez-en les champignons et faites griller jusqu'à ce que se forme une croûte dorée. Parsemez de noix, servez avec les pommes de terre au beurre et les cornichons.

Le conseil du chef
Choisissez un joli plat à four, que vous pourrez présenter directement à table. Servez avec une salade verte.

240

CUISINE VÉGÉTARIENNE

Pommes de terre sautées aux polypores soufrés

Les pommes de terre sautées accompagnent ici cet étrange champignon qu'est le polypore soufré, dont la consistance et le goût rappellent ceux du poulet.

Pour 4 personnes
1 kg de pommes de terre
50 g de beurre
2 oignons moyens émincés
1 branche de céleri émincée
1 petite carotte coupée en julienne
250 g de jeunes polypores soufrés, nettoyés et émincés
3 c. à soupe de xérès
3 c. à soupe de persil ciselé
1 c. à soupe de ciboulette ciselée
Zeste râpé de 1/2 citron
Sel et poivre du moulin

Le conseil du chef
Choisissez des pommes de terre qui ont tendance à se défaire à la cuisson et qui assurent ainsi une bonne consistance au plat. Servez cette préparation avec une salade frisée.

1 Plongez les pommes de terre épluchées dans une casserole d'eau salée. Portez à ébullition et faites cuire 20 minutes. Égouttez, puis laissez refroidir.

2 Mettez le beurre à fondre dans une grande poêle, ajoutez les oignons, le céleri et la carotte, faites dorer légèrement.

3 Ajoutez les champignons et le xérès, puis laissez réduire.

4 Incorporez les fines herbes, le zeste de citron, les pommes de terre coupées en rondelles, assaisonnez et faites cuire jusqu'à ce que celles-ci soient croustillantes.

CUISINE VÉGÉTARIENNE

BEURRECK AUX CHAMPIGNONS

Le beurreck turc est une sorte de tourte farcie.

POUR 4 PERSONNES

50 g de couscous
3 c. à soupe d'huile d'olive
1 oignon moyen haché
250 g de champignons : cèpes de Bordeaux, bolets bais, girolles, chanterelles en tube, pleurotes en huître, mousserons de printemps, amanites des Césars, nettoyés et émincés
1 gousse d'ail écrasée
4 c. à soupe de persil ciselé
1 c. à café de thym frais
1 œuf dur écalé
Sel et poivre du moulin

POUR LA PÂTE

400 g de farine
1 c. à café de levure
1 c. à café de sel
2 œufs
15 cl de yaourt
15 cl d'huile d'olive
Zeste râpé de 1/2 citron

POUR LA SAUCE AU YAOURT

20 cl de yaourt
3 c. à soupe de menthe fraîche hachée
1/2 c. à café de sucre en poudre
1/4 c. à café de poivre de Cayenne
1/2 c. à café de sel de céleri
Un peu de lait ou d'eau

1 Préchauffez le four à 190 °C (therm. 5). Recouvrez le couscous d'eau bouillante et laissez reposer 10 minutes jusqu'à ce que le liquide soit absorbé. Mettez l'oignon à revenir dans l'huile. Ajoutez l'ail et les champignons, puis faites réduire à feu vif quand les champignons commencent à rendre leur eau. Versez dans un saladier. Parsemez de persil, de thym, incorporez le couscous. Râpez l'œuf dur sur le mélange et assaisonnez.

2 Pour faire la pâte, mélangez la farine, la levure et le sel dans un saladier. Faites un puits et versez-y un œuf, le yaourt, l'huile d'olive et le zeste de citron. Mélangez.

3 Abaissez la pâte sur un plan fariné et formez un disque de 30 cm de diamètre. Étalez la farce au milieu et repliez la pâte pour l'enfermer. Retournez le beurreck et placez-le sur une plaque de four. Aplatissez-le avec la main, badigeonnez-le d'œuf battu pour dorer et faites cuire 25 minutes au four.

4 Pour faire la sauce, mélangez le yaourt avec la menthe, le sucre, le poivre de Cayenne et le sel de céleri en rectifiant la consistance avec un peu de lait ou d'eau. Servez à température ambiante.

CROQUETTES DE RIZ AUX CHAMPIGNONS

POUR 4 PERSONNES

1 œuf
1 c. à soupe de farine
4 c. à soupe de parmesan râpé
500 g de riz long déjà cuit
Sel et poivre du moulin
50 g de beurre et un peu plus pour la cuisson
1 échalote ou 1 petit oignon haché
175 g de champignons : cèpes de Bordeaux, bolets bais, girolles, chanterelles en tube, trompettes-des-morts, pieds-bleus, pieds-violets, rosés des prés, pleurotes en huître, nettoyés et émincés
1 branche de thym
2 c. à soupe de vin blanc
15 cl de crème fraîche
Paprika pour saupoudrer

1 Battez l'œuf, la farine et le fromage à la fourchette, puis incorporez-les au riz déjà cuit. Mélangez bien et réservez.

2 Faites revenir l'oignon ou l'échalote dans la moitié du beurre. Ajoutez les champignons et le thym, laissez cuire jusqu'à ce que les champignons rendent leur eau. Versez alors le vin blanc et laissez réduire à feu vif. Assaisonnez, mettez le tout dans un saladier, couvrez et gardez au chaud.

3 Faites dorer le mélange riz-fromage en petits tas dans le reste de beurre. Laissez cuire 1 minute de chaque côté. Quand toutes les croquettes de riz seront cuites, disposez-les dans 4 assiettes en les recouvrant d'un peu de crème fraîche et d'une cuillerée de champignons. Saupoudrez de paprika et servez avec des asperges et des carottes nouvelles.

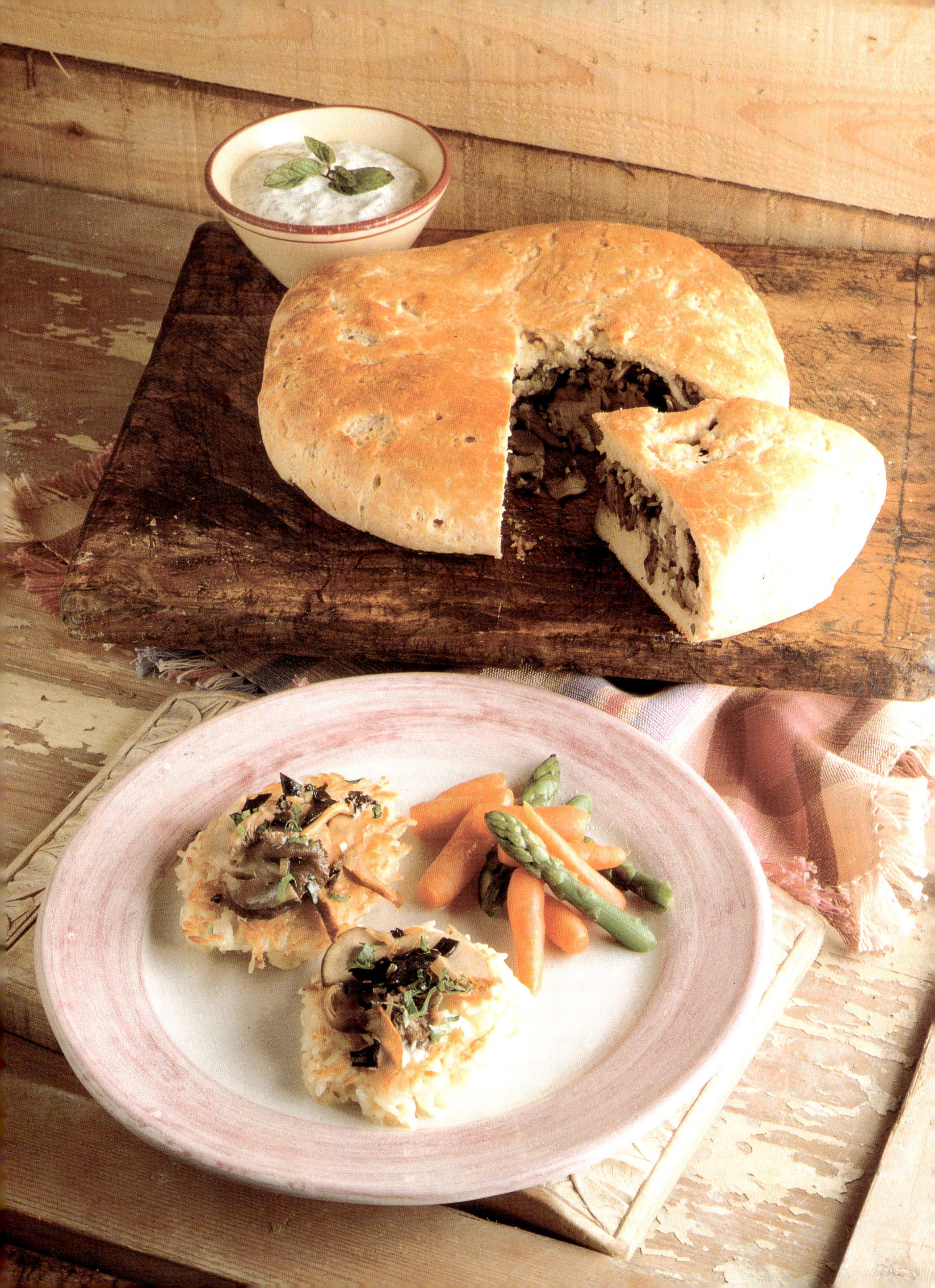

CUISINE VÉGÉTARIENNE

Gnocchis de potiron aux girolles

Les gnocchis italiens sont généralement faits à partir de pommes de terre. Dans cette recette, on y ajoute du potiron et on les parfume avec une sauce aux girolles.

Pour 4 personnes
500 g de pommes de terre
500 g de potiron
2 jaunes d'œuf
200 g de farine, un peu plus si nécessaire
1 pincée de quatre-épices
1/2 c. à café de cannelle
1 pincée de noix muscade
Zeste finement râpé de 1/2 orange
Sel et poivre du moulin

Pour la sauce
2 c. à soupe d'huile d'olive
1 échalote
175 g de girolles fraîches émincées ou 15 g de girolles sèches trempées 20 minutes dans de l'eau tiède
2 c. à dessert de purée d'amandes
15 cl de crème fraîche
Un peu de lait ou d'eau
5 c. à soupe de persil ciselé
50 g de parmesan râpé

1 Recouvrez les pommes de terre épluchées d'eau froide salée, portez à ébullition et faites cuire 20 minutes. Égouttez et réservez. Mettez le potiron épluché en morceaux dans un saladier, couvrez et passez au four à micro-ondes, à la puissance maximum, pendant 8 minutes. Vous pouvez aussi envelopper le potiron dans de l'aluminium et le faire cuire 30 minutes au four à 180 °C (therm. 4). Égouttez-le, ajoutez les pommes de terre, puis réduisez en purée dans un moulin à légumes. Mettez les jaunes d'œuf, la farine, les épices, le zeste d'orange, assaisonnez et mélangez. Ajoutez un peu de farine si nécessaire.

2 Faites bouillir une grande casserole d'eau salée puis farinez un plan de travail. Disposez la purée en petits tas à l'aide d'une poche à douille, roulez-les en forme de saucisse ; coupez-les en morceaux de 3 cm environ que vous farinerez. Piquez les gnocchis à la fourchette et cuisez-les 3 à 4 minutes dans l'eau bouillante.

3 Pendant ce temps, préparez la sauce. Faites chauffer l'huile dans une poêle et mettez l'échalote à revenir. Ajoutez les girolles et cuisez-les rapidement, puis incorporez la purée d'amandes. Laissez ensuite fondre en mélangeant, avant d'ajouter la crème fraîche. Faites mijoter quelques instants, puis versez un peu d'eau ou de lait au besoin. Parsemez de persil et assaisonnez.

4 Sortez les gnocchis de l'eau avec une écumoire, puis servez-les dans des assiettes creuses, nappés de sauce. Saupoudrez de parmesan râpé.

Le conseil du chef
Vous pouvez préparer les gnocchis 8 heures à l'avance. Vous n'aurez plus qu'à les faire cuire. La purée d'amandes est en vente dans les magasins de produits diététiques.

CUISINE VÉGÉTARIENNE

Kacha au fromage de chèvre, aux cèpes et aux noix

La kacha est un plat populaire russe, généralement à base de sarrasin mélangé à d'autres céréales. Outre le sarrasin concassé, cette recette utilise le couscous, qui met en valeur le mélange de saveurs du fromage de chèvre, des cèpes séchés, du sarrasin et des noix.

Pour 4 personnes
- 175 g de couscous
- 3 c. à soupe de sarrasin concassé
- 15 g de cèpes de Bordeaux ou de bolets bais secs
- 3 œufs
- 4 c. à soupe de persil ciselé
- 2 c. à café de thym frais
- 4 c. à soupe d'huile d'olive
- 3 c. à soupe d'huile de noix
- 175 g de fromage de chèvre frais
- 50 g de cerneaux de noix grillés
- Sel et poivre du moulin

1 Mettez le couscous, le sarrasin concassé et les cèpes dans un saladier. Recouvrez d'eau bouillante et laissez tremper 15 minutes. Égouttez.

2 Placez le mélange dans une poêle, ajoutez les œufs, assaisonnez, puis faites revenir le tout en mélangeant avec une cuillère en bois à feu moyen.

3 Incorporez le persil, le thym, l'huile d'olive, l'huile de noix, les morceaux de fromage de chèvre et les noix. Salez et poivrez.

4 Disposez la préparation dans un grand plat de service, présentez-la avec du pain de seigle et de la salade.

Le conseil du chef
Si vous pouvez vous en procurer, ce plat gagne à être accompagné d'une bière d'Europe de l'Est. Le sarrasin peut être remplacé par de l'orge mondé ou du millet.

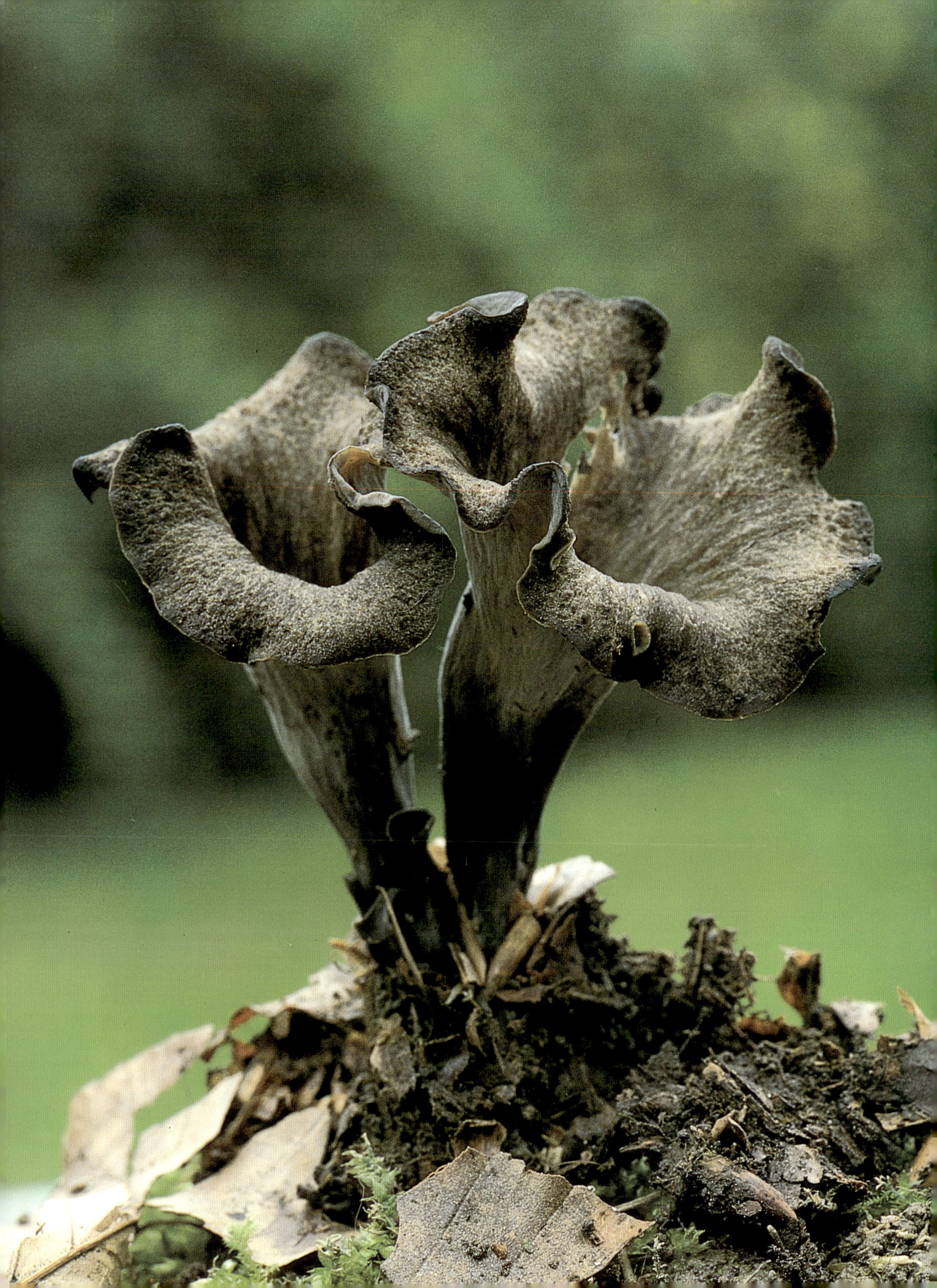

GLOSSAIRE

Anneau Sorte de bague ornant le pied, vestige du voile « partiel ».

Armille Enveloppe du pied de certains champignons qui s'épanouit vers le haut en formant un anneau très particulier.

Atténué Dont le diamètre va en s'amenuisant de haut en bas.

Bulbe Renflement plus ou moins net et important situé à la base du pied.

Cortine Fine membrane qui unit la marge du chapeau au pied d'un champignon.

Cuticule Pellicule recouvrant le dessus du chapeau.

Décurrents Se dit des tubes, lames ou aiguillons qui « descendent » sur le pied.

Fibrille Filament se détachant du chapeau ou du pied du champignon.

Flocons Petits amas de filaments ou de tissus mous, qui proviennent souvent de la déchirure du voile général.

Furfuracé Recouvert de petites pellicules, ou de grains ayant l'apparence du son.

Hyménium Couche fertile tapissant généralement le dessous du chapeau et portant les éléments de reproduction sexuée (asques et basides).

Lames Organes minces et aplatis, disposés en rayons sous le chapeau et tapissés par l'hyménium.

Libres Se dit des lames qui arrivent jusqu'au pied sans y être soudées.

Marge Bord libre du chapeau.

Marginé Muni d'un rebord. Se dit généralement d'un bulbe, mais parfois aussi d'une lame dont l'arête est d'une autre couleur que celle des faces elles-mêmes.

Mèche Petite écaille généralement relevée à son extrémité.

Mycélium Appareil végétatif des champignons, constitué de très fins filaments.

Pore Ouverture inférieure libre des tubes des polypores et des bolets.

Réceptacle Désigne toute structure portant l'hyménium, synonyme de corps fructifère et de sporophore.

Spore Organe minuscule assurant la multiplication et la dissémination des champignons.

Sporée Dépôt formé par l'accumulation des spores sur une surface.

Squame Excoriation due au groupement de plusieurs poils ou fibres, formant des mèches ou des écailles sur le chapeau ou le pied de certains champignons.

Tube Organe cylindrique, allongé et creux situé sur la face inférieure du chapeau des polypores et des bolets, et qui produit les spores.

Voile général (ou universel) Enveloppe membraneuse entourant le réceptacle de certains jeunes champignons. En se déchirant, il donne naissance à la volve, à l'armille (à la base ou sur le pied), à des plaques ou à des verrues (sur le chapeau).

Voile partiel Membrane qui, au début, unit le pied à la marge du chapeau. Lorsque le chapeau grandit, le voile se déchire et donne naissance à l'anneau ou à la cortine.

Volve Enveloppe en forme de sac, entourant la base du pied.

Page de gauche : *Trompette-des-morts* (Craterellus cornucopioides).

Ci-contre : *Lactaire délicieux* (Lactarius deliciosus).

INDEX DES CHAMPIGNONS

Les numéros de page en gras renvoient à l'entrée principale.

A

Agaric à deux spores *(Agaricus bisporus)* **29**
Agaric à grandes spores *(Agaricus macrosporus)* **32**
Agaric auguste *(Agaricus augustus)* **28**
Agaric boule-de-neige *(Agaricus nivescens)* 29
Agaric champêtre *(Agaricus campestris)* 29, **30, 31**, 100
Agaric des bois *(Agaricus silvicola)* **34**
Agaric des jachères *(Agaricus arvensis)* **26, 27**, 34, 100
Agaric jaunissant *(Agaricus xanthoderma)* 27, 32, 34, **100, 101**
Agaric pintade *(Agaricus meleagris)* 100
Agaric sylvatique *(Agaricus silvaticus)* **33**
Agaric sylvicole *(Agaricus silvicola)* **34**
Agaricus arvensis (agaric des jachères) **26, 27**, 34, 100
Agaricus augustus (agaric auguste) **28**
Agaricus bisporus (agaric à deux spores) **29**
Agaricus campestris (agaric champêtre ou rosé des prés) 29, **30, 31**, 100
Agaricus macrosporus (agaric à grandes spores) **32**
Agaricus meleagris (agaric pintade) 100
Agaricus nivescens (agaric boule-de-neige) 29
Agaricus silvaticus (agaric sylvatique ou psalliote des forêts) **33**
Agaricus silvicola (agaric sylvicole ou agaric des bois) **34**

Agaricus xanthoderma (agaric jaunissant) 27, 32, 34, **100, 101**
Aleuria aurantia (pezize orangée) **35**
Amanita caesarea (amanite des Césars) 104, 105
Amanita citrina (amanite citrine) **102, 103**
Amanita muscaria (amanite tue-mouches) 99, **104, 105**
Amanita pantherina (amanite panthère) **106, 107**
Amanita phalloides (amanite phalloïde) 99, **108, 109**
Amanita rubescens (amanite rougissante) 106
Amanita spissa (amanite épaisse) 106
Amanita verna (amanite printanière) 34, 102
Amanita virosa (amanite vireuse) 34, 102, **110**
Amanite citrine *(Amanita citrina)* **102, 103**
Amanite des Césars *(Amanita caesarea)* 104, 105
Amanite épaisse *(Amanita spissa)* 106
Amanite panthère *(Amanita pantherina)* **106, 107**
Amanite phalloïde *(Amanita phalloides)* 99, **108, 109**
Amanite printanière *(Amanita verna)* 34, 102
Amanite rougissante *(Amanita rubescens)* 106
Amanite tue-mouches *(Amanita muscaria)* 99, **104, 105**
Amanite vireuse *(Amanita virosa)* 34, 102, **110**
Armillaire de miel *(Armillaria mellea)* **36, 37**, 99
Armillaria mellea (armillaire de miel) **36, 37**, 99
Auricularia auricula judae (oreille-de-Judas) **38, 39**

B

Bolet à chair jaune *(Boletus chrysenteron = Xerocomus chrysenteron)* **41**
Bolet bai *(Boletus badius = Xerocomus badius)* **40**
Bolet d'été *(Boletus reticulatus)* 42
Bolet des chênes *(Leccinum quercinum)* 71
Bolet jaune *(Suillus luteus)* **90, 91**
Bolet moucheté *(Suillus variegatus)* 92
Bolet orangé *(Leccinum aurantiacum)* 71

Bolet orange terne *(Leccinum versipelle)* 71
Bolet rude *(Leccinum scabrum)* **70**
Bolet tacheté *(Suillus variegatus)* **92**
Boletus aereus (cèpe tête-de-nègre) 42
Boletus badius (bolet bai) **40**
Boletus chrysenteron (bolet à chair jaune) **41**
Boletus edulis (cèpe de Bordeaux) **42, 43**
Boletus pinophilus (cèpe des pins) 42

Boletus reticulatus (bolet d'été ou cèpe d'été) 42

C

Calocybe gambosa (tricholome de la Saint-Georges ou mousseron de printemps) **44, 45**
Calvatia excipuliformis (vesse-de-loup en coupe) 69
Cantharellus cibarius (girolle ou chanterelle) **46, 47**, 116
Cantharellus tubiformis (chanterelle en tube) **48, 49**
Cèpe d'été *(Boletus reticulatus)* 42
Cèpe de Bordeaux *(Boletus edulis)* **42, 43**
Cèpe des pins *(Boletus pinophilus)* 42
Cèpe tête-de-nègre *(Boletus aereus)* 42
Chanterelle *(Cantharellus cibarius)* **46, 47**, 116
Chanterelle en tube *(Cantharellus tubiformis)* **48, 49**
Clitocybe anisé *(Clitocybe odora)* **50, 51**
Clitocybe blanchi *(Clitocybe dealbata)* **111**, 112
Clitocybe dealbata (clitocybe blanchi) **111**, 112

INDEX DES CHAMPIGNONS

Clitocybe du bord des routes *(Clitocybe rivulosa)* 78, 99, **112, 113**
Clitocybe laqué *(Laccaria laccata)* **63**
Clitocybe odora (clitocybe anisé ou clitocybe odorant) **50, 51**
Clitocybe odorant *(Clitocybe odora)* **50, 51**
Clitocybe rivulosa (clitocybe du bord des routes) 78, 99, **112, 113**
Coprin atramentaire *(Coprinus atramentarius)* 52, **114**
Coprin chevelu *(Coprinus comatus)* **52, 53**, 114
Coprin noir d'encre *(Coprinus atramentarius)* 52, **114**
Coprin pie *(Coprinus picaceus)* 52, 53, 114
Coprinus atramentarius (coprin atramentaire ou coprin noir d'encre) 52, **114**
Coprinus comatus (coprin chevelu ou encrier ou escumelle) **52, 53**, 114
Coprinus picaceus (coprin pie) 52, 53, 114
Coulemelle *(Macrolepiota procera)* 53, **76**
Craterelle corne-d'abondance *(Craterellus cornucopioides)* **54, 55**
Craterellus cornucopioides (trompette-des-morts ou craterelle corne-d'abondance) **54, 55**

E

Encrier *(Coprinus comatus)* **52, 53**, 114
Escumelle *(Coprinus comatus)* **52, 53**

F

Fausse girolle *(Hygrophoropsis aurantiaca)* 46, **116**
Faux mousseron *(Marasmius oreades)* **78, 79**, 112
Fistulina hepatica (fistuline hépatique ou langue-de-bœuf) **56, 57**
Fistuline hépatique *(Fistulina hepatica)* **56, 57**
Flammulina velutipes (flammuline à pied velouté) **58**
Flammuline à pied velouté *(Flammulina velutipes)* **58**

G

Galère marginée *(Galerina marginata)* **115**
Galerina autumnalis (galerine d'automne) 115
Galerina marginata (galerine marginée ou galère marginée) **115**
Galerine d'automne *(Galerina autumnalis)* 115
Galerine marginée *(Galerina marginata)* **115**
Girolle *(Cantharellus cibarius)* **46, 47**, 116
Grifola frondosa (polypore en touffes) **59**

H

Hydne sinué *(Hydnum repandum)* **60**
Hydnum repandum (hydne sinué ou pied-de-mouton) **60**
Hygrophore des bois *(Hygrophorus nemoreus)* **61**
Hygrophoropsis aurantiaca (fausse girolle) 46, **116**
Hygrophorus nemoreus (hygrophore des bois) **61**
Hypholoma fasciculare (hypholome en touffes) **117**
Hypholome en touffes *(Hypholoma fasciculare)* **117**

I

Inocybe de Patouillard *(Inocybe patouillardii)* **118**
Inocybe patouillardii (inocybe de Patouillard) **118**

L

Laccaire améthyste *(Laccaria amethystina)* **62**
Laccaire laqué *(Laccaria laccata)* **63**
Laccaria amethystina (laccaire améthyste ou laqué améthyste) **62**
Laccaria laccata (laccaire laqué ou clitocybe laqué) **63**
Lactaire à toison *(Lactarius torminosus)* 64, 119
Lactaire délicieux *(Lactarius deliciosus)* **64, 65**, 119
Lactaire pubescent *(Lactarius pubescens)* 64, **119**
Lactarius deliciosus (lactaire délicieux) **64, 65**, 119
Lactarius pubescens (lactaire pubescent) 64, **119**
Lactarius torminosus (lactaire à toison) 64, 119
Laetiporus sulfureus (polypore soufré) **66, 67**
Langermannia gigantea (vesse-de-loup géante) **68, 69**
Langue-de-bœuf *(Fistulina hepatica)* **56, 57**
Laqué améthyste *(Laccaria amethystina)* **62**
Leccinum aurantiacum (bolet orangé) 71
Leccinum quercinum (bolet des chênes) 71
Leccinum scabrum (bolet rude) **70**
Leccinum versipelle (bolet orange terne) 71
Lépiote déguenillée *(Macrolepiota rhacodes)* **77**
Lépiote élevée *(Macrolepiota procera)* 53, **76**
Lepista nuda (pied-bleu) **72, 73**, 99
Lepista saeva (pied-violet) **74, 75**, 99

M

Macrolepiota procera (coulemelle ou lépiote élevée) 53, **76**
Macrolepiota rhacodes (lépiote déguenillée) **77**
Marasme des oréades *(Marasmius oreades)* **78, 79**, 112

249

INDEX DES CHAMPIGNONS

Marasmius oreades (marasme des oréades ou faux mousseron) **78, 79,** 112
Matsu take *(Tricholoma matsutake)* 93
Matsu take blanc *(Tricholoma ponderosa)* **93**
Meripilus giganteus (polypore géant) 67
Morchella elata (morille élevée) **80, 81**
Morchella esculenta (morille grise) 80, **82, 83**
Morchella vulgaris (morille commune) 81
Morille commune *(Morchella vulgaris)* 81
Morille élevée *(Morchella elata)* **80, 81**
Morille grise *(Morchella esculenta)* 80, **82, 83**
Mousseron de printemps *(Calocybe gambosa = Tricholoma georgii)* **44, 45**

N

Nonette voilée *(Suillus luteus)* **90, 91**

O

Oreille-de-Judas *(Auricularia auricula judae)* **38, 39**

P

Paxille enroulé *(Paxillus involutus)* **120**
Paxillus involutus (paxille enroulé) **120**

Pezize orangée *(Aleuria aurantia)* **35**
Pholiota mutabilis (pholiote changeante) 115
Pholiote changeante *(Pholiota mutabilis)* 115
Pied-bleu *(Lepista nuda = Tricholoma nudum)* **72, 73,** 99
Pied-de-mouton *(Hydnum repandum)* **60**

Pied-violet *(Lepista saeva)* **74, 75,** 99
Pleurote corne-d'abondance *(Pleurotus cornucopiae)* **84**
Pleurote en huître *(Pleurotus ostreatus)* 84, **85**
Pleurote pulmonaire *(Pleurotus pulmonarius)* 85
Pleurotus cornucopiae (pleurote corne-d'abondance) **84**
Pleurotus ostreatus (pleurote en huître) 84, **85**
Pleurotus pulmonarius (pleurote pulmonaire) 85
Polypore en touffes *(Grifola frondosa)* **59**
Polypore géant *(Meripilus giganteus)* 67
Polypore soufré *(Laetiporus sulfureus)* **66, 67**
Psalliote des forêts *(Agaricus silvaticus)* 33

R

Rosé des prés *(Agaricus campestris)* 29, **30, 31,** 100
Russula cyanoxantha (russule charbonnière) **86, 87**
Russula emetica (russule émétique) 86, **121**
Russula langei (russule de Lange) 86
Russula nobilis (russule noble) 86
Russule charbonnière *(Russula cyanoxantha)* **86, 87**
Russule de Lange *(Russula langei)* 86
Russule émétique *(Russula emetica)* 86, **121**
Russule noble *(Russula nobilis)* 86

S

Sparassis à pied court *(Sparassis brevipes)* 88
Sparassis brevipes (sparassis à pied court) 88
Sparassis crépu *(Sparassis crispa)* **88, 89**
Sparassis crispa (sparassis crépu) **88, 89**
Strophaire vert-de-gris *(Stropharia aeruginosa)* 50, 51
Stropharia aeruginosa (strophaire vert-de-gris) 50, 51
Suillus luteus (nonette voilée ou bolet jaune) **90, 91**
Suillus variegatus (bolet tacheté ou bolet moucheté) **92**

T

Tricholoma caligatum (tricholome chaussé) 93
Tricholoma georgii (tricholome de la Saint-Georges ou mousseron de printemps) **44, 45**

Tricholoma matsutake (matsu take) 93
Tricholoma nudum (pied-bleu) **72, 73,** 99
Tricholoma ponderosa (matsu take blanc) **93**
Tricholome chaussé *(Tricholoma caligatum)* 93
Tricholome de la Saint-Georges *(Calocybe gambosa = Tricholoma georgii)* **44, 45**
Trompette-des-morts *(Craterellus cornucopioides)* **54, 55**
Truffe blanche du Piémont *(Tuber magnatum)* 94, **95**
Truffe d'été *(Tuber aestivum)* **94**

Truffe du Périgord *(Tuber melanosporum)* 94
Truffe noire *(Tuber melanosporum)* 94
Tuber aestivum (truffe d'été) **94**
Tuber magnatum (truffe blanche du Piémont) 94, **95**
Tuber melanosporum (truffe noire ou truffe du Périgord) 94

V

Vesse-de-loup en coupe *(Calvatia excipuliformis)* 69
Vesse-de-loup géante *(Langermannia gigantea)* **68, 69**

X

Xerocomus badius (bolet bai) **40**
Xerocomus chrysenteron (bolet à chair jaune) **41**

INDEX DES RECETTES DE CUISINE

A

Agaric champêtre : voir Rosé des prés
Agaric des jachères : 193, 214

Agneau
    brochettes d'agneau aux girolles : 203
    côtes d'agneau aux champignons des bois : 198
    gigot d'agneau farci aux champignons : 206

Ail
    toasts de champignons à l'ail, au persil et au citron : 144

Alcool (conservation des champignons dans l') : 135

Amanite des Césars : 140, 148, 165, 166, 167, 168, 174, 175, 188, 198, 202, 206, 210, 211, 232, 238, 242

Artichaut
    artichauts en fête : 165

B

Bacon
    pain de maïs aux polypores soufrés : 151
    poêlée de champignons au bacon : 140
    sandwichs aux œufs, au bacon et aux girolles : 150

Betterave
    crème de betteraves aux champignons : 232
    soupe au canard, aux betteraves et aux cèpes : 178

Beurre de champignons : 132

Blini (voir aussi Crêpe et Galette)
    blinis au sarrasin et au caviar de champignons : 156

Bœuf
    bœuf braisé sauce champignons : 196
    bœuf Stroganov aux girolles : 200
    bœuf Wellington : 204
    boulettes aux cèpes, sauce roquefort : 194
    goulache aux morilles : 193
    pudding au bœuf et aux champignons : 194
    ragoût de bœuf et boulettes de cèpes : 196
    romstecks au poivre noir, sauce champignons : 198

Bolet bai : 156, 157, 162, 165, 166, 167, 168, 170, 174, 178, 180, 183, 184, 187, 188, 194, 198, 202, 204, 206, 210, 216, 221, 228, 230, 232, 235, 236, 238, 240, 242, 244

Bolet orange terne : 130, 133, 135, 140, 144, 170, 194, 204

Bouillon
    bouillon de coques, cèpes et pleurotes en huître : 216
    champignons japonais au bouillon : 238
    tortellinis au bouillon de girolles : 160

Brioche
    brioches aux œufs brouillés et aux morilles : 142
    brioches aux truffes : 152
    pain brioché aux champignons : 228

C

Canard
    canard sauvage aux morilles et à la sauce madère : 186
    soupe au canard, aux betteraves et aux cèpes : 178

Cèpe de Bordeaux
    bouillon de coques, cèpes et pleurotes en huître : 216
    boulettes aux cèpes, sauce roquefort : 194
    escargots aux cèpes : 212
    faisan braisé aux cèpes et aux marrons : 183
    kacha au fromage de chèvre, aux cèpes et aux noix : 245
    potage aux cèpes et aux croûtons persillés : 158
    ragoût de bœuf et boulettes de cèpes : 196
    salade de cèpes à l'huile de noix : 162
    soupe au canard, aux betteraves et aux cèpes : 178
    autres recettes : 140, 148, 157, 158, 162, 165, 166, 167, 168, 170, 174, 178, 180, 183, 184, 187, 188, 194, 196, 198, 202, 204, 206, 210, 212

Champignon de Paris
    champignons à la crème et à l'estragon : 148
    champignons de Paris à la grecque : 160
    sauté de veau Marengo : 192
    soles aux champignons de Paris : 218
    autres recettes : 132, 196, 198, 220, 222

Chanterelle : voir Girolle

Chanterelle en tube : 131, 133, 135, 148, 201, 228, 240, 242

Chou
    chou farci à l'orge et aux champignons : 235

Congélation : 131

Conservation : 20-21, 130-135

Coprin chevelu
    potage aux coprins chevelus et aux coulemelles : 164
    autres recettes : 133, 140, 144, 170, 193, 194, 204, 235

Coque
    bouillon de coques, cèpes et pleurotes en huître : 216

Coquille Saint-Jacques
    coquilles Saint-Jacques aux champignons des bois : 211

INDEX DES RECETTES

croûte aux poissons, aux fruits de mer et aux champignons : 224

Coulemelle
potage aux coprins chevelus et aux coulemelles : 164
toasts aux coulemelles à la florentine : 142
autres recettes : 133, 140, 148, 182, 186, 198, 204, 232

Crêpe (voir aussi Blini et Galette)
salade de champignons au jambon de Parme et aux crêpes : 168

Crevette
brochettes de crevettes aux champignons : 222

D

Dinde
dinde rôtie parfumée aux champignons : 188

Duxelles : 132

E

Enokitake
champignons japonais au bouillon : 238

Épinard
filets de truite aux rosés des prés : 214
potage aux épinards et aux champignons : 170
soufflé aux épinards et aux champignons : 166
toasts aux coulemelles à la florentine : 142

Escargots aux cèpes : 212
Extrait de champignons : 133

F

Faisan
faisan braisé aux cèpes et aux marrons : 183

Fenouil
fenouil farci : 180

Fromage
boulettes aux cèpes, sauce roquefort : 194
champignons gratinés au beaufort : 240
kacha au fromage de chèvre, aux cèpes et aux noix : 245

Fruits de mer
bouillon de coques, cèpes et pleurotes en huître : 216
brochettes de crevettes aux champignons : 222
coquilles Saint-Jacques aux champignons des bois : 211
croûte aux poissons, aux fruits de mer et aux champignons : 224
risotto aux fruits de mer : 210
risotto aux truffes et au homard : 219
soupe aux palourdes, aux champignons et aux pommes de terre : 212

G

Galette (voir aussi Blini et Crêpe)
galettes aux pieds-de-mouton et au beurre de ciboulette : 145

Girolle
bœuf Stroganov aux girolles : 200
brochettes d'agneau aux girolles : 203
chausson roulé au poulet et aux girolles : 178
croissants fourrés aux girolles : 146
feuilleté de saumon à la crème de girolles : 215
gnocchis de potiron aux girolles : 244
muffins aux girolles et aux abricots : 140
pilaf de girolles et de pleurotes en huître : 138
sandwichs aux œufs, au bacon et aux girolles : 150
tortellinis au bouillon de girolle : 160
vodka aux girolles : 134
autres recettes : 140, 148, 157, 165, 167, 168, 170, 174, 182, 184, 187, 188, 194, 198, 202, 204, 206, 210, 211, 212, 220, 222, 224, 228, 230, 232, 238, 240, 242

Gnocchi
gnocchis de potiron aux girolles : 244

H

Haddock
tourte au poisson et aux champignons : 220

Homard
risotto aux truffes et au homard : 219

Huile (conservation des champignons dans l') : 134

Hydne sinué : voir Pied-de-mouton

J

Jambon de Parme
salade de champignons au jambon de Parme et aux crêpes : 168

L

Laccaire améthyste : 235, 238

Lactaire délicieux
lactaire délicieux aux pignons : 148
pintade braisée aux lactaires délicieux : 182
autres recettes : 157, 165, 166, 167, 168, 170, 174, 184, 186, 194, 198, 202, 204, 206, 210, 212, 215, 221, 222, 224, 228, 230, 235, 240

Lapin
lapin de garenne aux champignons : 180

M

Maïs
pain de maïs aux polypores soufrés : 151
polenta aux polypores soufrés et à la crème de sparassis crépus : 175

Marasme des oréades : 232, 236

Marron
faisan braisé aux cèpes et aux marrons : 183

Morille
brioches aux œufs brouillés et aux morilles : 142

252

INDEX DES RECETTES

canard sauvage aux morilles
et à la sauce madère : 186
goulache aux morilles : 193
soupe aux oignons et aux morilles : 158
autres recettes : 167, 194, 198
Mousseron de printemps
mousserons de printemps à la mode
anglaise : 176
autres recettes : 140, 148, 156, 165, 174,
182, 194, 198, 202, 204, 206, 210, 211,
212, 220, 224, 230, 232, 238, 240, 242
Muffin
muffins aux girolles et aux abricots : 140

N

Noisette
champignons et légumes aux noisettes :
238

O

Œuf
brioches aux œufs brouillés et aux
morilles : 142
brioches aux truffes : 152
l'omelette de l'amateur de
champignons : 230
sandwichs aux œufs, au bacon et aux
girolles : 150
Oignon
soupe aux oignons et aux morilles : 158

P

Paella :
paella aux champignons : 174

Palourde
soupe aux palourdes, aux champignons
et aux pommes de terre : 212
Pâte
tortellinis au bouillon de girolles :
160

Pâté
pâté de champignons : 236
Pied-bleu : 186, 194, 198, 202, 204, 206,
210, 232, 235, 242
Pied-de-mouton
galettes aux pieds-de-mouton et au
beurre de ciboulette : 145
autres recettes : 140, 148, 174, 175, 184,
186, 224, 230, 240
Pied-violet : 186, 194, 198, 202, 204, 206,
210, 232, 235, 242
Pintade
pintade braisée aux lactaires délicieux :
182
Pleurote en huître
bouillon de coques, cèpes et pleurotes
en huître : 216
champignons épicés conservés
dans l'alcool : 135
fenouil farci : 180
pilaf de girolles et de pleurotes en
huître : 138
autres recettes : 140, 156, 165, 166, 167,
168, 170, 174, 180, 182, 186, 194, 198,
202, 204, 206, 210, 211, 218, 220, 221,
224, 228, 230, 232, 235, 236, 238, 242
Poisson
croûte aux poissons, aux fruits de mer
et aux champignons : 224
feuilleté de saumon à la crème de
girolles : 215
filets de sole bonne femme : 222
filets de truite aux rosés des prés : 214
saumon à l'estragon et aux
champignons : 221
soles aux champignons de Paris : 218
thon frais aux shiitake : 217
tourte au poisson et aux champignons :
220
Polenta
polenta aux polypores soufrés et
à la crème de sparassis crépus : 175
Polypore soufré
pain de maïs aux polypores soufrés :
151
polenta aux polypores soufrés et à la
crème de sparassis crépus : 175
polypores soufrés à l'estragon : 185
polypores soufrés sauce aux noisettes :
234
pommes de terre sautées aux
polypores soufrés : 241

autres recettes : 140, 148, 157, 184, 186,
188, 202, 210, 211, 212, 222, 232, 235
Pomme de terre
champignons gratinés au beaufort : 240
crème de betteraves aux champignons :
232
pommes de terre sautées aux
polypores soufrés : 241
soupe aux palourdes, aux champignons
et aux pommes de terre : 212
Porc
feuilleté de porc aux champignons
sauvages : 202

sauté de porc aux trompettes-des-
morts et aux topinambours : 201
Potage
potage aux cèpes et aux croûtons
persillés : 158
potage aux coprins chevelus et aux
coulemelles : 164
potage aux épinards et aux
champignons : 170
Potiron
gnocchis de potiron aux girolles : 244
Poudre (champignons en) : 130
Poulet
chausson roulé au poulet et aux
girolles : 178
fricassée de poulet forestière : 184
mousserons de printemps à la mode
anglaise : 176
paella aux champignons : 174
poulet farci aux champignons des bois :
187
Purée de champignons : 133

R

Réhydrater (les champignons secs) : 130
Riz
croquettes de riz aux champignons : 242
paella aux champignons : 174
pilaf de girolles et de pleurotes en
huître : 138
risotto aux fruits de mer : 210

INDEX DES RECETTES

risotto aux truffes et au homard : 219
Rosé des prés
    filets de truite aux rosés des prés : 214
    rosés des prés farcis : 168
    rosés des prés farcis à la purée de pois chiches : 231
    autres recettes : 140, 144, 156, 165, 166, 167, 168, 170, 182, 184, 186, 193, 194, 196, 198, 202, 204, 206, 230, 232, 235, 236, 240, 242

S

Salade
    crudités à la « sauce des bois » : 170
    salade de cèpes à l'huile de noix : 162
    salade de champignons au jambon de Parme et aux crêpes : 168
Sandwichs
    sandwichs aux œufs, au bacon et aux girolles : 150
Saucisse
    feuilleté de porc aux champignons sauvages : 202
Saumon
    croûte aux poissons, aux fruits de mer et aux champignons : 224
    feuilleté de saumon à la crème de girolles : 215
    saumon à l'estragon et aux champignons : 221
Sécher (conservation des champignons) : 130
Sel (conservation des champignons dans le) : 131
Shiitake
    champignons au vinaigre : 134
    soupe aux shiitake et au miso : 146
    thon frais aux shiitake : 217
    autres recettes : 170, 224, 236, 238, 240
Sole
    filets de sole bonne femme : 222
    soles aux champignons de Paris : 218
Soupe
    soupe au canard, aux betteraves et aux cèpes : 178
    soupe aux oignons et aux morilles : 158
    soupe aux palourdes, aux champignons et aux pommes de terre : 212
    soupe aux shiitake et au miso : 146
Sparassis crépu
    polenta aux polypores soufrés et à la crème de sparassis crépus : 175
    autres recettes : 184, 198, 211, 221, 224

T

Tapenade
    champignons à la tapenade : 157
Tarte
    tarte alsacienne : 167
Thon
    thon frais aux shiitake : 217
Toasts
    toasts aux coulemelles à la florentine : 142
    toasts de champignons à l'ail, au persil et au citron : 144
Tomate
    pain de maïs aux polypores soufrés : 151
Topinambour
    sauté de porc aux trompettes-des-morts et aux topinambours : 201
Tourte
    beurreck aux champignons : 242
    tourte au poisson et aux champignons : 220
Tricholome de la Saint-Georges : voir Mousseron de printemps
Trompette-des-morts
    sauté de porc aux trompettes-des-morts et aux topinambours : 201
    autres recettes : 140, 175, 180, 184, 194, 198, 206, 210, 228, 236, 238, 242
Truffe
    beurre de champignons : 132
    brioches aux truffes : 152
    risotto aux truffes et au homard : 219
    autres recettes : 188, 210
Truite
    filets de truite aux rosés des prés : 214

V

Veau
    sauté de veau Marengo : 192
Vinaigre (champignons au) : 134
Vodka aux girolles : 134

LISTE DES RECETTES

BRUNCHS

Brioches aux œufs brouillés
  et aux morilles, 142
Brioches aux truffes, 152
Champignons à la crème et à l'estragon, 148
Croissants fourrés aux girolles, 146
Galettes aux pieds-de-mouton
  et au beurre de ciboulette, 145
Lactaires délicieux aux pignons, 148
Muffins aux girolles et aux abricots, 140
Pain de maïs aux polypores soufrés, 151
Pilaf de girolles et de pleurotes en huître, 138
Poêlée de champignons au bacon, 140
Sandwichs aux œufs, au bacon
  et aux girolles, 150
Soupe aux shiitake et au miso, 146
Toasts aux coulemelles à la florentine, 142
Toasts de champignons à l'ail,
  au persil et au citron, 144

POTAGES ET HORS-D'ŒUVRE

Artichauts en fête, 165
Blinis au sarrasin et au caviar
  de champignons, 156
Champignons à la tapenade, 157
Champignons de Paris à la grecque, 160
Crudités à la « sauce des bois », 170
Potage aux cèpes et aux croûtons persillés, 158
Potage aux coprins chevelus
  et aux coulemelles, 164
Potage aux épinards et aux champignons, 170
Rosés des prés farcis, 168
Salade de cèpes à l'huile de noix, 162
Salade de champignons au jambon de Parme
  et aux crêpes, 168
Soufflé aux épinards
  et aux champignons, 166
Soupe aux oignons et aux morilles, 158
Tarte alsacienne, 167
Tortellinis au bouillon de girolles, 160

VOLAILLES ET GIBIER

Canard sauvage aux morilles
  et à la sauce madère, 186
Chausson roulé au poulet
  et aux girolles, 178
Dinde rôtie parfumée aux champignons, 188
Faisan braisé aux cèpes et aux marrons, 183
Fenouil farci, 180
Fricassée de poulet forestière, 184
Lapin de garenne aux champignons, 180
Mousserons de printemps
  à la mode anglaise, 176
Paella aux champignons, 174
Pintade braisée aux lactaires délicieux, 182
Polenta aux polypores soufrés et à la crème
  de sparassis crépus, 175
Polypores soufrés à l'estragon, 185
Poulet farci aux champignons des bois, 187
Soupe au canard, aux betteraves
  et aux cèpes, 178

VIANDES

Bœuf braisé sauce champignons, 196
Bœuf Stroganov aux girolles, 200
Bœuf Wellington, 204
Boulettes aux cèpes, sauce roquefort, 194
Brochettes d'agneau aux girolles, 203
Côtes d'agneau aux champignons
  des bois, 198
Feuilleté de porc aux champignons
  sauvages, 202
Gigot d'agneau farci aux champignons, 206
Goulache aux morilles, 193
Pudding au bœuf et aux champignons, 194
Ragoût de bœuf et boulettes de cèpes, 196
Romstecks au poivre noir,
  sauce champignons, 198
Sauté de porc aux trompettes-des-morts
  et aux topinambours, 201
Sauté de veau Marengo, 192

POISSONS ET FRUITS DE MER

Bouillon de coques, cèpes
  et pleurotes en huître, 216
Brochettes de crevettes aux champignons, 222
Coquilles Saint-Jacques aux champignons
  des bois, 211
Croûte aux poissons, aux fruits de mer
  et aux champignons, 224
Escargots aux cèpes, 212
Feuilleté de saumon à la crème de girolles, 215
Filets de sole bonne femme, 222
Filets de truite aux rosés des prés, 214
Risotto aux fruits de mer, 210
Risotto aux truffes et au homard, 219
Saumon à l'estragon et aux champignons, 221
Soles aux champignons de Paris, 218
Soupe aux palourdes, aux champignons
  et aux pommes de terre, 212
Thon frais aux shiitake, 217
Tourte au poisson et aux champignons, 220

CUISINE VÉGÉTARIENNE

Beurreck aux champignons, 242
Champignons et légumes aux noisettes, 238
Champignons gratinés au beaufort, 240
Champignons japonais au bouillon, 238
Chou farci à l'orge et aux champignons, 235
Crème de betteraves aux champignons, 232
Croquettes de riz aux champignons, 242
Gnocchis de potiron aux girolles, 244
Kacha au fromage de chèvre,
  aux cèpes et aux noix, 245
L'omelette de l'amateur de champignons, 230
Pain brioché aux champignons, 228
Pâté de champignons, 236
Polypores soufrés sauce aux noisettes, 234
Pommes de terre sautées
  aux polypores soufrés, 241
Rosés des prés farcis à la purée
  de pois chiches, 231

Ci-contre : *Trompette-des-morts*
(Craterellus cornucopioides).

CRÉDITS PHOTOGRAPHIQUES

h = haut, b = bas, g = gauche, d = droite, m = milieu

Heather Angel : p. 103 bd
Timothy J. Baroni : p. 111 h, 111 b
George Dickson : p. 45 h, 45 b, 118
Geoffrey Kibby : p. 67 hg, 70 h, 83, 81 hg
Yves Lanceau : p. 61 b
George McCarthy : p. 2, 6-7, 15 b, 17 h, 22-23, 24, 28 g, 28 d, 29 b, 34, 35 b, 47 b, 59 h, 59 b, 61 h, 63 m, 65 b, 73 h, 77 b, 82 hd, 82 d, 96-97, 98, 106, 107 g, 107 d, 113 b, 246

Mise au Point : p. 61 h (Nicole et Patrick Mioulane)
Gregory Mueller : p. 31 b, 61 b, 63 b, 66-67, 81 b, 82 g, 93, 115
Oxford Scientific Films : p. 29 h (David Thompson) ; 30, 31 h (G.I. Bernard) ; 105 h (Jack Dermid)

REMERCIEMENTS

L'éditeur et les auteurs remercient pour leur collaboration à cet ouvrage :
• Geoffrey Kibby de l'Institut international d'entomologie de Londres ;
• Andrew Broderick du Groupe australien de recherche sur les champignons sauvages (École d'horticulture de l'université de Sydney).

OUVRAGES ET ADRESSES UTILES

- *Guide des champignons comestibles et vénéneux,* Claude Moreau, collection Référence, Larousse, 1994
- *Les Champignons dans leur milieu,* Patrice Leraut, collection Écoguides, Bordas, 1993
- *Atlas des champignons d'Europe,* Henri Romagnesi, Bordas, 1995
- *Guide des champignons,* Sélection du Reader's Digest, 1982
- *Les Champignons,* Philippe Joly, collection Les guides Rustica, Éditions Rustica, 1993
- *Les Champignons de France,* Régis Courtecuisse, Delachaux et Niestlé, 1994

Les principaux groupements

- Société mycologique de France (S.M.F.)
  18, rue de l'Ermitage – 75020 Paris
  Tél. : (1) 43 66 35 40
- Fédération mycologique Dauphiné-Savoie
  119, route de Genève – 74240 Gaillard
  Tél. : 50 87 07 49
- Fédération des associations mycologiques méditerranéennes (FAMM)
  53, rue du Maréchal-Joffre – 06000 Nice
  Tél. : 93 87 00 58
- Coordination mycologique du Midi toulousain et pyrénéen
  2, rue des Chardons – 31400 Toulouse
  Tél. : 61 54 40 09

Appareil à déshydrater
(vente par correspondance)
SIMACO SARL
11, rue de Sarrelouis, BP 27
57320 Bouzonville
Tél. : 87 78 25 14

Ci-contre : *Chanterelle en tube* (Cantharellus tubiformis).